Gerhard Etzel

Mord im Seminar

Mitspielkrimis im Team- und Kommunikationstraining

managerSeminare Verlags GmbH, Edition Training aktuell

Gerhard Etzel
Mord im Seminar
Mitspielkrimis im Team- und Kommunikationstraining

© 2011 managerSeminare Verlags GmbH
Endenicher Str. 41, D-53115 Bonn
Tel: 0228 – 9 77 91-0, Fax: 0228 – 9 77 91-99
info@managerseminare.de
www.managerseminare.de/shop

Der Verlag hat sich bemüht, die Copyright-Inhaber aller verwendeten Zitate, Texte, Abbildungen und Illustrationen zu ermitteln. Sollten wir jemanden übersehen haben, so bitten wir den Copyright-Inhaber, sich mit uns in Verbindung zu setzen.

Alle Rechte, insbesondere das Recht der Vervielfältigung und der Verbreitung sowie der Übersetzung vorbehalten.

Printed in Germany

ISBN 978-3-941965-31-7

Herausgeber der Edition Training aktuell:
Ralf Muskatewitz, Jürgen Graf, Nicole Bußmann

Lektorat: Michael Busch, Ralf Muskatewitz
Cover: Silke Kowalewski, istockphoto
Grafiken: Silke Kowalewski, Jürgen Graf
Druck: Kösel GmbH und Co. KG, Krugzell

Inhalt

Vorhang auf für „Mord im Seminar" 7

1. Das Spiel mit Mitspielkrimis

Mitspielkrimis als Gesellschaftsspiel ausprobieren
Die Einladung zum Spiel inszenieren 14
Das Spiel durchführen und beenden 17

Mitspielkrimis im Training einsetzen
Allgemeiner Ablauf...19
Varianten des Spiels, je nach Gruppengröße.............20
Ablaufplan – Übersicht 22
Das Trainingsthema einführen 23
Die Theorie erarbeiten 26
Die Beobachtungskriterien entwickeln......................27
Das Trainingsspiel durchführen...............................28
Auswerten und Feedback geben 35

Mitspielkrimis für bestimmte Trainingsthemen einsetzen
Trainingsthema „Gesprächsführung"........................39
Trainingsthema „Moderationstechniken" 48
Trainingsthema „Management von Konflikten im Team"..............58

Die Krimis als Problemlösungsaufgabe einsetzen 66

2. Die vier Mitspielkrimis

Einige Dinge vorab 71
Ändern des Geschlechts von Rollen.. 73
Grundsätzliche Spielregeln 75

Krimi 1: Mord im Seminar
Kurzbeschreibung und Rollenübersicht 79
Die Geschichte 81
Rollenvorlagen... 85
    ▶ Notwendige Rollen... 85
    ▶ Zusätzliche Rollen 96
Trainerübersicht über den Fall 99
    ▶ Zeitlicher Ablauf der Ereignisse 100
    ▶ Die Lösung.. 102
    ▶ Die wichtigsten Informationen der Beteiligten 103
Ändern des Geschlechts der einzelnen Rollen......................... 107

Variante: Mord im Seminar als Problemlösungsaufgabe
Aufgabenstellung und Instruktion für die Teilnehmer............... 110
Informationen für alle: Die Geschichte..................................... 111
Informationskarten zum Verteilen an die Teilnehmer............... 113
Die Lösung des Falls 118

Krimi 2: Das Assassinment Center
Kurzbeschreibung und Rollenübersicht 121
Die Geschichte 123
Rollenvorlagen... 127
    ▶ Notwendige Rollen... 127
    ▶ Zusätzliche Rollen 141
Trainerübersicht über den Fall 143
    ▶ Zeitlicher Ablauf der Ereignisse 144
    ▶ Die Lösung.. 146
    ▶ Die wichtigsten Informationen der Beteiligten 147
Ändern des Geschlechts der einzelnen Rollen......................... 153

Inhalt

Variante: Das Assassinment Center als Problemlösungsaufgabe
Aufgabenstellung und Instruktion für die Teilnehmer 156
Informationen für alle: Die Geschichte 157
Informationskarten zum Verteilen an die Teilnehmer 159
Die Lösung des Falls 163

Krimi 3: Ein tödliches Projekt
Kurzbeschreibung und Rollenübersicht 167
Die Geschichte 169
Rollenvorlagen 174
    ▶ Notwendige Rollen 174
    ▶ Zusätzliche Rollen 188
Trainerübersicht über den Fall 191
    ▶ Zeitlicher Ablauf der Ereignisse 192
    ▶ Die Lösung 194
    ▶ Die wichtigsten Informationen der Beteiligten 195
Ändern des Geschlechts der einzelnen Rollen 200

Variante: Ein tödliches Projekt als Problemlösungsaufgabe
Aufgabenstellung und Instruktion für die Teilnehmer 203
Informationen für alle: Die Geschichte 204
Informationskarten zum Verteilen an die Teilnehmer 207
Die Lösung des Falls 212

Krimi 4: Du sollst nicht NEIN sagen
Kurzbeschreibung und Rollenübersicht 217
Die Geschichte 219
Rollenvorlagen 223
    ▶ Notwendige Rollen 223
    ▶ Zusätzliche Rollen 234
Trainerübersicht über den Fall 237
    ▶ Zeitlicher Ablauf der Ereignisse 238
    ▶ Die Lösung 240
    ▶ Die wichtigsten Informationen der Beteiligten 240
Ändern des Geschlechts der einzelnen Rollen 246

Variante: Du sollst nicht NEIN sagen als Problemlösungsaufgabe
Aufgabenstellung und Instruktion für die Teilnehmer 249
Informationen für alle: Die Geschichte 250
Informationskarten zum Verteilen an die Teilnehmer 253
Die Lösung des Falls 257

3. Eigene Mitspielkrimis schreiben 259

4. Fragebögen und Beobachtungsbögen

Kommunikation 277
Fragetechniken 280
Moderationstechniken 282
Konfliktbearbeitung 286
Konfliktstile 288
Aktives Zuhören 294
Erfahrungsabfrage 297

Anhang
Stichwortverzeichnis 299
Downloadverzeichnis 302

Vorhang auf für „Mord im Seminar"

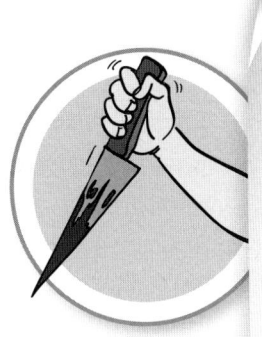

Mitspielkrimis für das Kommunikationstraining in Teams nutzen? Ist das wirklich möglich? Ist das sinnvoll?

Ja, das ist es, aus mehreren Gründen. Im betrieblichen Alltag von Teams geht es darum, gemeinsam Probleme zu lösen und Ziele zu erreichen. Zum Beispiel ist ein Fehler in einer Produktentwicklung aufgetaucht oder ein wichtiger Termin konnte nicht eingehalten werden und so weiter. Diese oder ähnliche Probleme sollen in Zukunft vermieden werden. Also beginnt im Team ein gemeinsamer Problemlösungsprozess: Man befragt sich gegenseitig, holt Meinungen ein, sammelt Informationen, bewertet sie, entwickelt Hypothesen, überprüft und verwirft sie dann gegebenenfalls, kommt der Lösung nahe und erreicht sie hoffentlich. Dieser Prozess läuft im Alltag häufig nicht so sachorientiert, glatt und harmonisch ab, wie hier geschildert. Es gibt fast immer Beteiligte, die zwar gern das Problem gelöst sähen, aber eigene Interessen nicht unbedingt offenlegen wollen. Man versucht, sich selbst als Unschuldslamm darzustellen, man bohrt in den Problemen der anderen, lässt Konflikte eskalieren.

Die Anforderungen an die Betroffenen, vor allem an die Moderatoren solcher Runden, sind groß: Wie baue ich Vertrauen auf? Wie kann ich darauf hinwirken, dass Konflikte konstruktiv angegangen werden, wie bringe ich die Beteiligten dazu, sich nicht hinter Positionen zu verschanzen, sondern Interessen offen darzustellen? Welche Gesprächsmuster sind wirksam, förderlich? Und welche eher destruktiv, hinderlich?

Es ist eine gängige sinnvolle Praxis, ganze Teams, einzelne Teammitglieder und Moderatoren für solche Problemlösungsprozesse im Team zu trainieren. Es ist jedoch schwierig, im Training Situationen zu schaffen, in denen realistische Schwierigkeiten, Herausforderungen und Konflikte des Alltags berücksichtigt werden. Gibt man den Trainingsteilnehmern einfach nur Problemlösungsaufgaben, dann entsteht fast immer ein gemeinsamer sportlicher Ehrgeiz, das Problem zu lösen. Da es selten zusätzliche, versteckte und konträre Interessen bei den Trainingsteilnehmern gibt, ist es kaum möglich, für die beschriebene Alltagssituation Verhaltensalternativen einigermaßen echt und authentisch auszuprobieren.

Solche Herausforderungen entstehen aber im Training automatisch, wenn Sie Mitspielkrimis als Methode einsetzen: Auch hier geht es darum, ein Problem im Team zu lösen. Das Problem besteht darin, dass ein Verbrechen geschehen ist. Man weiß nicht, wer es war, warum das Verbrechen geschehen ist oder ob man die Tat hätte verhindern können. Fast jeder ist verdächtig und möchte den Verdacht entkräften, und – wenn er unschuldig ist – den wahren Täter überführt wissen. Deshalb befragt man sich untereinander, holt Meinungen ein, sammelt Informationen, bewertet diese, entwickelt Hypothesen, überprüft und verwirft sie dann gegebenenfalls, kommt der Lösung nahe und erreicht sie endlich.

Dabei werden Interessen nicht offengelegt, sondern verdeckt gehalten, Verdächte werden ausgesprochen und Anschuldigungen erhoben, Verteidigungshaltungen werden eingenommen und Konflikte eskalieren. Mit anderen Worten, es entsteht ein höchst intensiver Kommunikationsprozess unter den Beteiligten mit all den Merkmalen, die für den Arbeitsalltag typisch sind. Natürlich wird das alles nur gespielt. Aber da jeder Beteiligte sich nicht selbst spielt, sondern eine Rolle möglichst glaubwürdig verkörpern will, wirkt es authentisch. Die Gesprächspartner werden im Spiel immer wieder mit der Frage konfrontiert, wie sie mit den gezeigten Verhaltensweisen sinnvoll umgehen können.

Damit macht das Training mit Mitspielkrimis nicht nur Spaß, es ist auch lehrreich und unterstützt die Übertragung der Lerninhalte in den Arbeitsalltag. Für den Spaß sorgen ein spannender Plot und interessante Verwicklungen. Gute Rollenvorgaben entwickeln einen Sog, der das Eintauchen in die Emotionen und Beweggründe der Spielfiguren anregt und das Ausleben der genannten Gesprächsmuster und Haltungen provoziert. Diese Gesprächsmuster und die Reaktionen der anderen darauf wird man im Mitspielkrimi höchst authentisch an sich selbst erleben und als Rückmeldung von den Mitspielern mitgeteilt bekommen. Das Erleben und der Lernerfolg sind intensiver als bei der Beobachtung von Lehrvideos, der theoretischen Diskussion über Konfliktbearbeitungsstile – und besser als jeder Vortrag eines Kommunikationsgurus.

Der Schwerpunkt des Buches liegt auf der praktischen Durchführung von Mitspielkrimis im Training. Anhand von vier vollständig durchkonstruierten Kriminalhandlungen sollen Sie in die Lage gebracht werden, diese spannende Methode als einen handlungsorientierten Baustein in Ihr Kommunikations- oder Teamtraining zu integrieren. Selbstverständlich können Sie die dargestellten Mitspielkrimis auch als Gesellschaftsspiel zum unterhaltsamen Ausklang eines stressigen Seminartages oder im privaten Kontext als Testlauf vor dem eigentlichen Einsatz im Seminar einsetzen. Eine besondere Variante enthält dieses Buch: Zu jedem Plot gibt es eine Fassung für den reinen Einsatz als Problemlösungsaufgabe. In diesem Fall findet kein Rollenspiel statt, vielmehr geht es um das methodische Vorgehen der Gruppe beim Analysieren der Fakten und Indizien und dem Lösen des Falls.

Die vier Fälle sind so konstruiert, dass sie an die Teilnehmeranzahl und Zusammensetzung der Seminargruppe angepasst werden können. Eine allgemeine Einführung erklärt den grundsätzlichen

Ablauf, das Festlegen des Settings für Beobachtung und Auswertung, Zeitpunkt und Art des theoretischen Inputs für das Trainingsthema. Sie erhalten Empfehlungen darüber, was Sie als Trainer unternehmen können, wenn es zu Schwierigkeiten im Ablauf oder mit Teilnehmern kommt und wann und wie Sie das Ende des Spiels einleiten sollten.

Damit Sie als Seminarleiter selbst in allen Phasen die nötige Übersicht über den Fall haben, erhalten Sie eine „Kriminalakte" aus Chronologie der Ereignisse, Tatortskizze und Muster-Lösung des Falls.

Alle für die Durchführung erforderlichen Rollenbeschreibungen, Spielunterlagen, Selbsteinschätzungs- und Beobachtungsbögen zur Auswertung werden Ihnen hier vorgestellt. Diese Unterlagen stellen wir Ihnen zusätzlich als Kopiervorlage zur Verfügung. Den Link zu den Download-Ressourcen finden Sie in der Umschlagklappe. Die Passagen, zu denen es Download-Ressourcen gibt, sind entsprechend gekennzeichnet (achten Sie auf das Icon).

Wenn die Lektüre und das Aufführen der Mitspielkrimis Ihren kriminalistischen Spürsinn geweckt hat, erhalten Sie zu guter Letzt noch eine von mir entwickelte Anleitung an die Hand, mit der Sie sogar eigene Plots für Mitspielkrimis entwickeln können.

Mein Rat: Nutzen Sie die hier beschriebenen Mitspielkrimis – sie werden Ihr Training bereichern und sorgen für jede Menge Spaß.

Ebenhausen, Oktober 2011
Gerhard Etzel

PS: Der besseren Lesbarkeit halber wird hier von „dem Trainer" gesprochen. Selbstverständlich beziehen sich alle Inhalte genauso auf meine geschätzten Kolleginnen.

EINS
Das Spiel mit Mitspielkrimis

Schnellfinder

Mitspielkrimis als Gesellschaftsspiel ausprobieren 13
- ▶ Die Einladung zum Spiel inszenieren 14
- ▶ Das Spiel durchführen und beenden 17

Mitspielkrimis im Training einsetzen 18
- ▶ Allgemeiner Ablauf 19
- ▶ Varianten des Spiels, je nach Gruppengröße 20
- ▶ Ablaufplan – Übersicht 22
- ▶ Das Trainingsthema einführen 23
- ▶ Die Theorie erarbeiten 26
- ▶ Die Beobachtungskriterien entwickeln 27
- ▶ Das Trainingsspiel durchführen 28
- ▶ Auswerten und Feedback geben 35

Mitspielkrimis für bestimmte Trainingsthemen einsetzen 38
- ▶ Trainingsthema „Gesprächsführung" 39
- ▶ Trainingsthema „Moderationstechniken" 48
- ▶ Trainingsthema „Management von Konflikten im Team" 58

Die Krimis als Problemlösungsaufgabe einsetzen 66

Mitspielkrimis als Gesellschaftsspiel ausprobieren

Stellen Sie sich vor, Sie sitzen mit guten Freunden in einer gemütlichen Runde beisammen, vielleicht sogar rund um ein knisterndes Kaminfeuer und Sie wissen, ein Verbrechen ist geschehen. Jeder der Anwesenden hat irgendwie mit dem Fall zu tun. Wer hatte ein Motiv? Wie sieht es mit den Alibis aus? Haben Sie etwa schon einen Verdacht? Nun beginnen die Ermittlungen.

Dies ist das Grundmodell der Mitspielkrimis. In den folgenden Kapiteln beschreibe ich im Detail, wie Sie so einen Mitspielkrimi konkret inszenieren können. Am Anfang steht die ganz klassische Variante, in der ein Mitspielkrimi als Gesellschaftsspiel nur zur Unterhaltung gespielt wird. Ich empfehle Ihnen, den ausgewählten Mitspielkrimi vor dem ersten Einsatz im Seminar auf jeden Fall wirklich in dieser Form auszuprobieren – vielleicht sogar mehrfach, um ein Gefühl für die Zusammenhänge, die Logik der Handlung und mögliche auftretende Kommunikationsmuster zu entwickeln. Es wird Ihr Gefühl für Timing schärfen, ebenso wie für mögliche gruppendynamische Untiefen sowie für die Einhaltung der später gesteckten Trainingsziele.

Unbedingt vor dem ersten beruflichen Einsatz erst mal privat ausprobieren!

Wenn Sie mit Freunden einen Krimi-Spielabend gestalten wollen, berücksichtigen Sie bei der Auswahl eines geeigneten Falles zunächst, wie lange Sie maximal spielen wollen. Es gibt Fälle, die in höchstens zwei Stunden gelöst werden können, wie alle hier im Buch vorgestellten Fälle. Es gibt auch Mitspielkrimis im Handel, die vier und mehr Stunden Lösungsarbeit mit sich bringen.

Später können Sie die Mitspielkrimis genauso gut zur Unterhaltung am Abend eines Seminars einsetzen, ohne tiefer gehende Auswertungen und ohne Feedback mit „Was lernen wir daraus?"-Prozeduren.

Die Abschnitte mit den Beispielen zum Trainingseinsatz beruhen auf den Erfahrungen, die ich bisher in Seminaren gesammelt habe. Damit ist der mögliche Einsatzbereich von Mitspielkrimis im Training sicher nicht erschöpfend behandelt. Der Fantasie sind hier keine Grenzen gesetzt. Über Rückmeldungen zu Ihren Erfahrungen und weiteren Anwendungen dieses Konzepts freue ich mich sehr.

Die Einladung zum Spiel inszenieren

Sobald Sie sich mit dem Krimi Ihrer Wahl grundsätzlich vertraut gemacht haben, ist die Einladung an die Mitspieler der nächste wichtige Punkt mit Auswirkungen auf das Gelingen. Von den verschiedenen Autoren und Anbietern von Mitspielkrimis werden unterschiedliche Vorgehensweisen empfohlen.

Die allgemein gehaltene Einladung

Einfach, aber wirkungsvoll ist eine allgemein gehaltene Einladung, in der ein Mitspielkrimi angekündigt wird, zum Fall selbst aber nur Andeutungen gemacht werden, um den Empfänger neugierig zu machen und bereits im Vorfeld Spannung zu erzeugen und die Mitspielbereitschaft zu fördern. Damit wird die Einladung bereits Teil der Inszenierung des Mitspielkrimis. Die konkreten Details, die Rollenverteilung, Rollenbeschreibungen und weitere Informationen verteilen Sie allerdings erst kurz vor Spielbeginn.

Eine Einladung könnte dann z.B. so aussehen. Übrigens steht Ihnen dieser Einladungstext auf den Online-Seiten zum Buch als Download zur Verfügung.

Liebe Freunde,

Ihr seid herzlich eingeladen zu einem Krimispiel-Abend. Wir werden uns gemeinsam bemühen, ein Verbrechen aufzuklären. Jeder von uns ist in dieses Verbrechen verwickelt, jeder ist verdächtig. Einer ist der Täter. Die konkreten Details zum Fall und Eure Rollen werdet Ihr am Abend rechtzeitig erfahren. Vorab nur so viel:
<hier Kurzbeschreibung zum Krimispiel einfügen>
Wir nehmen die Ermittlungen am *<Datum>* in *<Ort>* auf.

Viel Spaß und Erfolg bei der Ermittlungsarbeit

Alternativ zu der sehr allgemein gehaltenen Einladung können Sie alle für die Vorbereitung und das Mitspielen wichtigen Informationen schon in der Einladung bekanntgeben. Dies ist gerade für Gesellschaftsspiele die sinnvollere Variante, denn am Spielabend geht dann keine Zeit mit Lesen verloren. Diese 20 bis 30 Minuten würden auch den Kommunikationsfluss stören. Auch können bereits die Rollen zugewiesen werden – ein weiterer Zeitvorteil. Die Rollenspieler haben auf diese Weise viel mehr Zeit, sich mit den Fakten und den ihnen zugewiesenen Informationen vertraut zu machen.

Die erweiterte Einladung

Eine Einladung für diese Variante des Spiels könnte beispielsweise so aussehen, wie auf der Folgeseite dargestellt. Auch diese Einladung steht Ihnen ebenso wie die Anlagen für jeden der vier Mitspielkrimis und alle Rollen als Download zur Verfügung.

Liebe(r) ...,

Du bist herzlich eingeladen zu einem Krimi-Spielabend. Wir werden gemeinsam ein Verbrechen aufklären, das in unserer unmittelbaren Umgebung passiert ist. Eine uns bekannte Person ist ums Leben gekommen. Wir „Überlebenden" sollten herausfinden, was da passiert ist. Alle bis jetzt bekannten Details zum Fall findest Du in der beiliegenden Beschreibung.

Ich stelle mir vor, dass es Dir Spaß machen wird, in diesem Krimi-Spiel die Rolle *<hier Rollenbezeichnung einfügen>* zu übernehmen. Bitte lies Dir die beigefügte Rollenbeschreibung durch und mache Dich mit den speziellen Informationen und Ansichten für diese Rolle vertraut. Du musst das nicht auswendig lernen, Du kannst das Blatt mitbringen und immer wieder hineinsehen. Zeige diese Rolleninformation aber bitte sonst niemandem.

Wir nehmen die Ermittlungen am *<Datum>* in *<Ort>* auf.

Viel Spaß und Erfolg bei der Ermittlungsarbeit

Zu einer vernünftigen Verteilung der Fallbeschreibungen und der Rollenanweisungen gehört, dass jeder Mitspieler seine eigenen Papiere besitzt, egal, ob sie schon mit der Einladung verteilt oder erst vor dem Spiel ausgeteilt werden. Zur Einstimmung in das Spiel ist es sinnvoll, zunächst eventuelle Fragen zum Ablauf zu klären und dann die Fallbeschreibung noch einmal wörtlich vorzulesen.

Schild mit Rollenbezeichnung, Notizpapier, Stift bereitstellen

Vor jedem Teilnehmer sollte ein Schild mit seiner Rollenbezeichnung stehen. Stellen Sie jedem auch Notizpapier und Bleistift zur Verfügung. Danach beginnt die offizielle Vorstellung der Teilnehmer mit den vorgegebenen Texten. Es ist wichtig, dass die Vorstellungstexte inhaltlich vollständig vorgelesen werden.

Das Spiel durchführen und beenden

Nun beginnt das Spiel: In jedem Spiel gibt es einen „offiziell" benannten Ermittler, der, in unserem Jargon ausgedrückt, die Rolle des „Moderators" für das „Problemlösungsteam" übernimmt.

Natürlich kann jeder jedem Fragen stellen, Kommentare abgeben und nach Belieben spekulieren. Irgendwann wird wahrscheinlich mindestens einer der Mitspieler den Täter entlarvt haben. Wer als Täter überführt ist, darf nicht mehr leugnen. Dies kann durch Beweis, Indizienkette oder hilfsweise nur durch den Nachweis von „Gelegenheit und Motiv" erfolgen.

Falls in einem Spiel „die Luft raus" ist, d.h., die Ermittlungen sich im Kreis drehen und kein erkennbarer Fortschritt erzielt wird, ist die Gefahr groß, dass sich Langeweile ausbreitet. Regen Sie als Spielleiter in diesem Fall die Einstellung der Ermittlungen an. Jeder nennt dann seinen Hauptverdächtigen und das vermutete Tatmotiv.

Wenn „die Luft raus" ist ...

Der „wahre" Täter liest abschließend seine Rollenanweisung vor. Das Spiel ist beendet – alle Beteiligten haben (hoffentlich) ein paar vergnügliche Stunden miteinander verbracht.

Mitspielkrimis
im Training einsetzen

Im Training ist der Fall bloß das methodische Vehikel

Beim Einsatz von Mitspielkrimis zu Trainingszwecken gibt es einen markanten Unterschied zum Gesellschaftsspiel: Der Fall und seine Lösung sind nur „Vehikel", die methodisch eingesetzt werden, um beim Erarbeiten der eigentlichen Ziele für Spaß und Spannung zu sorgen und um die Verhaltensweisen zu stimulieren, die Sie thematisch im Training bearbeiten wollen. Im Fokus steht also der Kommunikationsprozess, der zur Lösung des Falles führt und seine Beobachtung bzw. Auswertung. Um das Seminarziel zu erreichen, ist es nicht zwingend erforderlich, den Täter zu überführen, zumal die beschriebenen Fälle zum Teil nicht leicht zu knacken sind.

Die Schwierigkeit hierbei ist, wie übrigens grundsätzlich bei Rollenspielen und Verhaltensplanspielen, dass die Teilnehmer ihre Aufmerksamkeit sehr stark auf das Spielgeschehen richten. Deswegen fällt es ihnen in der Regel nicht so leicht, nach dem Spiel ihre Eindrücke und Empfindungen zum eigenen Kommunikationsstil und dem ihrer Mitstreiter anhand konkret erlebter Beispiele genau zu beschreiben. Deswegen sollten Sie als Trainer oder Seminarleiter immer ein konkretes Setting für die Beobachtung des Kommunikationsprozesses und dessen spätere Auswertung festlegen.

Bitte beachten Sie, dass ich bei der Beschreibung des Einsatzes von Krimispielen für die verschiedenen Trainingsziele theoretische Modelle und Konzepte nur in knapper Form behandle. Dieses Buch ist ein Arbeitsbuch, in dem der Schwerpunkt auf der Methode für die Durchführung von Krimispielen liegt. Es ist kein umfassendes Lehrbuch für Kommunikation, Moderation oder Konfliktmanagement.

Allgemeiner Ablauf

In der folgenden Tabelle sehen Sie, wie viele Rollenvorgaben in jedem der Mitspielkrimis dieses Buches enthalten sind. Die für die Lösung eines Kriminalfalles notwendigen Informationen sind immer auf die als „Minimum" bezeichneten Rollen verteilt. In den Beschreibungen der einzelnen Kriminalfälle steht, welche Rollen dies sind. Ohne größere redaktionelle Überarbeitung der Krimis können Sie diese unterste Grenze der Mitspieler nicht unterschreiten.

Die zusätzlichen bzw. optionalen Rollen bis zur maximalen Anzahl verfügen ebenfalls über aussagekräftige Informationen, die aber nicht notwendig sind, um den Fall zu lösen.

Krimi	Anzahl Rollen Minimum	Zusätzliche Rollen	Summe
Mord im Seminar	6	3	9
Das Assassinment-Center	8	2	10
Ein tödliches Projekt	8	2	10
Du sollst nicht NEIN sagen	6	2	8

Varianten des Spiels, je nach Gruppengröße

Da die Mitspielkrimis je nach ausgewähltem Spiel für sechs bis maximal zehn Rollenspieler ausgelegt sind, müssen Sie für größere Seminargruppen von z.B. zwölf Teilnehmern spezielle Überlegungen anstellen. In den folgenden drei Abschnitten sind grundsätzliche Vorgehensweisen in Abhängigkeit von der Gruppengröße beschrieben.

Alle spielen in einem Krimi ohne Beobachter

Am einfachsten ist es natürlich, wenn Sie maximal acht Teilnehmer im Training haben. In diesem Fall können Sie jeden der hier vorgestellten Mitspielkrimis ohne Anpassung im Training einsetzen. Die Formulierung „am einfachsten" bezieht sich jedoch ausschließlich auf den formalen Ablauf des Spiels. Wenn alle Trainingsteilnehmer im Spiel aktiv sind, kann niemand die Beobachterrolle übernehmen. Das bedeutet, dass das Feedback und die Auswertung höhere Anforderungen stellen, denn normalerweise sind die Teilnehmer engagiert im Spiel und dabei so konzentriert auf das Geschehen, dass es den meisten schwerfällt, sich danach an einzelne, für Feedback-Prozesse wertvolle Beobachtungen zu erinnern.

Teilen Sie die Beobachtungs- und Feedback-Bögen an die Teilnehmer aus

Meine Empfehlung ist daher, Beobachtungs- oder Feedback-Bögen an die Teilnehmer auszugeben. Diese sollten unmittelbar nach Abschluss des Spiels in Einzelarbeit ausgefüllt werden. Planen Sie dafür genügend Zeit ein. Eine weitere Option ist es, in der Mitte des Spiels, nach etwa 20-25 Minuten, eine „Auszeit" von rund fünf Minuten einzubauen, in der die Teilnehmer erste Beobachtungen notieren können.

Eine Gruppe spielt, eine Gruppe beobachtet

Wenn die Teilnehmerzahl im Training größer ist als die maximale Rollenzahl des ausgewählten Krimispiels, übertragen Sie denjenigen, die keine Rolle im Krimi spielen können, eine Beobachtungsaufgabe. Es ist ideal, so viele Beobachter zu haben, dass jeder nur einen Rollenspieler beobachtet, aber zwei oder drei Spieler sind durchaus von einer Person beobachtbar. Beobachtungs- oder Feedback-Bögen können für die Beobachter sehr hilfreich sein.

Häufig lasse ich bei genügend großen Gruppen zwei Krimis nacheinander spielen. Beim ersten Krimispiel ist jedem Rollenspieler der „Spielgruppe" ein Beobachter aus einer „Beobachtergruppe" zugeordnet, der dem Spieler anhand der vorher vereinbarten Beobachtungskriterien ein Feedback gibt. Hier ist es sinnvoll, dass der jeweilige Beobachter unbedingt während des Spiels seine Wahrnehmungen notiert und am Ende seine Gesamtwertung aufschreibt. Das Feedback sollte auf jeden Fall durchgeführt werden, bevor das nächste Spiel beginnt.

Lassen Sie bei großen Gruppen zwei Krimis nacheinander spielen

Für den folgenden Krimi müssen Sie natürlich ein anderes Spiel nehmen. Die Rollen werden nun vertauscht: Die vorherige Beobachtergruppe spielt das Krimispiel. Die früheren Beobachter sind jetzt Rollenspieler, die Rollenspieler aus der ersten Runde haben nun die Beobachtungsaufgabe. Bei einem solchen „sequenziellen" Spiel sollten Sie für die reine Spielzeit unbedingt eine Zeitvorgabe von maximal 45 Minuten einhalten, da sonst die Gefahr besteht, dass der Spannungsbogen für alle Beteiligten „überdehnt" wird.

Zwei oder mehr Gruppen spielen parallel
Bei genügend großen Seminargruppen können Krimiteams auch parallel spielen, wobei alle Gruppen das gleiche Spielthema haben können. Dann ist es möglich, zusätzlich zum allgemeinen Feedback auch Unterschiede zwischen den Gruppen im Lösungs- und Kommunikationsprozess zu analysieren.

Hierbei können Sie Unterschiede zwischen den Gruppen beobachten

Diese Variante geht nur, wenn Sie mindestens zwölf Teilnehmer haben. Dann können Sie entweder den Fall „Mord im Seminar" oder „Du sollst nicht NEIN sagen" parallel spielen (hierfür sind jeweils mindestens sechs Rollen erforderlich).

Auch in diesem Fall gibt es das schon vorhin erwähnte Problem, dass das Feedback und die Auswertung höhere Anforderungen stellen, wenn die Spielgruppen ihren Fall ohne Beobachter lösen müssen. Verwenden Sie dann unbedingt Beobachtungs- oder Feedback-Bögen.

Ablaufplan – Übersicht

Lernen Sie nun einen typischen, allgemeinen Ablauf einer Trainingseinheit mit Krimispielen kennen. Varianten dieses Vorschlags je nach Gruppengröße, Zielsetzung und spezieller Trainingsthematik finden Sie dann in den folgenden Kapiteln.

Typischer Zeitbedarf eines Krimispiels: ca. 1-2 Stunden

Reine Spielzeit: 45 Minuten

Min.	Aktion
45	Das Kommunikationsthema einführen Die Theorie erarbeiten Die Beobachtungskriterien entwickeln
15	Das Spiel instruieren Die „Geschichte" zum Fall austeilen Individuelles Lesen
10	Allgemeine Fragen klären Die Rollen verteilen (gegebenenfalls Beobachter zuordnen)
15	Die Rollenbeschreibungen ausgeben Rollen lesen (eventuelle Beobachter lesen ebenfalls die Rollenbeschreibung der Person, die sie beobachten!)
45	Spielphase durchführen
?	Auswerten und Feedback geben (je nach Thema und Gruppengröße)

Der Zeitbedarf für ein Krimispiel im Training beträgt ohne Feedback und Auswertung im Normalfall etwas mehr zwei Stunden, wenn Sie 45 Minuten reine Spielzeit ansetzen. Der vorgeschlagene Zeitplan bietet natürlich noch zeitliche Einsparpotenziale, z.B. bei der Einführung in das Thema oder beim Erarbeiten der Theorie, wenn dies im Rahmen des Seminars schon angesprochen und behandelt wurde.

Das Trainingsthema einführen

Wenn Sie einen Mitspielkrimi nicht als Gesellschaftsspiel, sondern zum Training von kommunikativen Kompetenzen einsetzen, ist vor dem Spiel auf jeden Fall eine Einführung in das Thema notwendig. Meine Empfehlung: Beginnen Sie diese Einführung nicht mit einem trockenen theoretischen Input, sondern holen Sie die Teilnehmer bei ihren Erfahrungen ab. Für dieses „Abholen" haben erfahrene Trainer in der Regel ihre eigenen Varianten entwickelt. Ich will hier deswegen nur zwei grundsätzliche Möglichkeiten schildern, die sich bewährt haben.

Die Erfahrungen der Teilnehmer erfragen

Am Flipchart Vorschläge der Teilnehmer sammeln
Fragen Sie die Teilnehmer, was typische Schwierigkeiten, „Fettnäpfchen", Fallstricke sind, die sie im Arbeitsalltag zum Thema erleben, z.B. bei Problemlösungsprozessen im Team, in der Moderation, bei der Bearbeitung von Konflikten.

Flipchart-Notizen

Mit Moderationskarten arbeiten
Jeder notiert Schwierigkeiten, die er erlebt hat, einzeln auf Karten. Diese werden an einer Pinnwand gesammelt und nach inhaltlichen Schwerpunkten geclustert.

Moderationskarten einsetzen

Mit dem Fragebogen Erfahrungen erfragen

Fragebogen einsetzen Die Vorteile der Fragebogenmethode sind:

- ▶ Jede Schwierigkeit kann nach der Häufigkeit des Erlebens beurteilt werden, zum Beispiel auf einer Skala von „erlebe ich sehr oft" bis „erlebe ich sehr selten".

- ▶ Die Schwierigkeiten können zusätzlich danach bewertet werden, wie störend oder hinderlich sie erlebt werden. Alternativ oder zusätzlich kann die Frage gestellt werden, wie schwierig es ist, mit diesem Problem konstruktiv umzugehen.

- ▶ Eine schnelle statistische Auswertung kann dem Trainer zeigen, wo Schwerpunkte für das Feedback gesetzt werden sollten. Für die Teilnehmer ist ein Überblick über die Einschätzungen in der Gruppe immer sehr interessant. Eine Auswertung kann sehr schnell erfolgen, wenn die Fragebogen-Items und die Antwortskalen vom Trainer zur Vorbereitung auf eine Pinnwand geschrieben wurden. Die Teilnehmer kleben dann Markierungspunkte in die Felder der Antwortskalen, die ihren Antworten entsprechen, oder markieren sie mit Filzstift.

Der Nachteil der Fragebogenmethode besteht darin, dass sich die Teilnehmer auf die im Fragebogen vorgegebenen Schwierigkeiten konzentrieren und dadurch andere erlebte problematische Situationen übersehen. Dies kann ausgeglichen werden, indem man die Teilnehmer bittet, auch individuell erlebte Schwierigkeiten zu beschreiben, die im Fragebogen nicht benannt sind.

Ein Beispiel für einen solchen Fragebogen zum Thema „Besprechungen" finden Sie im Anhang. Er steht Ihnen zusätzlich als Download zur Verfügung.

Mit einer Spielsituation einführen

Als interessante Alternative zur Abfragemethode kann man eine sehr kurze spielerische Situation inszenieren, in der die Teilnehmer die Problemstellung erleben können. Dabei werden in der Regel auch die Emotionen aktiviert, die im Alltag in vergleichbaren Situationen auftreten, wenn auch sicher nicht so stark.

Ich verwende beispielsweise gern folgendes Spiel:
Die Teilnehmer werden in zwei Gruppen geteilt und zur Vorbereitung des Spiels in zwei getrennte Räume geführt. Wichtig ist, dass die beiden Gruppen einander akustisch nicht stören bzw. beeinflussen, denn in der Vorbereitungszeit geht es im allgemeinen „hoch" her, es wird mitunter sehr laut.

Ein Beispiel einer Abholmethode

▶ Die erste Gruppe erhält einen Handout mit folgender Instruktion: *„Überzeugen Sie die ketzerischen und ignoranten Mitglieder der anderen Gruppe davon, dass die Erde eine Scheibe ist. Deren Sicht, die Erde sei eine Kugel, ist aus wissenschaftlichen und grundsätzlichen Überlegungen heraus nicht haltbar. Zur Vorbereitung der Diskussion haben Sie genau zehn Minuten Zeit. Für die spätere Diskussion mit der anderen Gruppe stehen danach ebenfalls zehn Minuten zur Verfügung."*

▶ Die zweite Gruppe erhält ebenfalls ein Handout mit folgender Instruktion: *„Überzeugen Sie die einfach rückständigen und ignoranten Mitglieder der anderen Gruppe davon, dass die Erde tatsächlich eine Kugel ist. Deren Sicht, die Erde sei eine Scheibe, ist aus wissenschaftlichen und grundsätzlichen Überlegungen heraus nicht haltbar. Zur Vorbereitung der Diskussion haben Sie genau zehn Minuten Zeit. Für die spätere Diskussion mit der anderen Gruppe stehen danach ebenfalls zehn Minuten zur Verfügung."*

Nach der Vorbereitungszeit sitzen die Gruppen im Kreis oder um einen Konferenztisch in Blockform. Ich achte darauf, dass die Sitzreihenfolge abwechselt: Ein Mitglied der Gruppe 1, ein Mitglied aus Gruppe 2, ein Mitglied der Gruppe 1 usw. Der Zweck dieser Sitzordnung ist, weitere Absprachen innerhalb der Gruppen während der Diskussion zu erschweren.

Nach zehn Minuten wird die Diskussion, unabhängig vom Ergebnis, abgebrochen. Ich lasse dann abstimmen, ob die Erde eine Kugel oder eine Scheibe ist. Erfahrungsgemäß bleiben die Teilnehmer in 90

Prozent aller Fälle bei der anfänglichen Grundaussage ihrer Gruppe, sodass sich die Anfangssituation nicht verändert hat. Das Ergebnis ist durchaus gewünscht. Die Frage an die Teilnehmer lautet danach nämlich: *„Welche Verhaltensweisen im Gespräch haben eine Einigung verhindert?"*

Sollte das Resultat ausnahmsweise eine einheitliche Meinung sein, kann die Frage abgewandelt werden: *„Welche Verhaltensweisen im Gespräch haben eine Einigung erschwert?"* Die Antworten umfassen in der Regel die ganze bekannte Palette an Gesprächsblockern: „nicht zuhören", „Sprecher persönlich angreifen", „das Wort im Munde rumdrehen", „Übertreibung von Interpretationen" usw.

Im Anschluss kann der Trainer noch kurz ein Stimmungsbild einholen, inwieweit diese Gesprächsmuster auch im Arbeitsalltag beobachtbar sind.

Die Theorie erarbeiten

Wenn die mit einer der eben geschilderten „Abholmethoden" gesammelten oder erlebten problematischen Situationen vervollständigt und dokumentiert sind, sollten die wichtigsten und interessantesten Verhaltensweisen zur Bewältigung dieser Situationen erarbeitet werden. Auch dafür gibt es verschiedene Varianten, die je nach Vorwissen der Teilnehmer, Zeitbudget im Training und Trainervorlieben gestaltet, kombiniert oder ergänzt werden können.

Gruppenarbeit

Lassen Sie die Teilnehmer ihre Erfahrungen schildern

Sehr effektiv ist es, die Teilnehmer aufzufordern, ihre Erfahrungen im Umgang mit diesen schwierigen Situationen in Gruppenarbeit zusammenzutragen. Eine Leitfrage für die Gruppenarbeit ist etwa: *„Welches Verhalten war in diesen Situationen hilfreich, welches war eher schädlich?"* Wenn die Themenfelder vorher geclustert wurden, können mehrere Gruppen an unterschiedlichen Themen arbeiten.

Lassen Sie die Gruppen die Ergebnisse im Plenum präsentieren, mit Flipcharts oder mit Moderationskarten an der Pinnwand. Sie als Trainer kommentieren die Ergebnisse und ergänzen bei Bedarf. Untermauern Sie die zentralen Aussagen mit relevanten theoretischen Ansätzen.

Trainerinput
Weniger zeitaufwendig, aber sicher auch nicht ganz so effektiv ist es, wenn Sie als Trainer die theoretischen Grundlagen präsentieren. Diese sollten dann aber auf jeden Fall in einer gemeinsamen Diskussion zu Handlungsempfehlungen mit Chancen und Risiken verdichtet werden.

Die Beobachtungskriterien entwickeln

Um die in diesem Trainingsabschnitt erarbeiteten allgemeinen Handlungsempfehlungen bei den Krimispielen wirksam anwenden zu können, sollten sie am Ende in Form einer Liste mit Feedback- bzw. Beobachtungskriterien oder Beobachtungsbögen vorliegen.

Dabei haben Sie es leichter, wenn Sie den theoretischen Rahmen überwiegend mit eigenem Input gestaltet haben, denn dann können Sie sicher auf fertige Beobachtungsbögen zurückgreifen. Allerdings haben Sie den schon erwähnten Nachteil, dass die Erinnerung an den Inhalt und die Identifikation damit nicht so ausgeprägt sind wie bei „Do it yourself"-Beobachtungsbögen.

Wenn die Liste erst im Training erstellt wird, empfiehlt es sich, eine anschließende Pause einzubauen, in der die Liste vervielfältigt werden kann. Ist das nicht möglich, muss sie mindestens als Flipchart oder Pinnwand während des Spiels im Raum sichtbar sein und für die spätere Auswertung zur Verfügung stehen. Denken Sie daran, bei parallelen Gruppen das Flipchart oder die Pinnwand zu kopieren und in jedem Raum die Liste aufzuhängen.

Das Trainingsspiel durchführen

Das Spiel instruieren und Rollen festlegen

Erläutern Sie zu Beginn ausführlich die Rahmenbedingungen und die Zielsetzung des Krimispiels:

Rahmenbedingungen und Zielsetzung klären

„Bei diesem Krimispiel geht es uns darum, eine Spielsituation zu schaffen, die einerseits spannend ist und Spaß macht, die es Ihnen andererseits aber auch ermöglicht, Emotionen zu empfinden und diese auch einigermaßen authentisch im Verhalten widerzuspiegeln. Sie werden ähnliche Probleme und Konflikte spüren wie in schwierigen Problemlösungssituationen im Alltag."

Die Teilnehmer werden sich in einer Situation befinden, die durch folgende Merkmale gekennzeichnet ist:

▶ Sie sind aufgefordert, an der Lösung eines „Problems" mitzuarbeiten.
▶ Alle (bis auf eine Person?) haben ein starkes Interesse, dass das Problem gelöst wird.
▶ Alle haben auch ein starkes Interesse, dass sie nicht unter einen (falschen?) Verdacht als „Schuldige" geraten und das „Problem" letztendlich bei ihnen „abgeladen" wird.
▶ Alle haben Informationen, die zur Problemlösung beitragen können.
▶ Alle haben Informationen, die sie selbst verdächtig machen könnten.

- Fast alle Informationen bieten einen Interpretationsspielraum. Ob sie für eine Person als belastend oder entlastend wirken, beruht auf subjektiven Bewertungen der Informationen.
- Das „Problem" ist wegen dieser Interpretationsspielräume möglicherweise nicht objektiv lösbar.

Nach dieser Einführung teilen Sie die Kurzbeschreibung und Geschichte zum Fall aus.

Fallgeschichte verteilen

Geben Sie maximal 15 Minuten Zeit zum individuellen Lesen und beantworten Sie Fragen zu den Spielregeln und zum Prozess, aber reden und diskutieren Sie nicht über den Inhalt des Falls oder über die Rollen. Anschließend verteilen Sie die Rollen.

Es gibt mehrere Varianten, wie Rollen vergeben werden können.

Rollen vergeben

- Ich bevorzuge die Rollenwahl durch die Teilnehmer: An einer Pinnwand hängen Tischkarten mit den Rollennamen. Die Teilnehmer gehen gleichzeitig nach vorne und nehmen sich Schilder. Wenn mehrere dieselbe Rolle wollen, müssen sie sich einigen.

- Eine andere Variante ist das Losverfahren: Die Tischkarten mit den Namen der Rollen liegen verdeckt auf einem Tisch. Jeder nimmt eine Karte. Als Option kann man erlauben, dass Teilnehmer die Karten tauschen.

- Eine weitere Variante ist eine Kombination aus Losverfahren und Wahl: Es wird eine Reihenfolge ausgelost, z.B. zieht jeder eine Nummer. Der Erste wählt eine Rolle. Der Zweite eine der übriggebliebenen usw. bis zum Letzten, der keine Wahl mehr hat.

Bevor Sie danach die Rollenvorlagen austeilen, geben Sie noch folgende Instruktion an die Teilnehmer:
„Versuchen Sie, sich mit der Person Ihrer Rollenvorgabe zu identifizieren. Was fühlt die Person angesichts der Ereignisse? Welche Ängste und Befürchtungen hat sie? Welche Hoffnungen und Erwartungen?

Es kann sein, dass Sie sich mit der Rolle, die Sie spielen sollen, nicht anfreunden können, etwa weil dort Denkweisen und Verhaltensmuster angedeutet werden, die Ihnen widerstreben. Bitte versuchen Sie es trotzdem. Vielleicht hilft Ihnen der Gedanke, dass Sie und alle anderen wissen, dass Sie nur eine Rolle spielen. Wenn Sie hier also schlecht zuhören, wenn Sie andere unterbrechen, wenn Sie um den heißen Brei herumreden, bedeutet das nicht, dass das Ihr normales Gesprächsverhalten ist. Wir konzentrieren uns in der Auswertung und im Feedback deswegen auf Fragen wie beispielsweise: ‚Wie fühlt es sich an, wenn Sie derartige Gesprächsmuster zeigen?' – ‚Wie erleben Sie die Reaktionen Ihrer Gesprächspartner auf solche Gesprächsmuster?' – ‚Wie fühlen Sie sich, wenn Sie selbst so behandelt werden?'

Wenn es Ihnen trotzdem absolut unmöglich erscheint, die Rolle zu übernehmen, können Sie einen Mitspieler bitten, mit Ihnen zu tauschen. In diesem Fall bitten wir beide Tauschpartner, die Informationen aus der ursprünglichen Rollenvorgabe nicht zu verwenden.

Im Spiel sollten Sie sich so verhalten, wie Sie glauben, dass es eine Person mit den angedeuteten Emotionen und den beschriebenen Informationen in dieser speziellen Situation tun würde."

Spielregeln klären

Für die Diskussion gelten folgende Spielregeln: „Sie dürfen ...

- ‚Schutzbehauptungen' für sich erfinden, die nur Sie betreffen, auch wenn sie falsch sind, z.B.: ‚Ich lag um diese Zeit im Bett und habe geschlafen.' Sie müssen natürlich damit rechnen, dass solche Behauptungen entlarvt werden.
- keine falschen Tatsachen erfinden, die andere betreffen, wie z.B.: ‚Ich habe von meinem Fenster aus gesehen, wie Du die Kollegin über das Geländer gestoßen hast.'
- auf Fragen die Aussage verweigern, z.B.: ‚Dazu gebe ich keinen Kommentar ab.'
- bei Fragen auch ‚Nichtwissen' behaupten, z.B.: ‚Keine Ahnung', oder ‚Davon habe ich nichts mitbekommen.'"

Danach lesen alle Teilnehmer für sich ihre Rollenvorlage. Wenn Beobachter zugeordnet sind, lesen diese ebenfalls die Rollenvorlagen der Personen, die sie beobachten sollen. Geben Sie auch dafür 15 Minuten Zeit. Fordern Sie auf, bei Fragen einzeln zu Ihnen zu kommen und die Frage leise zu stellen. Antworten Sie auch nur individuell.

Vor dem Start geben Sie den Zeitrahmen für die Lösung vor: *„Für die Ermittlungen haben Sie nun 45 Minuten Zeit. Sollten Sie bis dahin zu keinem Ergebnis gekommen sein, werden die Ermittlungen eingestellt und der Fall wird als unlösbar zu den Akten genommen. Jeder nennt dann seinen Hauptverdächtigen. Danach gibt sich der ‚wahre Täter' zu erkennen."*

Die Trainerrolle und Interventionen bei Störungen

Übernehmen Sie in der Spielphase die Rolle des Beobachters, greifen Sie nur in Ausnahmefällen in das Geschehen ein. Notieren Sie die Dinge, die Ihnen in Bezug auf die Trainingsthematik bei den Teilnehmern auffallen.

Nehmen Sie sich in der Spielphase zurück

Ideal ist die Aufzeichnung auf Video. Wenn Sie die Möglichkeit haben, verwenden Sie zwei Kameras, eine fest ausgerichtete für die Totale und eine, mit der Sie jeweils die Hauptakteure einer Szene aufnehmen.

Bei Krimispielen im Training sind Störungen durch kritische oder gar schwierige Teilnehmer extrem selten. Trotzdem können sie wie bei jedem anderen Trainings- oder Rollenspiel auftreten. Auf die wahrscheinlichsten will ich hier kurz eingehen.

Das Spiel wird von Teilnehmern als „unrealistisch" abgelehnt

Wenn dieser Fall eintritt, sind Sie in einem Dilemma: Ein echter Überzeugungsversuch würde erfordern, dass Sie sich um die Hintergründe der Motive der Ablehnung bemühen und versuchen, sie zu verstehen. Den dafür notwendigen Zeitaufwand können Sie im Rahmen eines ohnehin knappen Zeitplans für Ihr Training selten leisten, es sei denn, die Ablehnung kommt von einem wirklich nennenswerten Anteil der Teilnehmer. Dann bleibt Ihnen nichts anderes übrig, als sich konstruktiv mit diesem Problem auseinanderzusetzen. Diese Auseinandersetzung kann jedoch in der Auswertungsphase unter dem Blickwinkel „Umgang mit Konflikten" ausgewertet werden.

Ablehnung von einzelnen Personen

Wenn die Ablehnung von einigen wenigen Einzelpersonen kommt, können Sie ein Gesprächsmuster versuchen, das man allerdings als „überreden" interpretieren kann. Als erste Reaktion sollten Sie zugeben: *„Ja, das Spiel ist inhaltlich und formal nicht identisch mit Situationen, die Sie am Arbeitsplatz erleben. Dort geht es nicht um die Aufklärung eines Mordes oder anderer Kapitalverbrechen."*

Daran schließen Sie Ihr „Aber" an: *„Sie werden hier in diesem Spiel aber ganz realistisch mit Verhaltensweisen und Gesprächsmustern konfrontiert, die Sie auch an Ihrem Arbeitsplatz erleben."* (Hier können Sie noch einmal aus den oben bei der Instruktion genannten Situationsmerkmalen zitieren.) *„Mit diesen Verhaltensweisen und Gesprächsmustern sollten Sie konstruktiv umgehen können. Insofern ist dieses Spiel der Manöverplatz, auf dem Sie für den ‚Ernstfall' trainieren."*

Wenn es Ihnen nicht gelingt, diese Teilnehmer zum Mitspielen zu gewinnen, haben Sie noch die Alternative, sie um die Übernahme der Aufgabe des Beobachters zu bitten.

Ein Teilnehmer kann sich mit seiner Rolle nicht anfreunden

Rollentausch vorschlagen

Der schnellste Lösungsversuch ist es, einen Rollentausch mit einem anderen Teilnehmer zu vermitteln. Fragen Sie dazu den Teilnehmer, welche Rolle er sonst übernehmen könne. Fordern Sie ihn auf, mit dem Inhaber der gewünschten Rolle über einen möglichen Rollentausch zu verhandeln. Erinnern Sie aber unbedingt daran, dass in dieser Verhandlung keine Informationen aus den individuellen Rollenvorlagen zur Sprache kommen. Es wäre fatal, wenn in der Verhandlung Sätze fielen wie zum Beispiel: „Ich mag nicht der Mörder sein."

Denken Sie daran, die Tauschpartner zu bitten, die Informationen aus der ursprünglichen Rollenvorgabe nicht zu verwenden. Auch hier haben Sie vielleicht noch die Alternative, den betroffenen Teilnehmer um die Übernahme der Aufgabe des Beobachters zu bitten.

Ein Teilnehmer entdeckt erst im Laufe des Spiels, dass er sich mit seiner Rolle nicht richtig identifizieren kann
Es kann auch einmal vorkommen, dass ein Teilnehmer mitten im Spiel mit der Aussage herausplatzt, er könne das einfach nicht angemessen spielen. Unterbrechen Sie in diesem Fall das Spiel ganz kurz und bitten Sie dann den Teilnehmer, die Rolle eher passiv und zurückhaltend zu spielen. Er kann ja nur so sachlich wie es ihm sinnvoll erscheint von seinen Informationen Gebrauch machen und auf Fragen antworten. Er muss sich selbst nicht aktiv „aufklärerisch" einbringen.

Sie können ihn bitten, zusätzlich verstärkt auf das Gesprächsverhalten der anderen zu achten, und dadurch im Feedback wieder eine aktivere Rolle zu übernehmen. Das nimmt „Druck" vom Teilnehmer, der sich entspannt besser einbringen kann.

Der Täter wird zu früh überführt
Es ist extrem unwahrscheinlich, dass dieser Fall eintritt, denn die Fälle sind zum einen ausreichend schwierig konstruiert. Zum anderen besagt die Rollenanweisung des „Täters", er soll die Aufklärung so schwierig wie möglich machen, was er in den meisten Fällen aus sportlichem Ehrgeiz tun wird. Er soll die Tat allenfalls dann gestehen, wenn er selbst seiner Meinung nach unwiderlegbar überführt ist. Ich selbst habe noch nie erlebt, dass weniger als 45 Minuten gebraucht wurden.

Nach 20-30 Minuten haben Sie i.d.R. genügend Material für eine Auswertung gesammelt

Trotzdem sollten Sie gewappnet sein, falls es einmal schnell geht und der Täter vor dem offiziellen Ende aufgibt. Nach 20 bis 30 Minuten Spielzeit sollten Sie genügend Material für eine inhaltlich ergiebige Auswertung und Feedback-Diskussion gesammelt haben.

Die Teilnehmer finden keine Lösung

Die Fall-Lösung ist nicht das Trainingsziel

Dieser Fall tritt sehr häufig ein. Aus Trainersicht ist das mit Blick auf den Trainingsschwerpunkt jedoch kein Problem, denn in 45 Minuten kontroverser Diskussion fällt in einer Gruppe von 6-10 Personen ausreichend „Material" für eine intensive und ausgiebige Feedback-Diskussion an, womit das Trainingsziel erreicht werden kann.

Es wird gelegentlich von Teilnehmern kritisch angesprochen, dass sie nicht zufrieden sind, weil es keine eindeutige Lösung gegeben habe. Dabei wird mitunter argumentiert, der diskutierte Fall sei nicht logisch aufgebaut. Die zur Verfügung stehenden Informationen seien nicht ausreichend gewesen, um die Schuld des Täters eindeutig zu beweisen.

Hier bieten sich Vergleiche zur Problemlösung in Besprechungen im Arbeitsalltag der Teilnehmer an. Ich stelle in solchen Fällen die Frage, wie hoch der Anteil rein „sachlich-rational" zu lösender Probleme im betrieblichen Alltag sei. Die Teilnehmer kommen dann in der Regel sehr schnell zu der Erkenntnis, dass die meisten Problemlösungen auf Annahmen und Hypothesen beruhen, die zwar plausibel seien, aber letztendlich selten unwiderlegbar bewiesen werden könnten. Ein Teilnehmer hat das einmal schön auf den Punkt gebracht: „Wir streiten fast nie über die Fakten, aber immer über die Interpretationen und Schlussfolgerungen, die wir an diese Fakten knüpfen."

Die Spielphase beenden

- ▶ Das Spiel ist (im Optimalfall) beendet, wenn sich die Mitspieler auf einen Täter geeinigt haben und dieser die Tat zugibt.

- ▶ Oder wenn die Zeit (in der Regel 45 Minuten) abgelaufen ist, ohne dass sich die Mitspieler auf einen Täter geeinigt haben. In diesem Fall sollte der Spielleiter die Spielphase beenden. Sagen Sie beispielsweise, dass die Ermittlungen aus zeitlichen Gründen nun eingestellt werden müssen und der Fall vorläufig als „ungelöst" zu den Akten genommen werden muss. Jeder Diskussionsteilnehmer nennt dann kurz seinen Hauptverdächtigen und begründet diesen Verdacht mit ein bis zwei Sätzen. Zum Abschluss gibt sich der Täter zu erkennen und erklärt, wie er die Tat begangen hat.

Teilen Sie dann die für das Thema relevanten Feedback-Bögen oder Beobachtungsbögen aus und geben Sie genügend Zeit, um auch individuelle Beobachtungen einzutragen. In der Regel werden dazu 10-15 Minuten benötigt.

Auswerten und Feedback geben

Der Auswertungs- und Feedback-Prozess nach dem Spiel orientiert sich neben inhaltlichen Kriterien vor allem daran, ob Sie ohne oder mit Beobachter arbeiten und ob mehrere Gruppen zur gleichen Thematik ein Spiel durchführen. Wenn Sie während des Kriminalspiels Videoaufzeichnungen gemacht haben, präsentieren Sie diese nach dem mündlichen Feedback.

In Gruppen ohne Beobachter
Bewährt hat sich das Konzept „heißer Stuhl". Der Reihe nach sitzt jedes Teammitglied vorne als Feedback-Empfänger und hört sich an, was die anderen anhand ihrer Aufzeichnungen an Beobachtungen und Eindrücken berichten. Achten Sie dabei darauf, dass sich das Feedback nicht zu stark in Richtung „Wiederaufnahme des Kriminalfalls" bewegt, sondern dass es bei der Themenbearbeitung des Trainings bleibt. Für den Feedback-Empfänger können gut sichtbar die Spielregeln für „aktives Zuhören" aufgehängt werden. Klärende Rückfragen sind für ihn selbstverständlich erlaubt, Rechtfertigungen aber nicht.

Der „heiße Stuhl"

Planen Sie für jeden Teilnehmer auf dem heißen Stuhl 10-15 Minuten ein. Wenn der „heiße Stuhl" abgeschlossen ist, kann sich eine

Plenumsrunde anschließen, bei der Sie weiterführende und grundsätzliche Fragen zum eigentlichen Trainingsthema stellen können, wie beispielsweise: *„Welche Verhaltensweisen wirkten vertrauensbildend, welche lösten eher Misstrauen aus?"* oder: *„Wer von den Rollenspielern genoss das größte Vertrauen, wem begegnete man am ehesten mit Misstrauen? Worauf ist das zurückzuführen?"*

In Gruppen mit Beobachter

Diese Feedback-Variante beginnt damit, dass sich jeder Beobachter mit den von ihm beobachteten Teilnehmern an einen ruhigen Ort zurückzieht. Die individuellen Feedbacks werden nur zwischen Beobachtern und Feedback-Empfängern ausgetauscht. Rechnen Sie pro Feedback-Empfänger mit ca. zehn Minuten Dauer, das heißt, wenn ein Beobachter zwei Diskussionsteilnehmern Feedback gibt, benötigt er dafür 20-30 Minuten Zeit. Bitten Sie die einzelnen Feedback-Teams aus Feedback-Geber und -Empfänger, die wichtigsten Erkenntnisse aus dem Feedback auf Moderationskarten zu schreiben und später im Plenum als die „Früchte der Erkenntnis" zu präsentieren.

Die wichtigsten Erkenntnisse werden auf Moderationskarten notiert und präsentiert

Die Präsentation und Diskussion der „Früchte der Erkenntnis" wird im Plenum durchgeführt. Rückmeldungen innerhalb des Kreises der Rollenspieler können hier gut integriert werden: Immer dann, wenn eine Feedback-Gruppe ihre Ergebnisse präsentiert, können Sie als Trainer die anderen fragen, welche weiteren Rückmeldungen zu den beteiligten Rollenspielern es gibt.

In parallelen Gruppen

Wenn Sie ein Krimispiel in mehreren Gruppen parallel durchgeführt haben, empfiehlt sich ebenfalls das Konzept „heißer Stuhl". Jede Spielgruppe führt ihr Feedback nach diesem Muster durch. Geben Sie aber den Feedback-Gruppen ähnlich wie bei den Rückmeldungen mit Beobachter den Auftrag, die wichtigsten Erkenntnisse aus dem Feedback auf Moderationskarten zu schreiben.

Die abschließende Runde im Plenum wird mit allen Gruppen gemeinsam durchgeführt und beginnt mit der Präsentation der wichtigsten Erkenntnisse. Dabei können auffällige Gemeinsamkeiten und prägnante Unterschiede in den Ergebnissen der Gruppen hinterfragt und besonders gewürdigt werden.

Mit Video-Feedback
Wird das Feedback ergänzt durch die Präsentation von Videoaufzeichnungen, so müssen Sie je nach Intensität der Diskussion mit bis zu einer weiteren Stunde rechnen. Dabei ist die besondere Herausforderung für den Trainer, die Diskussion nicht zu stark auf den Fall und seine „Logik" abschweifen zu lassen.

Achtung: höheren Zeitbedarf einplanen

Achten Sie darauf, dass jeder Diskussionsteilnehmer insgesamt ein paar Minuten in prägnanten Situationen zu sehen ist. Fordern Sie die Teilnehmer auf, bei der Präsentation ein Stoppsignal zu geben, wenn sie einzelne Ereignisse kommentieren, hinterfragen oder diskutieren wollen. Natürlich können Sie auch selbst unterbrechen, um ein aus Ihrer Sicht wichtiges Verhalten zu kommentieren. Achten Sie darauf, dass Sie dabei nicht zu sehr ins „Dozieren" geraten. Bemühen Sie sich stattdessen, mit Fragen zu arbeiten.

Mitspielkrimis für bestimmte Trainingsthemen einsetzen

Selbstverständlich eignen sich Mitspielkrimis nicht für jedes Training und auch nicht für jeden Kontext. Doch sobald kommunikative, gruppendynamische Prozesse bearbeitet werden sollen, hat sich die Methode Mitspielkrimi gut bewährt. In drei zentralen Themenbereichen lohnt sich der Einsatz besonders, nämlich bei ...
- Gesprächsführung
- Moderationstechniken
- Konfliktbearbeitung im Team

Diese drei Bereiche schauen wir uns etwas genauer an.

ature Mitspielkrimis für bestimmte Trainingsthemen einsetzen

Trainingsthema „Gesprächsführung"

Inhaltliche Überlegungen vor dem Spiel

Gesprächsführung bzw. Kommunikation als Seminarthema ist so extrem weit gespannt, dass es in einem einzigen Seminar kaum vollständig bearbeitet werden kann. Udo Kreggenfeld beschreibt in seinem hervorragenden Buch „Direkt im Dialog" (Kreggenfeld 2011, S. 96) unter der Überschrift „Kommunikative Kompetenzen" fünf zentrale Aspekte der Kommunikation:

- Transparenz schaffen
- Richtiges Zuhören
- Fragen stellen
- Stellung beziehen
- Störungen klären

Davon möchte ich hier zwei Aspekte als mögliche Trainings-Schwerpunkte für das Krimispiel herausgreifen, nämlich „Richtiges Zuhören" und „Fragen stellen". Als dritten Schwerpunkt im Kommunikationstraining verwende ich eine Variante von Kreggenfelds fünftem Aspekt, das Thema „Umgang mit Störungen in der Kommunikation". Natürlich ist für jedes Krimispiel nur ein Schwerpunktthema sinnvoll, denn es ist unbedingt notwendig, sich auf konkrete Teilaspekte zu konzentrieren. Nur so ist sichergestellt, dass das Feedback und damit die Trainingseffekte nicht oberflächlich und beliebig bleiben.

Richtiges Zuhören

Das Ziel von „Richtiges Zuhören" kann so beschrieben werden: „Versuche zuerst, den Gesprächspartner zu verstehen, bevor Du Dich selbst artikulierst." Dieser Gedanke ist für Kommunikationsprozesse aus mehreren Gründen besonders wichtig. Richtiges Verstehen durch Zuhören führt dazu, dass dem Gesprächspartner ein Signal der Akzeptanz und Wertschätzung geschickt wird. Dadurch wird auf seiner Seite die Bereitschaft gefördert, selbst zuzuhören. Darüber hinaus führt das bessere Verständnis der anderen Position dazu, dass ich mögliche Ansatzpunkte für meine eigene Argumentation besser erkennen und nutzen kann.

Die innere Einstellung als Voraussetzung für richtiges Zuhören

Voraussetzung für richtiges Verstehen ist aber die innere Einstellung: „Ich will wirklich verstehen." Nur wenn diese Einstellung vorhanden ist, wird auch das Trainieren von Gesprächstechniken zum Verstehen einen Nutzen bringen. Unsere Gesprächspartner sind in der Regel sensibel genug zu merken, ob eine Technik nur aufgesetzt und nicht wirklich authentisch ist. Die passende, im Mitspielkrimi hervorragend trainierbare Technik zum besseren Verständnis des anderen ist „Aktives Zuhören".

Das Gemeinte hinter dem Gesagten herausfinden

Im Mitspielkrimi sind die Teilnehmer fast immer hin und her gerissen zwischen zwei konkurrierenden Zielsetzungen. Zum einen wollen sie zur Aufklärung des Falles beitragen (zumindest alle außer dem Täter), zum anderen wollen sie sich nicht selbst unnötig in Verdacht bringen. Deswegen halten sie solche Informationen, die sie selbst belasten könnten, zurück oder formulieren sie zumindest schwammig und nebulös. Im Kommunikationsprozess ist es deswegen besonders notwendig, Verständnis sicherzustellen, Interpretationsspielräume zu klären und „das Gemeinte hinter dem Gesagten" herauszufinden.

Sie haben als Kommunikationstrainer dieses Thema mit Sicherheit in Ihrem Repertoire, sodass ich mir eine ausführliche theoretische Behandlung sparen kann. Wahrscheinlich haben Sie auch Ihre eigenen Beobachtungsbogen mit Verhaltensweisen, die zum Thema gehören. Falls nicht, verwenden Sie die den Beobachtungsbogen „Aktives Zuhören" aus dem Anhang.

Da das Ablaufszenario für die Krimispiele bei dem folgenden Thema „Fragen stellen" gleich ist, werde ich es erst am Ende des Kapitels zusammenfassend erläutern.

Fragen stellen

Fragetechniken sind ein wichtiger Baustein für das gerade beschriebene Thema „Richtiges Zuhören". Sie haben aber zusätzlich auch ihren eigenen Stellenwert im Kommunikationsprozess. Es geht in einem Gespräch in der Regel auch darum, Informationen zu erhalten, Fakten abzuklären oder Meinungen und Bewertungen einzufordern. Im Krimispiel lässt sich das ganz besonders gut trainieren und beobachten. Der Unterschied zwischen offenen und geschlossenen Fragen wird hier besonders deutlich.

Ohne gute öffnende Fragen wird es schwer werden, die entscheidenden Informationen zu gewinnen. Die Frage „Warst Du zur Tatzeit am Tatort?" wird mit größter Wahrscheinlichkeit nur mit „Nein" beantwortet. Die Frage „Wo warst Du zur Tatzeit?" bringt mit Sicherheit mehr Information. Ein weiteres Beispiel: Die Frage „Hast Du den Schuss gehört?" bringt höchstwahrscheinlich nur ein „Ja" oder „Nein" als Antwort. Die offene Frage „Was hast Du gehört?" könnte möglicherweise eine Antwort liefern wie zum Beispiel „Ich habe gehört, wie jemand mit klappernden Absätzen davonlief".

Die öffnende Frage

Auch wenn man andere auffordern will, Ideen und Vorschläge zur Lösung eines Problems zu generieren, ist es wichtig, gute Fragen stellen zu können. Zum Beispiel ist die Frage „Welche Ideen habt Ihr dazu?" konstruktiver, wertschätzender und in der Regel auch deutlich wirksamer als eine einfache Aufforderung wie „Lasst Euch mal was einfallen". Ein Beispiel, wie sich das im Mitspielkrimi zeigen könnte: Statt des Appells „Wir sollten uns etwas konstruktiver um die Lösung des Falls kümmern" wäre eine Frage sinnvoller, wie zum Beispiel „Was könnten wir tun, um zu einer konstruktiven Lösung des Falls zu kommen?".

Ein anderer wichtiger Aspekt von Fragetechnik ist der Unterschied zwischen Fragen nach Ursachen und Begründungen einerseits und solchen nach Ziel und Zweck andererseits. Es macht einen Unterschied, wenn ein Mitarbeiter in einem Kritikgespräch gefragt wird, „Warum haben Sie das getan?" oder ob er gefragt wird „Was war das Ziel dieser Aktion?". Die erste Frage löst bei ihm das Gefühl aus, sich rechtfertigen zu müssen. Die zweite zeigt ihm, dass sich der Fragesteller für seine Ansicht über den Nutzen seiner Aktion interessiert.

Ein Beispiel für diesen Unterschied im Mitspielkrimi: Wird ein Teilnehmer gefragt „Warum warst Du am Tatort?", löst dies wahrscheinlich den Impuls aus, eine harmlose, ausweichende und unverdächtig klingende Begründung zu finden. Die Frage „Was hast Du unternommen, als Du zum Tatort gekommen bist?" liefert hingegen eher eine umfangreichere Beschreibung der Aktivitäten, was wiederum Gelegenheit zum Nachfragen gibt.

Das Gespräch durch Fragen lenken

Ein wichtiges Element von Fragetechniken ist das „Lenken der Gesprächspartner". Jeder kennt den Satz „Wer fragt, der führt". Dies kann im positiv konstruktiven Sinn genutzt werden, aber auch negativ, um sich und seine Interessen durchzusetzen.

Die Mitspielkrimis sind deswegen geradezu perfekt für das Training von Fragetechniken geeignet, denn alle hier genannten Aspekte werden mit Sicherheit auftreten.

Der Umgang mit Störungen in der Kommunikation

Gerade dann, wenn Kommunikationsprozesse besonders emotional werden, geraten gute Vorsätze wie „Zuhören", „Verstehenwollen" und „konstruktives Fragenstellen" schnell in Vergessenheit. Es treten dann vermehrt die Kommunikationsmuster auf, die unter der Bezeichnung „Kommunikationsblocker" oder „Warnsignale im Gespräch" bekannt sind.

Störender Kommunikationsstil

Da die sich die Rollenspieler im Mitspielkrimi in der Regel sehr schnell und gut in die emotionale Lage der gespielten Person hineinversetzen, werden sie auch häufig in einen störenden Kommunikationsstil verfallen. Es ist hilfreich, im Feedback-Prozess die Erfahrung zu machen, wie schnell einem das passiert, welche Reaktionen dadurch bei den Gesprächspartnern ausgelöst werden und wie man dann wieder in ein ruhigeres Fahrwasser gerät, wenn man die „Kommunikationsförderer" einsetzt.

Typische, im Krimispiel immer wieder auftauchende Kommunikationsblocker sind:

Kommunikationsblocker

Kommunikationsblocker	Beispiel
Befehlen, anordnen, auffordern	Jetzt rück endlich raus mit der Sprache ...
Warnen, mahnen, drohen	Wenn sich rausstellt, dass Du uns angelogen hast, dann ...
Beraten, Vorschläge machen, Lösungen liefern	Es ist doch absolut klar, dass nur er der Täter sein kann ...
Vorträge halten, Gründe anführen	Es ist doch allen hier aufgefallen, dass Du mit ihr geflirtet hast ...
Urteilen, kritisieren, widersprechen	Da machst Du aber einen großen Fehler, das kannst Du doch gar nicht beurteilen ...
Übertrieben loben, schmeicheln	Du hast doch mehr Erfahrung und Menschenkenntnis als wir alle hier, bist Du nicht auch der Meinung ...
Beschimpfen, lächerlich machen, beschämen	Was Du sagst, ist doch absoluter Blödsinn, das kann doch kein vernünftiger Mensch nachvollziehen ...
Interpretieren, diagnostizieren	Das sagst Du nur, um von Dir und Deinem Motiv abzulenken ...
Forschen, verhören	Warum bist Du um diese Zeit nochmal in die Bar gegangen?
Ablenken, ausweichen, aufziehen	Wir haben noch gar nicht über Dich gesprochen. Du bist doch auch ein potenzieller Täter ...

Es ist eine gute Übung, bei der abschließenden Feedback-Runde, die idealerweise mit Videounterstützung durchgeführt wird, einige der im Spiel verwendeten Kommunikationsblocker von den Teilnehmern so umformulieren zu lassen, dass daraus ein konstruktiverer Gesprächsbeitrag wird, der die eigentliche inhaltliche Aussage beinhaltet.

Kommunikationsförderer

Ganz anders ist dagegen die Wirkung von Kommunikationsförderern. Hier einige typische, zum Teil auch für das Krimispiel verwendbare Kommunikationsförderer:

Kommunikationsförderer	Beispiel
Umschreiben, mit eigenen Worten wiederholen	*Wenn ich Sie richtig verstanden habe, meinen Sie ... Ihnen ist also wichtig, dass ... Ihrer Meinung nach sollten wir also ...*
Zusammenfassen, kürzen	*Ihnen ist besonders wichtig, dass ... Ihnen geht es also vor allem darum, dass ... Zusammenfassend kann man also sagen ...*
Klären, auf den Punkt bringen	*Der Kern Ihrer Aussage bedeutet ... Ihr wesentliches Anliegen ist ... Ihr Grundgedanke ist also ...*
In Beziehung setzen, nach einem Schema ordnen	*Einerseits geht es hier um ..., andererseits ... Sie sehen sowohl diese Möglichkeit als auch ... Weder die eine Lösung noch die andere ...*
Nachfragen, Verständnis abklären	*Können Sie mir dafür ein Beispiel geben? Was meinen Sie damit? Ich weiß noch nicht, was Sie meinen.*
Weiterführen, Denkanstoß geben	*Was wäre wenn ... Welche Konsequenzen hätte das? Was würden Sie dafür brauchen, um ...*
Wünsche herausarbeiten, Absichten bewusst machen	*Was wäre denn die optimale Lösung? Woran erkennen Sie, dass das Problem gelöst ist? Welche Vorstellungen haben Sie von der künftigen Situation?*

Mitspielkrimis für bestimmte Trainingsthemen einsetzen

Ein Krimispiel zu „Gesprächstechniken" durchführen

Variante mit Beobachtern

In Kommunikationstrainings mit den hier angeführten Schwerpunkten ist das Spieldesign „mit Beobachter" besonders sinnvoll: Eine Seminargruppe spielt den Krimi. Dabei werden die Rollenspieler beobachtet. Einem Beobachter sollten maximal zwei Rollenspieler zugeteilt werden. Durch diesen Fokus werden die Beobachtungen zahlreicher, intensiver, konkreter und das spätere Feedback prägnanter. Danach muss natürlich noch ein zweiter Krimi gespielt werden, bei dem die Beobachter aus der ersten Runde nun Rollenspieler sind (vgl. S. 20 ff.).

Nach dem beschriebenen inhaltlichen Einstieg in das Schwerpunktthema des Trainings wird entschieden, wer für den ersten Krimi Mitspieler und wer Beobachter ist. Ich lasse die Teilnehmer wählen oder Lose ziehen. Danach spreche ich mit allen Spielern und Beobachter noch einmal die für das Schwerpunktthema relevanten Beobachtungsbögen mit konkreten Beobachtungsaufgaben durch, z.B. die Listen „Kommunikationsblocker" und „Kommunikationsförderer".

Die Aufgabe für die Beobachter lautet dann folgendermaßen: *„Bitte beobachten Sie, welche der hier aufgelisteten Kommunikationsförderer und -blocker die von Ihnen beobachtete Person(en) verwendet und führen Sie für jede beobachtete Person eine Strichliste. Notieren Sie bitte auch an einigen Beispielen, welche Empfindungen Ihres Erachtens dadurch bei den beteiligten Gesprächspartnern ausgelöst werden."*

Aufgaben der Beobachter

Andere Beobachtungsbögen setzen Sie je nach Schwerpunktthema sinngemäß ein.

Ich wähle dieses Design mit Beobachtern und zwei aufeinanderfolgenden Krimis ab neun Teilnehmern. Mit neun Teilnehmern ergibt sich dann folgender Ablauf:

1. Erstes Krimispiel mit sechs Teilnehmern und drei Beobachtern. Jeder Beobachter hat zwei Mitspieler im Fokus.

2. Feedback an die Rollenspieler. Nach dem ersten Krimi erhalten die Rollenspieler von ihren jeweiligen Beobachtern Feedback. Der Ablauf entspricht dem im Abschnitt „Auswerten und Feedback geben" beschriebenen Modell „Mit Beobachter" (vgl. S. 36). Je ein Beobachter und die ihm zugeteilten Rollenspieler bilden eine Feedback-Gruppe. Jede Gruppe bringt die wichtigsten Erkenntnisse aus den Rückmeldungen auf Moderationskarten ins Plenum mit, wobei ich die Präsentation und Diskussion der „Früchte der Erkenntnis" erst nach der zweiten Spielrunde für beide Gruppen gemeinsam durchführe.

3. Nach dem Feedback in den Gruppen wird das zweite Krimispiel durchgeführt. Dabei muss ein anderes Spiel als in der ersten Durchführung gewählt werden. Es wird ebenfalls ein Spiel mit sechs Rollenspielern gespielt. Das bedeutet, dass drei Teilnehmer zweimal eine Rolle im Krimi übernehmen und damit auch zweimal Feedback erhalten.

4. Feedback an die Rollenspieler. Je ein Beobachter und die beiden ihm zugeteilten Rollenspieler bilden eine Feedback-Gruppe. Der Ablauf entspricht Punkt 2.

5. Gesamtauswertung im Plenum: Die Feedback-Gruppen präsentieren ihre Erkenntnisse.

6. Video-Feedback.

Varianten ohne Beobachter

Wenn Sie keine Beobachterrollen besetzen können, bieten sich folgende Varianten an:

Jeder beobachtet jeden

▶ Jeder Teilnehmer hat für jeden seiner Mitspieler einen mit dessen Namen beschrifteten Feedback-Bogen vor sich liegen. Nach etwa der Hälfte der Spielzeit gibt es ein Time-out von ungefähr fünf Minuten Dauer. In der Time-out-Zeit notiert jeder möglichst viele Beobachtungen zu seinen Mitspielern. Nach dem Ende des Spiels werden diese Aufzeichnungen ergänzt. Es ist auch möglich, zwei Time-out-Runden durchzuführen, jeweils nach einem Drittel der Spielzeit.

▶ Ein anderer, etwas streng und formal anmutender Ablauf für das Krimispiel kann so aussehen:
Nachdem sich die Rollenspieler im Krimi mit ihren „Pflichtinformationen" vorgestellt haben, sammelt der Moderator bzw. „Ermittler" im Fall die Redemeldungen der Teilnehmer: *„Wer möchte ein Statement abgeben oder andere Mitspieler befragen?"*

Beobachtung in Intervallen

Alle Statement- und „Verhörwünsche" werden auf Flipchart notiert. Danach legt der Ermittler die Reihenfolge dieser „Verhöre" und eine zu vereinbarende Maximaldauer (z.B. drei Minuten) fest. Unmittelbar nach einem Statement oder „Verhör" füllen alle am Verhör nicht Beteiligten die relevanten Beobachtungsbögen für das spätere Feedback aus bzw. notieren ihre Beobachtungen. Dann kommt das nächste Statement oder „Verhör" an die Reihe, bis alle Meldungen abgearbeitet sind.

Der Vorteil dieser Variante ist, dass wildes Durcheinanderreden unterbunden wird und jeder die Chance hat, mit seinen Fragen durchzudringen. Als Nachteil ergibt sich, dass der sich sonst einstellende „freie" Diskussionsfluss behindert wird und im Verlauf neu auftretende Fragen nur mühsam in den geplanten Ablauf integriert werden können.

Trainingsthema „Moderationstechniken"

Inhaltliche Überlegungen vor dem Spiel

In einer Mitarbeiterbefragung eines großen deutschen DAX-Unternehmens wurde ermittelt, dass 90 Prozent der Mitarbeiter bis zu 35 Stunden pro Monat in entscheidungsorientierten Besprechungen verbringen. Ein noch größerer Anteil gab an, zusätzlich bis zu zehn Stunden für informelle Besprechungen aufzubringen. Was sind große Herausforderungen auf der Verhaltensebene für die Moderatoren von Besprechungen neben der fachlich-inhaltlichen Thematik?

Konflikte bei der Besprechung moderieren

Bei fast allen Mitarbeitern taucht im Zusammenhang mit Besprechungen der Begriff „Konflikte" auf. Rund 80 Prozent aller Mitarbeiter haben schon teaminterne Konflikte mithilfe von eigens dafür angesetzten Besprechungen zu lösen versucht. Für die Bearbeitung dieser Thematik gibt es im nächsten Trainingsthema „Management von Konflikten im Team" Anregungen (ab Seite 58).

Der Einsatz eines Krimispiels vermittelt viele Einsichten für die Bearbeitung von Konflikten

In entscheidungsorientierten Besprechungen kommen aber auch immer wieder Konflikte zutage, die von vielen Teilnehmern als massive Behinderung ihrer Arbeit in der Besprechung erlebt werden. Da sie selbst und die Moderatoren häufig nur über geringe Erfahrungen in der Bearbeitung von Konflikten verfügen, führt dies ganz besonders dazu, dass Besprechungen sehr ineffektiv verlaufen. Der Einsatz eines Krimispiels mit besonderer Betonung der Rolle des Moderators in der Konfliktbearbeitung vermittelt viele Einsichten und erste Erfahrungen dazu. Im Krimispiel entwickeln sich Konflikte, die von den Teilnehmern emotional miterlebt werden, da sie sich schnell und intensiv mit der zu spielenden Rolle identifizieren können.

Für die „Konfliktmoderation", d.h. die Bearbeitung eines Konfliktes mithilfe eines (im Optimalfall) neutralen Moderators, verwende ich ein Konzept, das sich an das „Harvard-Konzept der Verhandlungsführung" (Fisher/Ury/Patton 2009) anlehnt. Die Besonderheit der Anwendung in einer Teambesprechung liegt darin, dass der Konflikt in der Gesamtgruppe selten mit Blick auf eine wirkliche und tragfähige Lösung bearbeitet werden kann, da meistens nicht alle wirklich am Konflikt beteiligt sind und das gemeinsame Ziel im Vordergrund stehen sollte. Es gilt zwar das altbekannte Prinzip „Störungen haben Vorrang", aber es ist auch eine Tatsache, dass der konstruktive Umgang mit Konflikten innerhalb einer entscheidungsorientierten Besprechung mit vertretbarem Aufwand kaum abschließend zu lernen ist.

Mein Fokus für den Moderator liegt daher auf den Möglichkeiten, die er hat, um den Konflikt während der Besprechung auf ein *möglichst niedriges Störpotenzial zu* bringen, ihn andererseits aber auch nicht zu verharmlosen. Das Wort „Moderation" wird hier in seiner ursprünglichen Bedeutung (lat. moderare = mäßigen) verwendet.

Die Strategie lautet, den Konflikt so zu behandeln, dass er gesondert in einer späteren, nachfolgenden Runde mit den Beteiligten ernsthaft und mit Aussicht auf Erfolg bearbeitet werden kann.

Hier folgt ein kurzer Abriss des Handlungsmodells „Konfliktmoderation in der Besprechung", abgeleitet aus dem Harvard-Konzept. Das Modell umfasst folgende Schritte:

Das Harvard-Konzept

▶ *Phase 1: Cool down*
Diese Phase entspricht in etwa dem Harvard-Prinzip „Sach- und Beziehungsebene auseinanderhalten".

Der Moderator registriert Konfliktsignale und gibt dazu ein möglichst sachliches, unaufgeregtes Feedback über seine Beobachtungen an die Beteiligten. Die Betroffenen sollen keinen Anlass spüren, sich verteidigen zu müssen. Dabei ist es ebenfalls wichtig, dass sich der Moderator neutral ausdrückt, also nicht offensichtlich Partei ergreift.

Ein Beispiel: *„Mir fällt auf, dass Ihr Euch gegenseitig ins Wort fallt, unterbrecht. Ich höre auch Äußerungen, die nach meiner Ein-*

schätzung eher persönliche Angriffe sind und nicht zur sachlichen Problemlösung beitragen." Im Beispiel Krimispiel entspricht der sachlichen Problemlösung die Aufklärung des Falles. Erst wenn diese Rückmeldungen von den am Konflikt beteiligten Personen angenommen werden, macht es Sinn, zur nächsten Phase zu gehen.

▶ *Phase 2: Erwartungen und Ziele klären*
Dies entspricht dem Harvard-Prinzip „Konzentration auf Interessen statt auf Positionen".

Ziel dieser Phase ist es, eine Selbstverpflichtung der Konfliktpartner herzustellen, mit dem Ziel, eine „sachliche, gemeinsame Problemlösung" zu erhalten und bewusst zu machen, dass das Beharren auf individuellen, meistens sehr stark wertenden – oder besser gesagt „abwertenden" – Positionen diesem Ziel abträglich ist. Ein typisches Beispiel für solch eine wertende Position ist die Aussage „Das ist doch Unsinn, was der da behauptet".

Widersprüchliches Verhalten ansprechen

Wenn das Feedback aus Phase 1 „Cool down" angekommen ist, stellt der Moderator *offene* Fragen zu den Erwartungen und Zielen der Betroffenen *für die aktuelle Situation*. Ein Beispiel: *„Was muss für Dich am Ende der Besprechung als Ergebnis stehen?"* Dabei ist es durchaus sinnvoll, auf Widersprüche zwischen individuellen Beiträgen der Konfliktpartner und der allgemeinen Zielsetzung hinzuweisen. Ein wichtiges Gebot für die Wahrung der Neutralität des Moderators ist es, solche Beispiele für widersprüchliches Verhalten bei allen Konfliktparteien anzusprechen.

▶ *Phase 3: Spielregeln als Handlungsoptionen*
Diese Phase entspricht den Harvard-Prinzipien „mehrere Handlungsoptionen entwickeln" und „neutrale, objektive Beurteilungskriterien anwenden".

Die zu entwickelnden Handlungsoptionen sollen dem Leitgedanken folgen, Verhaltensmuster zu finden, die dem Ziel „sachgerechte Problemlösung" dienen und gleichzeitig das Selbstwertgefühl und die persönliche Integrität der Beteiligten wahren. Selbst wenn zu Beginn einer Besprechung Spielregeln für das Verhalten in der Besprechung vereinbart wurden, wird es immer wieder vorkommen, dass bestimmte konflikteskalierende Verhaltensweisen durch die vorher definierten Spielregeln nicht erfasst werden.

Ein typisches Beispiel ist die wichtige Spielregel „Ich-Botschaften verwenden", die selten durch konkrete Verhaltensbeschreibungen präzisiert wird. Der Sinn dieser Spielregel liegt darin, die Subjektivität von Bewertungen deutlich zu machen und nicht Allgemeingültigkeit von Aussagen vorzutäuschen, damit sich die angesprochenen Diskussionspartner nicht in ihrem Selbstwertgefühl beeinträchtigt fühlen. Die oben zitierte Aussage „Das ist doch Unsinn, was der da behauptet" ist ein schönes Beispiel für das Vortäuschen von Allgemeingültigkeit. Als Ich-Botschaft umformuliert, könnte diese Aussage lauten „Diese Behauptung kann ich nicht nachvollziehen, weil ...", oder: „Diese Aussage ist meines Erachtens falsch, weil ...".

Ich-Botschaften senden

Es ist sinnvoll, Spielregeln von den Konfliktparteien entwickeln zu lassen und nicht durch den Moderator vorzugeben. Dadurch wird die Neutralität und Objektivität am besten gewährleistet. Die Entwicklung der Spielregeln sollte in Form offener Fragen stattfinden, zum Beispiel: „Wie kann man ausdrücken, dass einem eine bestimmte Aussage überhaupt nicht gefällt, ohne dass dies aggressiv und eskalierend wirkt?"

Spielregeln, deren Einhaltung nicht kontrolliert wird, machen keinen Sinn. Deswegen muss sich an die Definition der Spielregeln unbedingt noch eine weitere Phase anschließen.

▶ *Phase 4: Controlling der Spielregeln*
Diese Phase ist analog zum Harvard-Prinzip „Entscheide Dich für die beste Alternative".

Die am Konflikt Beteiligten haben sich (hoffentlich!) für die Anwendung der gemeinsam erarbeiteten Spielregeln entschieden, da dies nach Lage der Dinge die beste Alternative ist, um eine sachliche Problemlösung zu erreichen, die das Selbstwertgefühl aller Beteiligten wahrt.

Das Einhalten der Spielregeln überwachen und steuern

Die Aufgabe des Moderators in der Besprechung ist es nun, dafür zu sorgen, dass sich diese Entscheidung auch tatsächlich auf das Verhalten in der Besprechung auswirkt. Controlling beinhaltet die Aspekte Überwachung und Steuerung. In die Überwachung sollten wiederum alle an der Besprechung Beteiligten einbezogen werden. Die entsprechende Aufforderung an alle Besprechungsteilnehmer könnte lauten: *„Wer der Meinung ist, er habe einen Verstoß gegen unsere Spielregeln wahrgenommen, soll dazu ein Feedback geben."*

Es ist durchaus sinnvoll, dabei noch einmal die wichtige Feedback-Regel anzusprechen, wonach das Feedback eine möglichst sachliche, neutrale Beschreibung der Beobachtung enthalten soll.

Fast immer ist eine solche Rückmeldung eine ausreichende Steuerungsmaßnahme, da sich die meisten Diskussionsteilnehmer den vereinbarten Spielregeln verpflichtet fühlen und Verstöße danach nur im Eifer des Gefechts erfolgen.

Für weitergehende Sanktionen bei besonders gravierenden Verstößen oder permanenten „Wiederholungstätern" muss im Normalfall der Moderator die Verantwortung übernehmen. Die Sanktionen können durchaus bis zum Ausschluss aus der Besprechung gehen.

Mit Profilierung und Selbstdarstellung umgehen

Machtspiele
Ein weiterer, von mehr als der Hälfte der Besprechungsteilnehmer in der oben erwähnten Umfrage genannter Störfaktor in Besprechungen ist die Art der Selbstdarstellung von Kolleginnen und Kollegen. Zum einen erlebt man sehr oft, dass Einzelpersonen „Machtspiele" spielen, „sich mit fremden Federn schmücken", sich übermäßig „profilieren wollen". Dies äußert sich in Verhaltensmustern wie „persönlich werden", „Abwerten anderer Personen", „Aggressivität".

Mitspielkrimis für bestimmte Trainingsthemen einsetzen

Andererseits wird auch genau das Gegenteil als problematisch erlebt: Personen, die sich alles gefallen lassen und sich nicht trauen, abweichende Meinungen zu artikulieren.

Wenn derartige Symptome in Besprechungen auftreten, haben die Moderatoren eine besonders wichtige Rolle, für die sie leider oft nicht gerüstet sind. Sehr viele Mitarbeiter und Führungskräfte, die Besprechungen moderieren müssen, haben keine Schwierigkeiten mit fachlich-analytisch orientierten Moderationstechniken, sind jedoch überfordert, wenn Probleme auf der persönlichen Ebene die sachliche Problemlösung behindern.

Krimispiele bieten eine hervorragende Möglichkeit, diese persönliche Ebene im Moderatorentraining in das Zentrum für das Feedback zu rücken: Der „Ermittler" im Spiel (= Moderator) sieht sich mit einer großen Variationsbreite von „Selbstdarstellung" konfrontiert, von übertrieben profiliertem Auftreten bis hin zu extremer Zurückhaltung. Es wird Teammitglieder geben, die offensiv und manipulativ mit Informationen umgehen, und andere, die übertrieben vorsichtig kommunizieren, um niemanden zu verletzen oder in falschen Verdacht zu bringen.

Grundsätzlich gilt für die im Folgenden beschriebenen Interventionen des Moderators, ebenso wie bei Interventionen im Konfliktfall, dass ein optimaler Einstieg mit einer Rückmeldung zum aktuellen Geschehen beginnt.

▶ *Vielredner „bremsen"*
Eine Möglichkeit, Vielredner zu bremsen, besteht darin, schon vorab Spielregeln zur Begrenzung der individuellen Redezeit zu vereinbaren. Damit kann schon sehr viel im Vorfeld abgefangen werden. Zusätzlich gibt es für den Moderator während der Besprechung weitere Möglichkeiten.

Mit Selbstdarstellungen umgehen lernen

Indem Sie auf kurze Antworten der Teilnehmer mit kleinen *anerkennenden* Bemerkungen reagieren, fördern Sie dieses Verhalten in der Gruppe. Ein Beispiel: *„Das war wirklich eine kurze und verständ-*

liche Zusammenfassung Ihrer wichtigsten Argumente. Ich würde mich freuen, wenn im weiteren Verlauf der Diskussion alle Beiträge von dieser Art wären."

Eine weitere Variante der „Einbremsung" ist es, die wesentlichen Kernpunkte längerer Redebeiträge in einer *knappen Zusammenfassung* zu wiederholen: *„Das bedeutet also 1. ..., 2. ..."* Dies führt zum einen dazu, dass Vielredner merken, dass man Aussagen knapper auf den Punkt bringen kann. Für die anderen Beteiligten ist es ein Signal, sich gegebenenfalls auch etwas kürzer zu fassen.

Im Zweifelsfall sollte ein Moderator auch *unterbrechen*. Je nach Situation sind verschiedene Unterbrechungsmodi denkbar.
„Das ist zwar ein interessanter Gesichtspunkt, aber für unser aktuelles Thema meines Erachtens im Moment nicht relevant. Bitte merke Dir den Punkt für später." Eine Variante dieser Unterbrechung:
„Bitte entschuldige die Unterbrechung, aber ich finde das, was Du eben gesagt hast, so wichtig, dass wir darüber kurz reden sollten. Wer möchte dazu pro oder contra Stellung nehmen?"

Feedback nach der Regel „Wahrnehmung – Wirkung – Wunsch"

Die deutlichste Intervention, um *Vielredner* zu bremsen, ist es, ein klassisches Feedback nach der Regel „Wahrnehmung – Wirkung – Wunsch" zu geben. Das könnte so aussehen:
„Deine Redebeiträge sind häufiger und jeweils deutlich länger als die aller anderen. Ich befürchte, dass dadurch mögliche wichtige Beiträge von anderen nicht ausreichend deutlich werden können oder gar nicht erst vorgebracht werden. Meine Bitte: Fasse Dich bei den nächsten Beiträgen bitte kürzer."

▶ *Schweigsame ermuntern*
Auch zu diesem Problem kann schon einiges „vorbeugend" unternommen werde. So kann der Moderator teilnehmeraktivierende Methoden einsetzen. Er kann z.B. gleich zu Beginn der Problemlösungsrunde vorschlagen, dass jeder ein Statement abgibt, wie er das Problem sieht. Einer solchen Runde können sich auch sehr

zurückhaltende Teilnehmer nur schwer entziehen. Notfalls kann der Moderator nachfragen oder zu Konkretisierungen auffordern: *„Könntest Du das bitte noch genauer erläutern?"*

Unabhängig davon sollte der Moderator erkennen, wenn sich Teilnehmer sehr stark zurückhalten und gegebenenfalls intervenieren.

Eine Interventionsmöglichkeit ist es, zu *ermutigen*. Dem zurückhaltenden Teilnehmer soll signalisiert werden, dass seine Beiträge erwünscht sind und dass die anderen Besprechungsteilnehmer daran interessiert sind. Ein fast schon „klassisch" zu nennendes Beispiel: *„Du hast Dich zu diesem Punkt bisher noch gar nicht geäußert. Mich interessiert, wie Du darüber denkst."*

Formen der Ermutigung

Häufig gibt es dann eine abwehrende Reaktion, etwa in der Art „Es ist doch schon alles gesagt" oder „Meine Meinung ist in diesem Zusammenhang unwichtig, da gibt es hier doch Experten, die das regeln werden". Der Moderator sollte dann nachhaken: *„Auch wenn es vielleicht keine wirklich neuen Gesichtspunkte dazu gibt, so ist es meines Erachtens doch wichtig, dass jeder hier die Meinung der jeweils anderen kennt. Nur so können wir eine gemeinsame Lösung finden."* Oder zum zweiten Abwehrbeispiel: *„Auch wenn die Lösung wirklich überwiegend von Experten bestimmt wird, getragen werden muss sie von uns allen. Deswegen sollten wir auch die Meinung aller dazu kennen."*

Ein gutes Interventionsmittel für Moderatoren ist *Schweigen*, so paradox dies auch im ersten Augenblick erscheinen mag. Es eignet sich vor allen Dingen dann, wenn ein in der Diskussion angesprochene Teilnehmer sich offensichtlich schwertut, seine Gedanken in Worte zu fassen. Dabei ist es unerheblich, ob er nicht will oder nicht kann. Diese Person ruhig mit freundlich fragendem Gesichtsausdruck anzusehen und eine Pause auszuhalten, wirkt manchmal Wunder. Dieses Schweigen sollte man allenfalls durch ein kurzes fragendes „Ja?" oder eine ähnliche kurze Bemerkung unterbrechen.

Schweigen

Ein Krimispiel zu „Moderationstechniken" durchführen

Bei dem Thema Moderationstechniken steht vor allem der Moderator im Fokus. Das bedeutet meistens, dass auch nur der Moderator individuelles Feedback erhält. Daher ist es nicht unbedingt notwendig, dass Sie neben den Rollenspielern noch eine eigene Beobachtergruppe definieren, die sich ausschließlich auf die Beobachtung konzentriert, denn normalerweise erinnern sich die Teilnehmer sehr gut an die positiven und negativen Ereignisse, die sie durch den Moderator erfahren haben.

Bei ausreichend großen Gruppen bietet es sich zu diesem Thema deswegen an, Mitspielkrimis parallel durchzuführen, damit mehr Seminarteilnehmer die Chance haben, individuelles Feedback zu ihrem Moderationsverhalten zu bekommen und Verhaltensalternativen auszuprobieren. An den Erlebnissen im Spiel und den Videoaufzeichnungen werden später die wichtigsten Prinzipien der Moderation noch einmal im Plenum für alle Gruppen gemeinsam besprochen.

Die Rolle des Moderators in diesem Mitspielkrimi

Die gewünschten Anforderungen an den Moderator vorab klären

Die Aufgabe des Moderators im Mitspielkrimi „Moderationstechniken" übernimmt in der Regel derjenige, der in seiner Rollenanweisung die Funktion des Ermittlers hat. Es empfiehlt sich, vor solch einer „Moderationsübung" die wichtigsten Anforderungen an den Moderator zu besprechen. Konzentrieren Sie sich als Trainer auch hier auf eine Teilmenge der zu erfüllenden Anforderungen, etwa „Konflikte bearbeiten" oder „Vielredner einbremsen" und „Schweigsame beteiligen". Der Moderator der Übung erhält dann nach Abschluss des Spiels Rückmeldungen der Mitspieler dazu, wie er diesen Anforderungen entsprochen hat.

Dazu muss den Teilnehmern des Mitspielkrimis auf jeden Fall ans Herz gelegt werden, während des Spiels immer wieder die Aufmerksamkeit auch auf den Moderator und seine Moderationstätigkeit zu richten. Für den Feedback-Prozess ist es sinnvoll, die Teilnehmer des Mitspielkrimis nach Abschluss des Spiels einen Beobachtungsbogen zur Rückmeldung an den Moderator ausfüllen zu lassen.

Im Anhang finden Sie einen allgemeinen Beobachtungsbogen zum Moderatorenverhalten („Allgemeine Moderationstechniken"), und je einen Beobachtungsbogen zum Thema „Konfliktmoderation in Besprechungen" und „Umgang mit Profilierung und Selbstdarstellung". Auch hier gilt wie beim Thema „Gesprächsführung", dass Sie sich am besten auf ein ausgewähltes Schwerpunktthema zur Beobachtung im Spiel konzentrieren. Wählen Sie deswegen immer nur einen Beobachtungsbogen aus.

Die Beobachtungsbögen stehen Ihnen als Downloads im Online-Abruf zur Verfügung.

Bitten Sie die Teilnehmer, sich auf die vorher vereinbarten Feedback-Kriterien anhand der Beobachtungsbögen zu beschränken. Die Teilnehmer des Mitspielkrimis tragen ihre individuellen Bewertungen auf der Basis der Eintragungen im Beobachtungsbogen in ein vorbereitetes Auswertungs-Chart an einer Pinnwand ein. Die Beobachtungen, die zu diesen Bewertungen geführt haben, werden mündlich vorgetragen.

Trainingsthema „Management von Konflikten im Team"

Inhaltliche Überlegungen vor dem Spiel

Konflikte im Team sind dadurch gekennzeichnet, dass über eine vielleicht alltägliche Meinungsverschiedenheit hinaus starke Emotionen bei den Betroffenen auftreten. Die Ursachen dieser Emotionen haben sehr oft mit der aktuellen Meinungsverschiedenheit nichts zu tun. Sie liegen häufig weit in der Vergangenheit und sind den Parteien oft gar nicht bewusst.

Gerade in Teamprozessen spielt es auch sehr oft eine Rolle, dass für die Einzelnen neben den Teamzielen noch andere, individuelle Ziele relevant sind, die sie nicht offenlegen wollen oder können. Beispiele für solche individuellen Ziele sind „Profilierung", „Nicht-schuld-sein-wollen" oder Ähnliches. Die damit verbundenen Emotionen führen dazu, dass unangemessene, oft extreme Verhaltensweisen benutzt werden, die zu einer weiteren Eskalation führen.

Mitspielkrimis bieten ideales Anschauungsmaterial in der Auswertung von Kommunikationsprozessen

Mitspielkrimis sind ein ideales Trainingsfeld für den Umgang mit Konflikten im Team, da der emotionale Aspekt von Konflikten im Allgemeinen im klassischen Rollenspiel nur oberflächlich und sehr amateurhaft gespielt werden kann. Das ist im Mitspielkrimi etwas anders. In jeder Rolle gibt es Dinge, die die betreffende Person eher nicht offenlegen will. Dadurch könnten potenzielle Motive für die Tat deutlich werden, oder es würde ein Alibi gefährdet, oder problematische Verhaltensweisen in der Vergangenheit würden offenbart. Da jeder weiß, „Ich spiele nur, ich bin ja nicht wirklich so", ist die Möglichkeit sehr groß, sich mit seiner Rolle zu identifizieren. Die Rolle kann somit auch leichter ausgelebt werden. Dadurch wird sie realistischer und glaubwürdiger. Und jedem ist bewusst, dass es dabei um versteckte Interessen mit einer stark ausgeprägten emotionalen Komponente geht. In der Auswertung der Kommunikationsprozesse gibt es damit eine Menge Anschauungsmaterial über die verschiedenen Möglichkeiten, wie Beteiligte mit Konflikten umgehen können.

Mitspielkrimis für bestimmte Trainingsthemen einsetzen

Konfliktstile

Das Thema „Konfliktstile" sollte vor dem Spiel mit den Teilnehmern bearbeitet werden, um die eigenen im Konflikt bevorzugten Verhaltensmuster bewusst zu machen und zu reflektieren. Dazu erarbeite ich im ersten Schritt gemeinsam mit den Teilnehmern eine Definition des Begriffs „Konflikt".

Weitere theoretische Diskussionen, etwa über „Konfliktarten" oder „Stufen der Konflikteskalation" erspare ich mir und den Teilnehmern, denn nach meiner Erfahrung werden diese abstrakten Einzelheiten sehr schnell wieder vergessen und helfen im Training nicht weiter. Interessierte verweise ich auf die einschlägige Literatur.

Der nächste Schritt besteht darin, dass ich die Teilnehmer bitte, sich an kürzlich erlebte Konfliktsituationen zu erinnern, bei denen sie selbst als Konfliktpartei betroffen waren. Dabei sollen sie in einer Einzelarbeit einschätzen, welche der fünf folgenden Verhaltensmuster (Konfliktstile) sie dabei zeigten, die also für sie typisch sind. Dazu sollen auch überlegen und festhalten, was aus ihrer Sicht die Vor- und Nachteile oder Chancen und Risiken dieser Verhaltensmuster sind.

Vor- und Nachteile von Konfliktstilen bearbeiten

Vermeidung – Rückzug
Man geht den meist als belastend oder bedrohlich erlebten Konfliktsituationen von vorneherein aus dem Weg oder zieht sich bei den ersten Anzeichen eines sich entwickelnden Konflikts schnell zurück. Eine Variante ist das „Übersehen" oder „Ignorieren" eines Konflikts, der für Außenstehende oft schon längst sichtbar geworden ist.

Durchsetzung – Kampf
Das Ziel ist die Durchsetzung der eigenen Vorstellungen oder Interessen ohne Rücksicht auf die Interessen der Gegenpartei. Die gewählten Mittel variieren: Fachkompetenz, Macht, Manipulation, Drohung, Anwendung von Sanktionen etc. Die Alternative ist Sieg oder Niederlage.

Nachgeben

Auf die Durchsetzung der eigenen Vorstellungen und Interessen wird verzichtet. Häufige Begründungen sind „Ich will mich nicht streiten" oder „Ich will übergreifende Ziele nicht gefährden" oder „Der Aufwand lohnt sich nicht, der Klügere gibt nach".

Schneller Kompromiss

Die Bereitschaft, der anderen Seite entgegenzukommen, wenn die eigenen Vorstellungen und Interessen in der Lösung zumindest teilweise zu finden sind. Dabei werden zugunsten der schnellen Lösung eines aktuellen Problems tiefer liegende Konfliktursachen ausgeklammert.

Kooperative Problemlösung

Es wird versucht, gemeinsam die echten Konfliktursachen aufzuklären und zu beseitigen. Auf dieser Basis wird dann eine Lösung gesucht, die von beiden Parteien getragen werden kann.

An die Einzelarbeit können sich Partnergespräche oder Kleingruppenarbeit oder eine Plenumsrunde anschließen. Eine Plenumsrunde ist besonders ergiebig, wenn Sie für jeden der fünf Konfliktstile eine Pinnwand vorbereitet haben, auf der oben der Name des Stils und eine kurze Charakterisierung eingetragen sind, und darunter zwei Spalten mit den Überschriften „Vorteile" und „Nachteile". Jeder Teilnehmer trägt hier sofort nach der Einzelarbeit seine eigenen Erfahrungen ein. Danach werden gemeinsam die fünf Pinnwände betrachtet und die Ergebnisse diskutiert.

Verhaltensprinzipien für am Konflikt Beteiligte

Bei der Diskussion der Konfliktstile wird sich mit an Sicherheit grenzender Wahrscheinlichkeit herausstellen, dass zum Verhaltensmuster „Kooperative Problemlösung" fast nur Vorteile genannt werden. Als Nachteil dieses Verhaltensmusters findet sich gelegentlich das Argument „hoher Zeitaufwand" oder „vorprogrammiertes Scheitern, weil bei einer der Konfliktparteien die Bereitschaft für eine kooperative Problemlösung fehlt".

Die Frage nach konkreten Verhaltensweisen, die für kooperative Konfliktlösungen geeignet sind, beantworte ich ebenso wie beim Thema Moderationstechniken mit einem in Anlehnung an das Harvard-Modell formulierten Konzept.

Harvard-Modell

Die Phase „Cool down"

„Cool down" ist für einen am Konflikt Beteiligten in diesem Konzept eindeutig am schwierigsten zu realisieren. Aber es ist mit Sicherheit die Phase mit der stärksten positiven Wirkung, wenn man dabei erfolgreich ist.

Die Idee dahinter ist: Wer Konflikte erfolgreich bearbeiten will, braucht zunächst eine möglichst sachliche Situationsanalyse. Dazu wiederum ist eine störungsarme Beziehung zu den Partnern nötig, denn eine Vermischung von Sach- und Beziehungsproblemen behindert die Sachdiskussion. Im Konfliktfall ist man aber in der Regel selbst stark emotionalisiert, und hat es meistens mit Partnern zu tun, bei denen dies auch der Fall ist.

▶ *Was kann man tun?*
Nach Möglichkeit sollte man sich schon vor Beginn einer Gesprächsrunde bewusst machen, welche *Antipathien, Vorurteile und Befürchtungen* in Bezug auf die Gesprächspartner man selbst hat, und wie diese einen selbst sehen. Die eigenen Gefühle können dadurch besser unter Kontrolle gehalten werden, und die der Partner wirken in der Situation nicht mehr so überraschend und massiv.

Aber auch die umgekehrte Blickrichtung ist wichtig. *Wie sehen Ihre Gesprächspartner die Situation?* Versuchen Sie im Gespräch, diese Sicht zu verstehen, bevor Sie versuchen, Ihre eigene Interpretation zu erklären. Dieses Verstehen bedeutet keineswegs automatisch, dass man die andere Sichtweise akzeptiert, kann aber dazu führen, dass man Aussagen der Gegenpartei nicht mehr als Angriff auf sich selbst sieht, sondern als Ausdruck des Selbstschutzes der anderen Seite.

Perspektivenwechsel

Aktives Zuhören Die optimale Methode für Cool down ist *Aktives Zuhören* (den Gesprächspartner nicht unterbrechen, nachfragen, Verständnis klären, Blickkontakt halten usw.). Eine weitere wirksame Methode im Gespräch besteht darin, auf Aussagen der Gegenpartei nicht spontan zu reagieren, sondern eine kurze „Denkpause" einzulegen und vor einer Reaktion auf das Gesagte folgende Überlegung anzustellen: Was von der eigenen, gerade aufkommenden Emotion ist durch echte, „objektive" Wahrnehmung bestimmt, und was durch die eigene Interpretation des Gehörten?

Die Phase „Erwartungen und Ziele klären"

Im Konfliktgespräch werden von den Konfliktparteien die eigenen Erwartungen, Ziele und Interessen selten offen artikuliert. Im Gegenteil, es wird wild über die Erwartungen, Ziele und Interessen der Gegenpartei spekuliert. Dabei werden der anderen Seite fast immer negative Ziele und Interessen unterstellt. Dies ist vor allem dann der Fall, wenn es im Konfliktgespräch um Fragen wie „Wer trägt die Verantwortung?", „Wer hat das verursacht?", „Wer muss das Problem lösen?" geht.

Im Mitspielkrimi zeigt sich dieses Verhaltensmuster des Versteckens von eigenen Interessen und Unterstellung negativer Interessen bei der Gegenseite in Äußerungen wie z.B. „Was Du sagst, ist Unsinn, das kann ich nicht akzeptieren" oder „Du willst uns ja nur Sand in die Augen streuen".

Auf dieser Gesprächsebene gegensätzlicher Positionen und Unterstellungen ist eine Lösung des Problems meistens nicht erreichbar.

▶ *Was kann man tun?*

Gemeinsamkeiten herausstellen Es ist äußerst hilfreich, immer wieder Gemeinsamkeiten festzuhalten und anzusprechen, insbesondere die *gemeinsamen* Ziele. Wenn man den Eindruck hat, ein Diskussionspartner weiche von diesen Zielen ab, kann man diesen Zweifel mit einer *Ich-Aussage* zurückmelden, statt mit Unterstellungen zu arbeiten.

Mitspielkrimis für bestimmte Trainingsthemen einsetzen

Im Mitspielkrimi könnte das so aussehen: Statt zu sagen *„Du willst uns ja nur Sand in die Augen streuen"*, könnte als Feedback formuliert werden *„Du hast gesagt, dass ... Das wirkt auf mich, als wärst Du nicht interessiert, die Wahrheit herauszufinden."*

Der *offene Umgang mit den eigenen Interessen* wirkt vertrauensbildend. Dadurch wird es der anderen Seite leichter gemacht, diesen Schritt ebenfalls zu tun.

Es ganz besonders wichtig, *offene Fragen zu den Beweggründen*, Interessen, Wünschen und Vorschlägen der Partner zu stellen. Spekulative, rhetorische oder suggestive Fragen sollten vermieden werden, da sie fast immer als Angriff interpretiert werden.

Offene Fragen stellen, Interessen klären

Die Phasen „Spielregeln entwickeln und kontrollieren"

Ähnlich wie das Prinzip „Cool down" ist auch die Formulierung und Vereinbarung von Spielregeln besonders schwierig, wenn in der Konfliktsituation nur Beteiligte anwesend sind. Vorschläge zu Spielregeln durch Konfliktparteien stehen meistens im Verdacht, deren Interessen zu fördern oder verdeckte Anspielungen auf die Gegenseite zu sein, statt Neutralität und Objektivität zu gewährleisten.

▶ *Was kann man tun?*

In dieser Situation ist es daher eher Erfolg versprechend, *die Gegenpartei nach Vorschlägen für Spielregeln* zu fragen. Eine offene Frage an einen Konfliktpartner könnte zum Beispiel sein: *„Wie kann ich ausdrücken, dass mir die Aussage ‚xyz' von Dir überhaupt nicht gefällt, ohne dass dies auf Dich aggressiv und eskalierend wirkt?"*

Vorschläge für Spielregeln erfragen

Auch das Controlling der Spielregeln durch nicht neutrale, am Konflikt beteiligte Personen ist besonders heikel. Es gibt zwei grundsätzliche Varianten: zum einen das direkte Adressieren einzelner verletzter Regeln, zum anderen das globale Ansprechen des „Kommunikationsstils an sich", die Meta-Kommunikation.

Eine Erfolgschance für das *direkte Adressieren* besteht nur, wenn man sich strikt an die Feedback-Regel „Wahrnehmung – Wirkung – Wunsch" hält. Insbesondere die Formulierung der „Wirkung" ist problematisch. Es kann hilfreich sein, an die selbst erlebte Wirkung noch eine Frage anzuschließen, z.B. : *„Du hast gerade gesagt … Das empfand ich als sehr aggressiv. War das beabsichtigt?"* Das wirkt deeskalierend, und räumt auch der Gegenpartei eine Chance zur Deeskalation ein.

Meta-Kommunikation

Meta-Kommunikation wird dadurch eingeleitet, dass ganzheitliche Eindrücke und Gefühle zur aktuellen Situation angesprochen werden. Meistens fehlt dabei der Aspekt „Wahrnehmung" aus dem Feedback. Einzelne Wahrnehmungsbeispiele dienen höchstens der Illustration dieses allgemeinen Eindrucks. Ein typisches Beispiel für den Einstieg in eine Meta-Kommunikationsphase im Krimispiel ist: *„Ich habe den Eindruck, keiner – mich eingeschlossen – wagt sich aus seiner Deckung heraus. Wenn wir unsere Informationen und Meinungen nicht offenlegen, werden wir den Fall wohl kaum lösen können. Haben andere hier in der Runde auch den Eindruck?"*

In der Hitze der Diskussion ist es meistens schwierig, Meta-Kommunikation anzuregen. Deswegen sind im obigen Beispiel neben der unbedingt notwendigen Formulierung als „Ich-Botschaft" zwei weitere „Akzeptanzhilfen" eingebaut: Der Sprecher schließt sich durch das „mich eingeschlossen" ausdrücklich mit ein in die Kritik, „keiner wagt sich aus seiner Deckung heraus". Außerdem unterstellt er den anderen nicht einfach, dass sie seine Kritik teilen, sondern er fragt nach.

Ein Krimispiel zu „Konfliktmanagement" durchführen

Wegen der gerade bei den inhaltlichen Überlegungen genannten, relativ starken emotionalen Komponente in den Krimispielen ist es unbedingt sinnvoll, mit Beobachtern zu arbeiten. Wenn das nicht möglich ist, weil die Teilnehmerzahl zu gering ist, sollten Sie zumindest mit Videoaufzeichnungen arbeiten. Das bietet zusätzlich den Vorteil, die Grundsätze konstruktiver Konfliktbearbeitung immer am konkreten Beispiel erklären zu können. Eine andere sehr gute Option, wenn sie ohne Beobachter arbeiten müssen, ist die schon früher erwähnte Möglichkeit, dass die Teilnehmer nach ungefähr der Hälfte der Spielzeit in einem Time-out ihre bisherigen Beobachtungen notieren.

Für den Feedback-Prozess empfehle ich auch, wie bei allen anderen Themen, einen Beobachtungsbogen zu verwenden. Dieser Beobachtungsbogen ist auch für einen eventuellen Time-out angebracht. Für den Start in das Konfliktmanagement ist der Beobachtungsbogen „Konfliktstile" besonders geeignet. Lassen Sie die Teilnehmer vor dem Krimispiel den Selbsteinschätzungsbogen zum eigenen Konfliktstil bearbeiten. Nach dem Krimispiel erhalten sie von ihren Mitspielern oder Beobachtern Rückmeldungen auf der Basis der gleichen Beobachtungsbögen, und können so sehr gut einen Vergleich von Selbstbild und Fremdbild anstellen.

Beobachtungsbögen einsetzen

Auch der Beobachtungsbogen „Aktives Zuhören" ist sehr gut geeignet, da dies eine der wesentlichen Voraussetzungen für konstruktive Konfliktbearbeitung ist. Beispiele für diese Beobachtungsbögen finden Sie im Anhang. Sie stehen Ihnen zudem als Downloads im Online-Abruf zur Verfügung.

Übrigens ist es auch eine sinnvolle Übung, wenn die Teilnehmer nach dem Mitspielkrimi ihr Verhalten während des Spiels mit diesem Beobachtungsbogen selbst einschätzen und dann ihr Selbstbild mit dem Fremdbild nach dem Feedback vergleichen.

Vergleich von Selbstbild mit Fremdbild

Auch für die nach dem Harvard-Konzept formulierten Verhaltensprinzipien für am Konflikt Beteiligte finden Sie im Anhang einen Beobachtungsbogen. Setzen Sie diese Beobachtungsbögen ein, wenn in dieser Phase Ihres Trainings über das „Aktive Zuhören" hinaus *ganzheitliche* Verhaltensmuster im Fokus stehen.

Die Krimis
als Problemlösungsaufgabe einsetzen

Wenn es in Ihrem Training hauptsächlich oder ausschließlich um methodische Themen geht wie „systematisches Arbeiten", „Problemlösungs- und Entscheidungstechniken", „Visualisierung" und die kommunikativen Themen wie „Fragetechniken", „Aktives Zuhören", „Konfliktbearbeitung" eher eine Nebenrolle spielen, dann verwenden Sie sicher immer wieder Aufgaben, bei denen sachlich-logische Probleme im Team gelöst werden müssen.

Das typische Setting für solche Aufgaben hat folgendes Muster: Eine Problemsituation wird beschrieben. Diese Beschreibung ist für alle Teilnehmer identisch. Zusätzlich erhält jeder Teilnehmer nach einem Zufallsverfahren exklusive relevante und irrelevante Detail-Informationen über das Problem, seine Ursachen und Lösungsideen auf Einzelblättern oder Karteikarten. Diese Informationen darf er mündlich weitergeben, aber anderen nicht zeigen oder das bedruckte Papier weitergeben. Die Gruppe hat einen eng abgesteckten Zeitrahmen, um die Lösung des Problems zu finden oder sich ihr zumindest anzunähern. Ein bekanntes Beispiel für diese Art der Problemlösungsaufgabe für Teams ist die Übung „Sin-Obelisk" (Francis/Young 1998, S. 168 ff.)

Krimis als Problemlösungsaufgabe

Für Seminarsituationen, in denen Sie diesen Aufgabentyp einsetzen wollen, ist die Lösung von Kriminalfällen eine willkommene und für die Teilnehmer hoch motivierende Abwechslung. Alle vier in diesem Buch beschriebenen Mitspielkrimis habe ich für diesen Einsatz bearbeitet. Der „Plot" und die Informationen für die Teilnehmer stehen Ihnen für den Ausdruck auf Postkarten fertig formatiert als Download-Ressourcen zur Verfügung. Zum Drucken empfehle ich die Sigel-Postkarten No. LP 711, je vier Karten auf einem DIN-A4-Blatt.

Das Besondere an dieser Variante ist, dass die Teilnehmer nicht die Rollen der in den Kriminalfall verwickelten Personen übernehmen, sondern die Aussagen und Informationen von und über diese Personen aus der Perspektive eines Schreibtisch-„Ermittlerteams" bei der Kriminalpolizei betrachten.

Teilnehmer nehmen die Perspektive des Schreibtisch-Ermittlers ein

Wenn Sie diese Variante der Krimis einsetzen, denken Sie bitte daran: Die Teilnehmer werden alle hoch motiviert und engagiert, mit „sportlichem Ehrgeiz" an die Aufgabe gehen. Alle wollen möglichst schnell die richtige Lösung finden. Sie werden ihre Informationen offen nutzen und weitergeben. Niemand wird ein Interesse daran haben, sich bedeckt zu halten, ausweichend zu antworten, von sich abzulenken oder eigene Interessen durchzusetzen. Keiner wird andere angreifen oder in Versuchung geraten, Konflikte aufkommen oder eskalieren zu lassen.

Das bedeutet: Die Teilnehmer werden in Bezug auf Problemlösung im Team eine relativ „schöne heile Welt" erleben. Wenn Sie genau diese „schöne heile Welt" im Training nicht wollen, wenn Sie stattdessen wollen, dass Ihre Teilnehmer lernen, sich mit den gerade genannten Problemen auseinanderzusetzen, dann führen Sie lieber die Mitspielkrimis als Rollenspiel durch. Die Schwierigkeiten werden dann zwar spielerisch, aber glaubwürdig und realitätsnah auftreten, der Nutzen kooperativer Verhaltensweisen wird konkret erlebt werden.

Die Problemlösungsvariante bildet nicht die „reale Welt" ab.

Zurück zu den Krimis als Problemlösungsaufgabe. Zu jedem Fall finden Sie eine speziell aufbereitete Grundinformation für alle Teilnehmer. Zum Lesen dieser Grundinformation sollten Sie den

Teilnehmern 15-20 Minuten Zeit lassen. Danach mischen Sie die Informationskarten mit den Detail-Informationen, den „Indizien", gründlich und teilen diese an die Teilnehmer aus. Die Gruppengröße ist nicht kritisch, es sollten zwischen sechs und zwölf Personen sein. Je mehr Teilnehmer mitmachen, desto weniger Karten erhält jeder, was die Lösung des Falles erschweren kann.

Geben Sie der Gruppe nach dem Austeilen der Information 30 Minuten Zeit für die Problemlösung. Sollten Sie danach noch nicht die Lösung gefunden haben, können Sie je nach Seminarfahrplan einige Minuten zugeben, oder Sie sprechen im Feedback das Thema an, welche Techniken und Methoden hilfreich gewesen wären, um zügiger vorwärtszukommen.

Hier ein beispielhafter Katalog an Fragen, die nach meiner Erfahrung bei der Auswertung hilfreich sein können.

Fragen zur Auswertung der Teamarbeit
- Welche Verhaltensweisen haben der Gruppe bei der Lösung der Aufgabe geholfen?
- Welche Verhaltensweisen haben die Gruppe bei der Lösung der Aufgabe behindert?
- Auf welche Weise sind Führungsfunktionen entstanden?
- Wer hat sich am meisten beteiligt?
- Wer hat sich am meisten zurückgehalten?
- Wie haben Sie den ganzen Lösungsprozess erlebt?
- Was würden Sie vorschlagen, um die Leistung der Gruppe zu verbessern?

ZWEI

Die vier Mitspielkrimis

In diesem Kapitel erhalten Sie alle Informationen, die Sie benötigen, um den jeweiligen Krimiplot als Mitspielkrimi oder als reine Problemlösungsaufgabe für Teams durchzuführen.

Alle für die Durchführung erforderlichen Rollenbeschreibungen, Spielunterlagen und Selbsteinschätzungs- und Beobachtungsbögen zur Auswertung werden zusätzlich als Dokumente im Online-Abruf zur Verfügung gestellt. Den Link zu den Ressourcen finden Sie in der Umschlagklappe

Folgende Dokumente stehen für jeden *Mitspielkrimi* zum Download zur Verfügung:
▶ Die Fallbeschreibung (die Geschichte) des Mitspielkrimis
▶ Die Rollenanweisung für jeden Teilnehmer des Mitspielkrimis

Folgende Dokumente stehen für jede *Problemlösungsaufgabe* zum Download zur Verfügung:
▶ Die Fallbeschreibung (die Geschichte) als Information für alle
▶ Die Informationen für die einzelnen Teilnehmer

Schnellübersicht über die vier Krimis:

Einige Dinge vorab 71
Ändern des Geschlechts von Rollen.. 73
Grundsätzliche Spielregeln 75
Krimi 1: Mord im Seminar... 77
Variante: Mord im Seminar als Problemlösungsaufgabe.............. 110
Krimi 2: Das Assassinment Center.. 119
Variante: Das Assassinment Center als Problemlösungsaufgabe ... 156
Krimi 3: Ein tödliches Projekt 165
Variante: Ein tödliches Projekt als Problemlösungsaufgabe 203
Krimi 4: Du sollst nicht NEIN sagen 215
Variante: Du sollst nicht NEIN sagen als Problemlösungsaufgabe. 249

Vorbemerkungen

Einige Dinge vorab

In diesem zweiten Teil des Buches geht es um die praktische Durchführung der einzelnen Mitspielkrimis. Hier erhalten Sie im Schwerpunkt alle erforderlichen Informationen und Unterlagen, die Sie als Seminarleiter brauchen, um vier verschiedene Kriminalgeschichten von Ihren Teilnehmern bearbeiten und auswerten zu lassen.

Die Beschreibungen aller Mitspielkrimis sind einheitlich aufgebaut: In einer Übersicht erhalten Sie eine einführende Kurzbeschreibung des Krimiplots sowie eine Rollenübersicht, aufgeschlüsselt nach notwendigen und optionalen Rollen. Darauf folgt jeweils die ausführliche Beschreibung der Geschichte bis zur Entdeckung der Mordtat. Eine Tatortskizze erleichtert die räumliche Orientierung. Für jede Rolle enthält das Kapitel eine detaillierte Rollenvorlage, unterteilt in den „öffentlichen" Vorstellungstext der Person – mit den Informationen, die allen Beteiligten über die Figur bekannt sein sollen – und ausgiebigen Zusatzinformationen zu Vorgeschichte, Charakter und „Schattenseiten", die der Rolleninhaber nach eigenem Ermessen „ins Spiel" bringen kann.

Damit Sie als Seminarleiter selbst in allen Phasen die nötige Übersicht über den Fall haben, erhalten Sie eine „Kriminalakte", der Sie die Chronologie der Ereignisse, eine Muster-Lösung des Falls und eine Zusammenfassung der Informationen zu allen Beteiligten entnehmen können.

Jeder der vier Fälle ist nicht nur als erweitertes Rollenspiel einsetzbar, sondern eignet sich alternativ auch als Problemlösungsaufgabe. Hierzu wird Ihnen im Anschluss an jeden Mitspielkrimi eine Variante zum Plot angeboten, in der es um das methodische Vorgehen der Gruppe beim Analysieren der Fakten und Indizien geht. Ziel der Gruppe ist es, den Fall gemeinsam methodisch zu lösen.

Die Texte aller vier Spiele sowie die Beobachtungsbögen aus dem Anhang stehen Ihnen als Download-Dateien im Online-Abruf zur Verfügung. Damit haben Sie eine Arbeitshilfe, die Unterlagen für die Spielteilnehmer individuell auszudrucken.

Sie können die Spiele nach eigenem Ermessen anpassen. Das ist vor allem dann sinnvoll, wenn die Anzahl weiblicher bzw. männlicher Rollen im Original nicht den Zahlen in Ihrer Gruppe entspricht und Sie den Teilnehmern nicht zumuten wollen, eine Rolle des anderen Geschlechts zu übernehmen. Die Erfahrung zeigt aber, dass die Teilnehmer im Allgemeinen mit Rollen des anderen Geschlechts gut zurechtkommen, sodass Sie sicher sehr selten derartige Änderungen durchführen müssen.

Wenn Sie die Spiele verändern, sollten Sie folgende Grundsätze berücksichtigen: Achten Sie darauf, dass die Unterlagen in sich konsistent bleiben, dass keine Informationen verloren gehen und dass niemand mitten im Spiel plötzlich mit Fakten konfrontiert wird, die nach den eigenen Unterlagen einfach nicht stimmen können.

In diesem Zusammenhang ebenfalls wichtig: In den Krimigeschichten ist mehr oder weniger stark das Prinzip „Sex and Crime" enthalten. Beim Lesen der Geschichten und der Rolleninstruktionen werden Sie leicht feststellen, welche Rollen den Aspekt „Sex" verkörpern. Achten Sie darauf, dass Sie Teilnehmern nicht zu nahe treten, wenn Sie die Absicht haben, ihnen eine dieser markanten Rollen zuzuweisen. Im Zweifelsfall sollten Sie vorher allgemein darüber informieren und die Zustimmung zum Spiel einholen.

Ändern des Geschlechts von Rollen

Obwohl die Teilnehmer gewöhnlich eher selten Probleme damit haben, Rollen des jeweils anderen Geschlechts zu übernehmen, kann es vorkommen, dass Rollen abgelehnt werden, weil man sich mit dem einen oder anderen Aspekt in der Rollenvorlage unwohl fühlt. Dies kann zum Beispiel für solche Rollen der Fall sein, in denen erotische oder sogar sexuelle Beziehungen zu anderen Partnern angedeutet werden.

Lesen Sie daher rechtzeitig vor dem Trainingseinsatz die Informationen zu dem Spiel, das Sie einsetzen wollen. Es kommt immer wieder vor, dass die Anzahl männlicher und weiblicher Teilnehmer im Training nicht der Anzahl der männlichen und weiblichen Rollen in dem ausgewählten Spiel entspricht. Wenn Sie befürchten, dass eine notwendige abweichende Rollenbesetzung abgelehnt werden könnte, müssen Sie eine Rollenvorlage am besten in der Vorbereitung entsprechend ändern.

Überlegen Sie zunächst, welche Rollenvorlage mit dem geringsten Änderungsaufwand für das andere Geschlecht umgeschrieben werden kann. Der Änderungsaufwand besteht darin, die ausgewählte Rollenvorlage zu überarbeiten und zusätzlich sowohl in der Beschreibung der Geschichte als auch bei allen anderen Rollenvorlagen Bezüge auf die geänderte Rolle zu korrigieren und darauf zu achten, dass Verhaltensweisen, Motive und Beziehungen der Rollen zueinander noch stimmig sind. Sie finden am Ende eines jeden Mitspielkrimis im Abschnitt „Ändern des Geschlechts der Rolle des ..." für jede Rolle individuelle Hinweise dazu, wie der „Geschlechtertausch" mit welchem vertretbaren Aufwand möglich ist.

Im Folgenden wird das Vorgehen exemplarisch an der Rolle von Holger Heinz aus dem zweiten Krimi „Das Assassinment Center" durchgeführt. Die Änderung dieser Rolle ist unkritisch und relativ leicht umzusetzen.

Rollenübersicht anpassen

Ändern Sie zunächst den Vornamen der Person, in diesem Fall von „Holger" z.B. in „Ines". Der Mitspielkrimi ist für 8-10 Rollen ausgelegt:

- 1-3: Holger Heinz (*wird zu Ines Heinz geändert*), Markus Behrend, Paul Klahr – Teilnehmer am Assessment Center
- 4-5: ...

Die Geschichte anpassen

Zunächst ist sicher die Versuchung groß, den Vornamen in der Geschichte und in allen Rollenvorlagen mit der Funktion „Suchen und Ersetzen" zu ändern. Das birgt aber ein gewisses Risiko: Häufig steht auch in anderen Sätzen ohne Nennung des Namens ein Bezug auf die geänderte Person. Wurde zum Beispiel gerade der Name Holger erwähnt, dann ist sehr gut möglich, dass der nächste Satz beginnt mit „Danach ging er auf sein Zimmer". Derartige Bezüge werden sehr leicht übersehen, wenn mit der Funktion „Suchen und Ersetzen" gearbeitet wurde. Am Ende bleibt Ihnen nicht erspart, den Text vollständig und sorgfältig zu lesen.

In der Geschichte zu „Das Assassinment Center" ist das allerdings kein großes Problem. Dort müssen folgende Änderungen durchgeführt werden:

- ... Die Teilnehmer Holger Heinz (*wird hier zu Ines Heinz geändert*), Markus Behrend, Paul Klar und Verena Schubert stellen sich den Aufgaben: ...
- ... Wenig später begibt sich auch Holger (wird zu Ines geändert) zur Ruhe. ...

Die Rollenvorlage des betroffenen Spielers ändern

Auch die Rollenvorlage für Holger Heinz kann leicht in eine weibliche Rollenvorlage für Ines Heinz geändert werden. Es sind nur zwei

Aspekte, die dafür wichtig sind:
- ... Außerdem scheint sie einfach Spaß an Sex (*wird hier zu „Spaß an Sex, auch mit Frauen"*) zu haben, denn auch bei Ihnen hat sie es im Vorbereitungs-Workshop versucht. Da Sie aber schon seit einiger Zeit fest und intensiv liiert sind (*wird hier zu „daran absolut uninteressiert sind"*), haben Sie ihr klargemacht, dass ...
- ... Dann hatte Verena Sie augenzwinkernd eingeladen, noch eine Runde mit in die Sauna zu gehen. Das war Ihnen zu riskant, Sie haben dankend abgelehnt, ... (*Der Satzteil „Das war Ihnen zu riskant" kann entfallen, der Satz wird hier einfach zu „Sie haben abgelehnt, ..." umformuliert.*)

Die Rollenvorlagen der Mitspieler anpassen

Holger Heinz wird in keiner der anderen Rollenvorlagen erwähnt, deswegen ist hier keine Anpassung nötig.

Grundsätzliche Spielregeln

Unabhängig von der Art der Durchführung und den Zusatzaufgaben wie „Beobachtung", „Feedback" usw. sollten Sie die Teilnehmer bitten, die folgenden Spielregeln einzuhalten:

- Verwenden Sie bitte vorwiegend die Informationen, die in den Unterlagen stehen und erfinden Sie möglichst nichts hinzu. Natürlich können Sie „Schutzbehauptungen" aufstellen, die Sie persönlich betreffen, z.B. „Ich lag um diese Zeit im Bett und habe geschlafen". Schwierig bis unlösbar wird der Fall aber, wenn Sie wissentlich unwahre Behauptungen über andere aufstellen, die anhand der vorhandenen Informationen kaum aufzuklären sind, z.B. „Ich habe von meinem Fenster aus gesehen, wie Du die Kollegin über das Geländer gestoßen hast." Bitte seien Sie mit derartigen Irreführungen zurückhaltend.

- Wenn Sie der Täter bzw. die Täterin sind, geben Sie die Tat nicht vorschnell zu. Versuchen Sie von sich abzulenken und den Verdacht auf andere zu lenken, wie es ein echter Täter tun würde. Das belebt den Spielverlauf und dient auch dem Seminarthema. Es gibt in den Fällen immer mehrere Personen, die ein Motiv und die Gelegenheit hatten.

Krimi 1:
Mord im Seminar

Schnellfinder

Krimi 1: Mord im Seminar

Kurzbeschreibung und Rollenübersicht 79

Die Geschichte 81

Rollenvorlagen 85
- ▶ Notwendige Rollen 85
- ▶ Zusätzliche Rollen 96

Trainerübersicht über den Fall 99
- ▶ Zeitlicher Ablauf der Ereignisse 100
- ▶ Die Lösung 102
- ▶ Die wichtigsten Informationen der Beteiligten 103

Ändern des Geschlechts der einzelnen Rollen 107

Variante: Mord im Seminar als Problemlösungsaufgabe

Aufgabenstellung und Instruktion für die Teilnehmer 110
Informationen für alle: Die Geschichte 111
Informationskarten zum Verteilen an die Teilnehmer 113
Die Lösung des Falls 118

Kurzbeschreibung und Rollenübersicht

Kurzbeschreibung
Im Hotel „Villa am Dorfbach" findet ein zweitägiges Seminar zum Thema „Konfliktmanagement" der Firma „Peters Automaten GmbH & Co. KG" statt. Der erste Tag des Seminars ist vorbei, die Seminarteilnehmer sind beim Abendessen. Noch bevor das Essen ganz zu Ende ist, wird die Seminarteilnehmerin Nicole Peters tot aufgefunden. Unfall? Selbstmord? Mord?

Rollenübersicht
Der Mitspielkrimi ist für 6-9 Rollen ausgelegt. Die Verteilung auf weibliche und männliche Rollen:

Notwendige Rollen		Zusätzliche Rollen	
weiblich	männlich	weiblich	männlich
1	5	1	2

Notwendige Rollen

1-4: Maik Hoppe, Knut Vierssen, Hussam Akhtar und Carla Steinert, vier Seminarteilnehmer. Maik war eng befreundet mit der toten Seminarteilnehmerin Nicole Peters.
5: Alexander Lehmbach, ein Trainer für Konfliktmanagement
6: Klaus Kiffler, Privatdetektiv, früher Kriminalkommissar, zufällig Gast im Hotel, Ermittler in diesem Spiel

Zusätzliche Rollen

7-9: Bis zu drei weitere Seminarteilnehmer, wenn zusätzliche Rollen benötigt werden: Evi Schubert, Richard Ostertag, Michael Wilson. Die Informationen dieser drei Teilnehmer sind nicht notwendig, um den Fall zu lösen. Sie können aber zusätzlich zur Verdächtigung oder Entlastungen anderer Teilnehmer beitragen.

Achtung: Wenn nur eine Zusatzrolle benötigt wird, dann nehmen Sie Richard Ostertag. Instruieren Sie ihn zusätzlich, dass die anderen beiden doch wieder nach Hause gefahren sind. Wenn Sie zwei Zusatzrollen brauchen, nehmen sie Evi Schubert dazu. Für beide gilt dann die Zusatzinstruktion, dass Michael Wilson wieder nach Hause gefahren ist.

Folgende Dokumente stehen zum Download zur Verfügung:
▶ Die Fallbeschreibung (die Geschichte) des Mitspielkrimis
▶ Die Rollenanweisung für jeden Teilnehmer des Mitspielkrimis

Die Geschichte

An diesem Fall sind folgende Personen beteiligt
Die Seminarteilnehmer Maik Hoppe, Knut Vierssen, Hussam Akhtar, Carla Steinert, Evi Schubert, Richard Ostertag und Michael Wilson. Alexander Lehmbach, ein Trainer für Konfliktmanagement. Klaus Kiffler, Privatdetektiv.

Die Geschichte
Das Seminarhotel „Villa am Dorfbach" in Bachbrüggen ist idyllisch gelegen: auf zwei Hügeln in einem kleinen hoteleigenen Park, der von einem tief eingeschnittenen Bachbett mit felsigen Ufern durchzogen wird. Über dem Bach führt eine Fußgängerbrücke vom Haupthaus mit Rezeption, Restaurant und einigen Gästezimmern in eine Dependance mit den Seminarräumen und weiteren Gästezimmern.

Zurzeit findet dort ein Seminar zum Thema „Konfliktmanagement" statt. Teilnehmer des Trainings sind Teamleiter des mittelständischen Maschinenbauunternehmens „Peters Automaten GmbH & Co. KG". Das Training wird von dem freiberuflichen Trainer Alexander Lehmbach geleitet.

In einer Blitzlichtbewertung am Ende des ersten Trainingstages sagten alle, der Tag habe Spaß gemacht und sei sehr interessant und lehrreich gewesen. Am Abend fuhren drei Seminarteilnehmer (eine Fahrgemeinschaft) nach Hause, da sie nicht im Hotel übernachten wollten. Die anderen trafen sich gegen halb acht Uhr im Hotelrestaurant zum Abendessen. Der Service war leider etwas schleppend, sodass die letzten Teller der Hauptspeise des Menüs erst gegen neun Uhr abgeräumt wurden. Nun würde hoffentlich bald das Dessert serviert werden.

Einige Minuten vorher war Nicole vom Tisch aufgestanden, weil ihr Mobiltelefon läutete und sie das Gespräch draußen annehmen wollte. Gleich darauf erhob sich der Trainer Alexander und erklärte, auf das Dessert zu verzichten. Er wolle in sein Zimmer gehen und noch etwas für den nächsten Tag vorbereiten. Maik ging kurz danach ebenfalls nach draußen, weil er sich nach der langen Sitzerei vor dem Dessert etwas im Park bewegen wollte. Fast gleichzeitig rief Knut erschrocken, dass er in der Hotelgarage sein Auto nicht abgeschlossen habe und dass wahrscheinlich noch das Licht brenne. Er ging, um das zu erledigen. Kurz danach begab sich Hussam, ein starker Raucher, auf die Hotelterrasse, um sich eine Zigarette anzuzünden. Nachdem die anderen gegangen waren, wurde es Carla langweilig. Sie ging in ihr eine Etage über dem Restaurant gelegenes Zimmer, um sich eine Zeitschrift zu holen.

Kurz nach halb zehn stürzte Maik mit vor Entsetzen verzerrtem Gesicht zur Terrassentür herein und schrie laut: „Hilfe, einen Notarzt, schnell, ein Unglück! Wo ist der Hotelmanager?"

Carla und Hussam, die gerade hereinkamen, fragten aufgeregt, was passiert sei. Knut war noch nicht von seinem Gang in die Garage zurückgekommen. Maik berichtete stockend, er habe Nicole unten am Bach gefunden, sie sei anscheinend über das Geländer der Brücke gestürzt und liege reglos dort unten. Die Seminarteilnehmer waren verzweifelt. Man beschloss, den Trainer zu rufen und den Hotelmanager zu alarmieren.

Die Geschichte

Der rief sofort einen Arzt aus der Nachbarschaft. Er stellte fest, dass Nicole sofort tot gewesen sein musste. Sie war aus ca. 4 m Höhe mit dem Kopf auf die Felsen am Ufer gefallen. Inzwischen waren auch Alexander und Knut wieder anwesend und wurden von den anderen informiert.

Der Hotelmanager bat den ihm bekannten und zufällig im Hotel logierenden ehemaligen Kriminalkommissar Kiffler, den Fall schnell und ohne Aufsehen zu klären, damit der Hotel- und Seminarbetrieb am nächsten Tag möglichst ungestört weitergehen könne. Herr Kiffler sagte zu und bat alle anwesenden Beteiligten zu einem Gespräch in den Seminarraum.

Von der ursprünglich acht Personen umfassenden Seminargruppe kannten sich vor dem Seminar anscheinend nur Nicole und Maik persönlich. Die anderen hatten sich zwar schon gelegentlich im Werk gesehen, heute Morgen beim Beginn des Seminars aber zum ersten Mal direkt miteinander zu tun. Außer dem Ex-Kommissar sind also vier Teilnehmer des Seminars „Konfliktmanagement" anwesend, nämlich Maik, Knut, Hussam und Carla sowie der Trainer Alexander.

Sie sind nun im Seminarraum versammelt, um zu klären, wie Nicole zu Tode kam: War es ein Unfall? Oder Selbstmord? Oder war es sogar ein Mord?

Erwähnen muss man in diesem Zusammenhang noch, dass Nicole die Tochter des Firmeninhabers F. Peters ist. Außerdem: Sie war nach einer komplizierten Fraktur des rechten Unterschenkels infolge eines Skiunfalls im letzten Winter noch nicht völlig wiederhergestellt und musste immer noch an Krücken gehen.

Der Lageplan

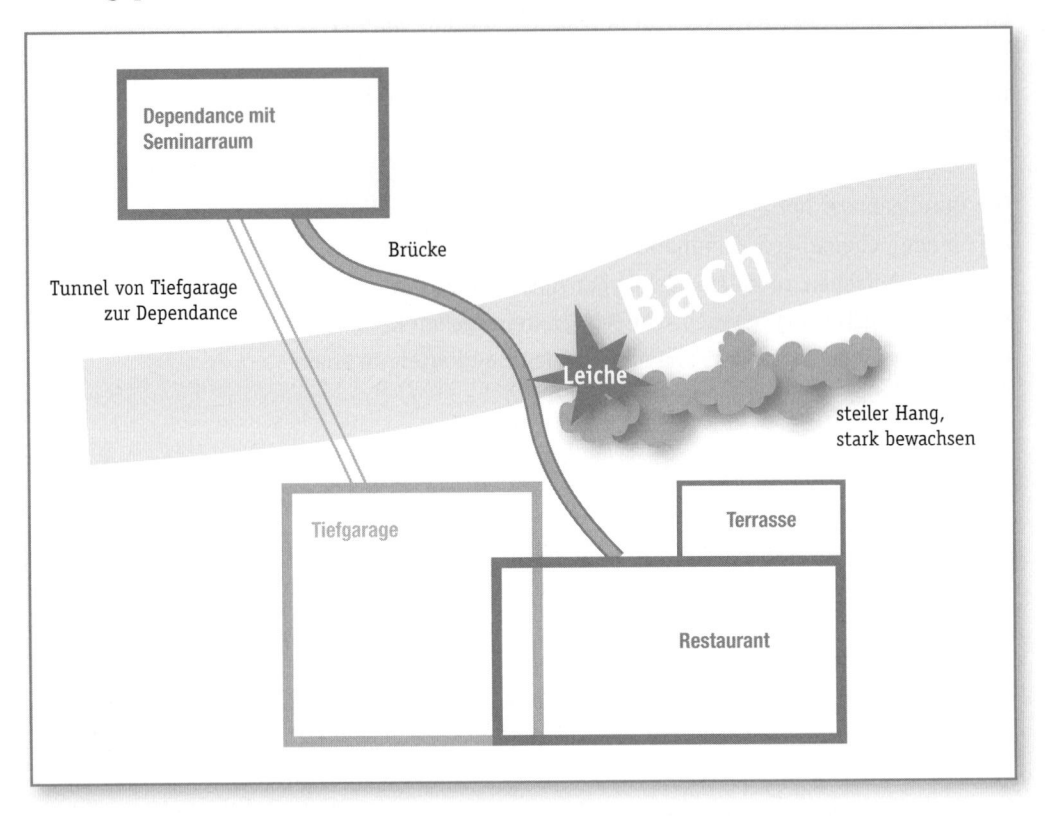

- Dependance mit Seminarraum
- Tunnel von Tiefgarage zur Dependance
- Brücke
- Bach
- Leiche
- steiler Hang, stark bewachsen
- Tiefgarage
- Terrasse
- Restaurant

Rollenvorlagen

Notwendige Rollen

Klaus Kiffler, Privatdetektiv, ehemaliger Kriminalkommissar

Vorstellungstext (Bitte inhaltlich vollständig wiedergeben!)
Mein Name ist Kiffler, ich leite eine Detektei in Frankfurt, die spezialisiert ist auf Wirtschaftskriminalität. Vorher war ich 17 Jahre im Polizeidienst, die letzten fünf Jahre davon als Kriminalkommissar. Der Hotelmanager hat mich gebeten, meine Fachkompetenz zur Verfügung zu stellen, um dieses Unglück möglichst schnell aufzuklären. Ich werde mein Bestes tun und erwarte von Ihnen konstruktive Mitarbeit.

Ihre Zusatzinformationen, die Sie im Verlauf der Ermittlungen nach eigenem Ermessen verwenden können

Was Sie natürlich nicht erzählt haben: Sie hatten als Kriminalbeamter gelegentlich Verdächtige und Zeugen in Kriminalfällen unter Druck gesetzt. Ihre Vorgesetzten waren der Meinung, dass Sie dabei die Grenzen des Erlaubten überschritten hatten. Man legte Ihnen nahe zu kündigen, um einer Anklage und der folgenden Entlassung zuvorzukommen. Der Fall ging damals auch kurz durch die lokale Presse, ist aber inzwischen in Vergessenheit geraten.

Sie sind schon seit einiger Zeit für das Unternehmen „Peters Automaten GmbH & Co. KG" tätig, aus dem die Seminargruppe stammt. Sie sollen ermitteln, ob ein Mitarbeiter der Abteilung Organisation und Datenverarbeitung Insider-Informationen an Wettbewerber verkauft. Sie sind von Herrn Peters mit der Aufklärung dieses Falles beauftragt. Er hatte einen konkreten Verdacht geäußert: Der „Habenichts" Maik Hoppe habe sich an Nicole herangemacht, um die Verbindung zu einem Familienmitglied zu seinem Vorteil auszunutzen. Im Werk gab es entsprechende Gerüchte. Sie waren hier im Hotel, um ein Auge auf beide zu haben, vor allem aber, um Maik zu beobachten.

Das ist nun eine heikle Situation für Sie: Sie kennen sowohl die Tote, Nicole, als auch ihren Freund Maik, wobei beide nach Ihrem Kenntnisstand von Ihnen und Ihrem Auftrag nichts wissen bzw. wussten. Allerdings waren Sie sich da bei Nicole nicht sicher: Die hatte Sie schon heute Mittag so seltsam, irgendwie wissend, angesehen. Möglicherweise hat sie einmal gesehen, wie Sie im Haus ihrer Eltern ein Gespräch mit ihrem Vater führten.

Sie haben beim Abendessen neben dem Tisch der Seminargruppe gesessen und dann Nicole kurz vor neun Uhr auf dem Handy angerufen, sich vorgestellt und sie gebeten, sich gleich mit Ihnen wegen einer wichtigen Information von ihrem Vater zu treffen. Sie war sofort dazu bereit, denn sie hatte Sie tatsächlich als einen gelegentlichen Gast im Hause ihres Vaters erkannt. Unten an der Brücke haben Sie ihr gesagt, dass Sie hier sind, um in einem Fall von Werkspionage zu ermitteln, und dass sie niemandem von Ihrer

Funktion und Aufgabe erzählen dürfe. Das gelte auch für Maik, der einer der Verdächtigen sei. Nicole war sehr nachdenklich, fast betroffen, und hatte sich auf das Brückengeländer gesetzt, als Sie gingen. An der Tür in Richtung Restaurant sind Sie von Maik angerempelt worden. Der hatte es offensichtlich eilig.

Es ist durchaus möglich, dass Maik von Nicole zur Rede gestellt wurde und ihr in einem Anflug von Panik einen Stoß gegeben hat, sodass sie auf den Felsen gestürzt ist. Die Gelegenheit dazu hatte er auf jeden Fall. Im Bachbett neben der Leiche lagen übrigens Teile von einem zerschmetterten Weinglas, das noch nicht lange da liegen konnte, denn die kräftige Strömung schwemmt alles relativ schnell weg.

Ein Hotelangestellter sagte aus, er habe gegen 21:20 Uhr den Seminarraum geöffnet, weil er dort nach einem vergessenen Schlüssel suchen sollte. Danach habe er gegen 21:30 Uhr eine Person von der Brücke kommend gesehen. Der Angestellte war sich nicht sicher, die Person bei einer Gegenüberstellung einwandfrei identifizieren zu können.

Maik Hoppe, Seminarteilnehmer, Kollege und Freund der Ermordeten

Vorstellungstext (Bitte inhaltlich vollständig wiedergeben!)
Ich bin seit knapp drei Jahren in der Abteilung Organisation und Datenverarbeitung wie Nicole, das habe ich heute Morgen bei der Vorstellungsrunde ja schon gesagt. Ich war sehr eng mit Nicole befreundet. Wir haben viel miteinander unternommen und wollten in Kürze gemeinsam eine Urlaubsfahrt mit dem Wohnmobil antreten.

Ich kann mir einfach nicht vorstellen, dass das ein Unfall war. Sie war sehr sportlich, und nach ihrem Beinbruch schon wieder ganz gut in Form, obwohl sie noch an Krücken gehen musste. Für mich ist es völlig undenkbar, dass sie so einfach über das Brückengeländer gestürzt sein soll. Außerdem wollte sie doch telefonieren. Da unten an der Brücke ist kein Handy-Empfang möglich, das habe ich heute Mittag festgestellt. Warum hätte Nicole zum Telefonieren dort hinuntergehen sollen? Das macht keinen Sinn.

Ihre Zusatzinformationen, die Sie im Verlauf der Ermittlungen nach eigenem Ermessen verwenden können

Sie waren mit Nicole nun schon seit 2 1/2 Jahren liiert. Sie stammte aus einem sehr wohlhabenden Elternhaus (ihr Vater ist Gründer und größter Anteilseigner des Unternehmens „Peters Automaten GmbH & Co. KG") und kam zum größten Teil für die Kosten Ihrer gemeinsamen teuren Freizeitaktivitäten auf, z.B. Urlaub in der Karibik, Helikopterskiing in den Rockys usw.

Die Eltern von Nicole, vor allem der Vater, sind nicht gut auf Sie zu sprechen. Sie werden dort anscheinend als „Mitgiftjäger" angesehen, der sich „aushalten" lässt. Sie haben jedenfalls einmal unabsichtlich mitgehört, wie Nicoles Vater ihr deswegen heftige Vorhaltungen machte und drohte, sie zu enterben, wenn sie sich nicht von Ihnen trennen würde.

Schon vor dem Seminar, als die Teilnehmerliste bekannt wurde, hat Nicole sie informiert, dass sie früher eine Beziehung zu dem Teilnehmer Knut Vierssen hatte.

Nicole hat Sie im Laufe des Abendessens auf den Mann am Nebentisch aufmerksam gemacht. Sie sagte, dass sie ihn schon im Hause ihres Vaters gesehen habe. Dieser Mann ist der Privatdetektiv Kiffler, der jetzt im Auftrag der Hotelleitung den Tod Nicoles untersuchen soll und die Besprechung einberufen hat.

Dieser Privatdetektiv ist eine äußerst zwielichtige Figur: Ist es wirklich ein Zufall, dass er hier im Hotel ist? Welche Verbindung hatte er zu Nicoles Vater? Gibt es da etwas zu vertuschen? Hat er vielleicht Nicole von der Brücke geschubst? Die Gelegenheit hatte er, denn er kam von draußen, und kurz darauf haben Sie Nicole gefunden.

Rollenvorlagen

Sie wissen auch, dass im Unternehmen über Sie das Gerücht lanciert wurde, Sie ließen sich von der Konkurrenz schmieren. Auch Nicole hatte davon gehört und Sie in letzter Zeit etwas „kühler" behandelt. Das Gerücht stimmt natürlich nicht, jemand will Sie offensichtlich mobben. Vielleicht sind Sie jemandem wegen Ihrer Beziehung zu Nicole im Weg.

Ihnen ist auch aufgefallen, dass der Trainer heute im Seminar versucht hat, Nicole anzumachen. Und Nicole ist da durchaus ein bisschen darauf eingegangen. Sie flirtete gerne, und Sie können sich nicht sicher sein, ob sie sich nicht das eine oder andere kleine Abenteuer geleistet hat. Als der Trainer so kurz nach Nicole verschwand, sind Sie deswegen ebenfalls raus, um zu sehen, ob sich da etwas anbahnt. Da läutete aber Ihr Handy, Ihr Chef war dran und wollte Sie wegen eines Softwareproblems sprechen. Das hat ziemlich lange gedauert. Dann sind Sie diesem Privatdetektiv über den Weg gelaufen. Der stand an der Tür im Weg und Sie sind zusammengestoßen.

Danach sind Sie im Treppenhaus stehen geblieben, um noch einmal über das von Ihrem Chef angesprochene Problem nachzudenken. Sie haben noch mal einige Zeit mit ihm telefoniert. Im Treppenhaus trafen Sie einen Hotelangestellten. Sie haben ihm einen guten Abend gewünscht, und sind dann noch einmal zurück zur Brücke gegangen, um über das Softwareproblem nachzudenken. Dabei haben Sie die Katastrophe entdeckt.

Knut Vierssen, Seminarteilnehmer

Vorstellungstext (Bitte inhaltlich vollständig wiedergeben!)

Ihr habt ja mitbekommen, dass ich seit sechs Jahren in der Abteilung Revision bin und ein kleines Team zu führen habe. Hier im Seminar bin ich, weil es immer wieder Schwierigkeiten und Auseinandersetzungen mit anderen Abteilungen gibt. Das mit Nicole ist entsetzlich, es tut mir wahnsinnig leid, sie war so lustig und lebhaft. Ich hoffe, dass keiner aus unserem Kreis dafür die Verantwortung trägt. Ich kannte Nicole von früher, wir waren mal eine Zeit lang in einem gemeinsamen Projekt. Aber das ist schon rund drei Jahre her, seither hatten wir keinen Kontakt mehr.

Ihre Zusatzinformationen, die Sie im Verlauf der Ermittlungen nach eigenem Ermessen verwenden können

Wenn Sie gewusst hätten, dass Nicole an diesem Seminar teilnimmt, hätten Sie sich nicht angemeldet, denn Ihre Erinnerungen an sie sind nicht positiv. Ihre Bekanntschaft mit Nicole dauerte mehr als ein Jahr und war sehr intensiv. Sie waren öfter mit ihr ausgegangen, hatten einen gemeinsamen Urlaub verbracht und hatten die Hoffnung, dass sich aus der Beziehung zur Tochter des Chefs mehr entwickeln werde. Aber dann, vor knapp drei Jahren, hat sie Ihnen den Laufpass gegeben. Anfangs waren Sie deswegen nur traurig und enttäuscht. Das hat aber im Lauf der Zeit nachgelassen. Nun verspüren Sie nur noch etwas Ärger. Der ist heute besonders stark, Nicole hat Sie wie „Luft" behandelt. Ihr „Nachfolger" Maik macht auf Sie keinen seriösen Eindruck, was auch durch eine Bemerkung von Hussam unterstützt wird. Der hat heute Mittag angedeutet, dass Maik seiner Meinung nach mehr auf Geld als auf Nicole „scharf" ist.

Als Sie zwischen Hauptgang und Dessert beim Abendessen in die Garage gingen, um nach Ihrem Wagen zu sehen, war Ihnen aufgefallen, dass der Trainer Alexander noch an der Bar stand und nicht gleich in sein Zimmer gegangen war. So wichtig und intensiv wie von ihm behauptet war die Vorbereitung auf den nächsten Tag wohl doch nicht, wenn er noch die Zeit fand, sich einen Drink zu genehmigen. Das war ungefähr um 21:00 Uhr.

Bei Ihrem Wagen, einem Oldtimer „Käfer Cabrio", brannte tatsächlich noch das Licht. Der Versuch, den Wagen anzulassen klappte gerade noch. Sie sind dann zur Tankstelle gefahren und haben den Wagen dort über Nacht an die Ladestation anschließen lassen. Zum Hotel sind Sie die ca. einen Kilometer weite Strecke zu Fuß zurück.

Rollenvorlagen

Hussam Akhtar, Seminarteilnehmer

Vorstellungstext (Bitte inhaltlich vollständig wiedergeben!)
Muss diese Vorstellerei noch einmal sein? Das haben wir heute Morgen doch schon erledigt. Na ja, dann eben noch mal: Hussam Akhtar, Vater Iraker, Mutter Deutsche, hier geboren und aufgewachsen, Teamleiter in der Entwicklung kundenspezifischer Systeme. Ich verstehe nicht, was wir hier sollen, das ist doch kein Seminarthema. Ich bin mir auch sicher, dass Herr Kiffler kein Recht hat, hier Ermittlungen auf eigene Faust anzustellen. Die Klärung des Falles sollten Experten übernehmen, und nicht Amateure.

Ihre Zusatzinformationen, die Sie im Verlauf der Ermittlungen nach eigenem Ermessen verwenden können
Nicole haben Sie zwar schon öfter im Werk gesehen, aber nie persönlich kennengelernt. Jeder wusste, dass sie die Tochter des Chefs war. Einmal, im Casino, saß sie mit diesem Maik an einem der Nebentische und „turtelte" mit ihm. Einer Ihrer Kollegen meinte daraufhin, dass über diesen Maik das Gerücht umgehe, er könne Kontakte zu gut zahlenden Wettbewerbern vermitteln. Aber er wisse nichts Genaues. Sie haben heute Mittag, als Maik noch nicht am Tisch saß, Ihren Tischnachbarn Knut gefragt, ob er von diesem Gerücht etwas wisse. Der gab sich ahnungslos. Das wirkte aber nicht glaubwürdig.

Kurz vor Ihrer Abfahrt vor dem Abendessen hat die Kollegin Evi Schubert auf den im Restaurant sitzenden Detektiv Kiffler gezeigt und geflüstert, dies sei ihres Wissens ein berüchtigter ehemaliger Polizist, der aus dem Dienst entfernt worden sei, weil er gewalttätig geworden sei und unzulässiger Verhörmethoden angewendet habe.

Vor dem Dessert gingen Sie auf die Terrasse, um zu rauchen. Dabei sahen Sie, wie Carla das Restaurant verließ. Da Carla Ihnen ganz gut gefällt, sind Sie schnell wieder hineingegangen, um ihr zu folgen und mit ihr ins Gespräch zu kommen. Sie haben sie aber leider nirgendwo entdecken können. Ihre Vermutung war, dass sie sich an den Trainer Alexander herangemacht hatte. Sie hatte ihn schon den ganzen Tag angehimmelt. Der Trainer Alexander hatte aber nur Augen für Nicole und stand auch in den Pausen immer unmittelbar in ihrer Nachbarschaft. Es war allen klar, dass er sie anmachen wollte.

Sie sind nach ein paar Minuten wieder raus, um noch eine Zigarette zu rauchen. Sie glaubten, ein Weinen von der Brücke her gehört zu haben. Von der Terrasse hat man leider keinen freien Blick zur Brücke hinunter. Da sind Sie über die Terrassenbrüstung geklettert und wollten den Hang hinunter, um zu sehen, was da los ist. Die Büsche waren aber zu dicht, und außerdem war es dunkel. Deswegen sind Sie wieder unverrichteter Dinge zurück. Wegen der vielen Büsche und des rutschigen Untergrunds hat das aber relativ lange gedauert. Auf dem Weg nach oben haben Sie von unten leise Stimmen gehört, dann einen erstickten Schrei und Klirren von zersplitterndem Glas. Der Schrei könnte eine weibliche Stimme gewesen sein.

Als Sie oben auf der Terrasse angekommen sind muss es ungefähr 21:30 Uhr gewesen sein. Sie haben dann die Reste von Zweigen und Laub abgeschüttelt und sind wieder durch die Terrassentür in das Restaurant gegangen. Gleich darauf stürzte Maik mit der Schreckensmeldung herein.

Carla Steinert, Seminarteilnehmerin

Vorstellungstext (Bitte inhaltlich vollständig wiedergeben!)
Ich bin Carla Steinert, Diplom-Ingenieurin Maschinenbau und als Projektleiterin in der Prototypenfertigung eingesetzt.

Ich denke, wir sollten auf jeden Fall herausfinden, was mit Nicole passiert ist, das sind wir ihr und dem Unternehmen ihres Vaters schuldig. Außerdem, wer sollte das Rätsel aufklären, wenn nicht wir als logisch denkende Ingenieure und Akademiker, und dazu noch mit der Unterstützung unseres Trainers Alexander. Der ist als Diplom-Psychologe kompetenter Fachmann für soziale Beziehungen. Und das könnte hier doch eine wichtige Rolle spielen.

Rollenvorlagen

Ihre Zusatzinformationen, die Sie im Verlauf der Ermittlungen nach eigenem Ermessen verwenden können

Als nach dem Hauptgang des Abendessens auf einmal alle verschwunden waren, sind Sie auf Ihr Zimmer, um sich etwas zu Lesen zu holen. Von Ihrem Balkon aus haben Sie einen guten Blick quer über den Einschnitt zwischen den beiden Hotelgebäuden mit Bach und Brücke. Der Trainer Alexander hat drüben im anderen Gebäude das Zimmer genau in Ihrer Blickrichtung. Sie waren auf dem Balkon, um ihm vielleicht zuwinken zu können, aber sein Fenster war dunkel. Er lehnte unten am Brückengeländer und sah nachdenklich ins Wasser. Dann ging er langsam weiter Richtung Dependance hinauf. Er balancierte vorsichtig ein Weinglas in der Hand.

Kurz darauf bemerkten Sie, dass Nicole auf der Brücke war, sie schien zu weinen. Und unter Ihnen auf der Terrasse stierte Hussam zur Brücke. Ob er etwas sehen konnte war aus Ihrer Perspektive nicht zu erkennen, aber er schwang sich etwas später über die Terrassenbrüstung und begann, vorsichtig durch die Büsche, den Hang zur Brücke hinunterzusteigen. Und Sie hatten geglaubt, er hätte ein Auge auf Sie geworfen. Nein, Nicole, die Flatterhafte, hatte wohl auch ihn eingefangen. Was wollte Hussam an der Brücke? Wieso ging er nicht den normalen Weg, sondern wollte sich offensichtlich anschleichen? Ob er Nicole vom Geländer gestoßen hat? Zutrauen würden Sie es ihm eigentlich nicht, aber die Fakten machen ihn verdächtig.

Sie haben gar nicht abgewartet, bis er unten war, sondern sind gleich wieder in Ihr Zimmer gegangen. Dort haben Sie kurz einige Fachzeitschriften durchgeblättert, sich die interessanteste genommen und sind dann wieder nach unten, um das Warten mit einer produktiven Tätigkeit auszufüllen. Aber da kam dann ja schon Maik völlig aufgelöst angerannt.

Alexander Lehmbach, Trainer im Seminar

Vorstellungstext (Bitte inhaltlich vollständig wiedergeben!)

Die Seminarteilnehmer kennen mich ja von der Vorstellungsrunde heute Morgen, deswegen nur kurz das Wichtigste für Sie, Herr Kiffler: Ich bin Diplom-Psychologe, freiberuflicher Trainer und hier von der „Peters Automaten GmbH & Co. KG" engagiert, um ein Seminar zum Thema „Konfliktmanagement" für Teamleiter durchzuführen. Dass eine meiner Teilnehmerinnen zu Tode kam, ist unfassbar, wir sollten alles Erdenkliche tun, um das aufzuklären. Ich stehe mit meinen Fähigkeiten und meinem Wissen voll zu Ihrer Verfügung. Vielleicht sollten wir nach dem Ausschlussverfahren vorgehen: Ich kann mir nicht vorstellen, dass einer aus unserer Gruppe ein Motiv gehabt haben könnte, Nicole von der Brücke zu stoßen. Daraus folgt, dass es wohl ein Unfall war. Ich bin auch sicher, dass sie keine Selbstmordkandidatin war, so viel kann ich nach einem Tag intensiver Trainingsarbeit mit ihr mit Sicherheit sagen.

Ihre Zusatzinformationen, die Sie im Verlauf der Ermittlungen nach eigenem Ermessen verwenden können

Soviel für Sie gleich vorweg: Schuld am Tod von Nicole sind Sie. Es war kein Mord, sondern ein Unfall, ein Missgeschick, aber Sie sind die Ursache für ihren Sturz.

Zum Tod von Nicole kam es auf folgende Weise:
Als Sie aus dem Seminarraum weggegangen sind, haben Sie sich an der Bar noch ein Glas Wein geholt, um es mit auf Ihr Zimmer zu nehmen. Dann sind Sie langsam über die Brücke gegangen, haben auf der Brücke kurz innegehalten, weil Sie noch einmal über die Teilnehmer des Trainings nachgedacht haben:

Nicole, die Attraktive, die einem Flirt nicht abgeneigt schien, obwohl sie aus ihrer Verbindung mit Maik kein Geheimnis machte. Sie schien ihn eifersüchtig machen zu wollen. Der war Ihnen ein Rätsel: äußerlich offen und scheinbar kooperativ, aber in einigen Übungen blockierte er, verbarg seine Interessen und Motive hinter freundlich nichtssagenden Floskeln. Knut, der mit hungrigem und gleichzeitig vorwurfsvollem Blick an Nicole hing, auf jeden Beitrag von Maik mit Abwehr reagierte: Wahrscheinlich hatte er mal was mit Nicole, oder hat es zumindest versucht und ist abgeblitzt. Hussam, höflich distanziert, will seinen Migrationshintergrund nicht leugnen, aber auch gut integriert sein. Auf seine Art wahrscheinlich der ehrlichste in der Gruppe. Dann ist da noch Carla, die so stolz auf ihre technisch-akademische Ausbildung ist. Wahrscheinlich hat sie mit Auszeichnung bestanden. Sie ist offen, direkt, mit einem feinen Gespür für die Emotionen der Gesprächspartner. Sie sieht auch sehr apart aus.

Zurück zum Geschehen:
Sie haben diese Gedanken durch den Kopf ziehen lassen und sind dann langsam weitergegangen, die Treppe hinauf zur Dependance, in der Ihr Zimmer liegt. Da hörten Sie von der anderen Seite ein leises Weinen. Es war Nicole, die auf dem Brückengeländer saß. Sie sind hingegangen, haben Ihr Weinglas auf das Geländer gestellt und gefragt, was los sei. Sie hat unter Schluchzen wirres Zeug geredet von Beweisen für eine Spionagetätigkeit von Maik, dass ihr Vater hinter ihr her spioniere, dass Kiffler auf sie angesetzt sei, und sie sei völlig am Ende. Sie haben sich neben sie gelehnt und tröstend den Arm um sie gelegt. Sie war erst ganz ruhig, aber als Sie ihr dann beruhigend über die Schulter streichen wollten, haben Sie sie dabei anscheinend leicht an der Brust berührt. Sie ist erschrocken und schnell von Ihnen abgerückt. „Bilden Sie sich bloß nichts ein", hat sie gesagt. Ihr Weinglas drohte abzurutschen, Sie haben hastig danach gegriffen, und dabei ist sie wohl noch mehr erschrocken, und nach hinten über das Geländer gekippt. Sie wollten sie noch halten, aber es war zu spät. Es war von oben deutlich zu sehen, dass sie tot sein musste, so wie sie da lag. Auch das Weinglas fiel hinunter.

Da weit und breit niemand zu sehen war, haben Sie es vorgezogen, schnell in Ihr Zimmer zu laufen. Es wäre schlimm, wenn man Ihnen als Trainer nachsagen würde, Sie würden jungen Seminarteilnehmerinnen nachstellen und zudringlich werden. Sie können sicher sein, dass Sie nicht ernsthaft in Gefahr sind. Andere sind viel verdächtiger, z.B. Maik, Knut oder auch der Privatdetektiv Kiffler.

Zusätzliche Rollen

Evi Schubert, Seminarteilnehmerin

Vorstellungstext (Bitte inhaltlich vollständig wiedergeben!)
Ich bin Evi aus unserer Marketingabteilung. Ihr wundert Euch sicher, dass ich wieder hier bin. Richard, Michael und ich wollten ja nach Hause und erst morgen früh wieder hier sein. Das liegt an dem Unglücksraben Richard. Bis vor einer halben Stunde habe ich noch über mein Pech und die Schusseligkeit von Richard geflucht, aber das ist ja gar nichts gegen diesen Schicksalsschlag mit Nicole. Unfassbar.

Wir drei hatten die Hälfte der Strecke schon hinter uns, als Richard feststellte, dass er seinen Hausschlüssel im Seminarraum hat liegen lassen. Und niemand zu Hause, seine Frau ist zu ihrer kranken Mutter nach Hamburg. Also Kehrtwende, und hier sind wir wieder. Wenn das jetzt hier länger dauert, brauchen wir ja auch noch Zimmer zum Übernachten.

Übrigens, Herr Kiffler, Sie kommen mir bekannt vor, kann es sein, dass wir uns schon einmal begegnet sind?

Ihre Zusatzinformationen, die Sie im Verlauf der Ermittlungen nach eigenem Ermessen verwenden können
Jetzt ist es Ihnen wieder eingefallen: Als begeisterte Amateurschriftstellerin (Krimis!) recherchieren Sie regelmäßig Fälle aus der Vergangenheit, um Stoff für Ihre Storys zu finden. Über Kiffler haben Sie in alten Presseberichten gelesen. Er war wohl entlassen worden (oder sollte entlassen werden), weil er gewalttätig geworden war, oder so ähnlich. Genau wissen Sie es nicht mehr. Sie sind zu dritt so kurz nach neun in die Tiefgarage des Hotels gekommen, außer einigen Autos war nichts zu sehen. Dann sind Sie in die Bar, um bei einem Mineralwasser auf Richard zu warten, der seine Schlüssel holen wollte. Michael musste dringend zur Toilette.

Rollenvorlagen

Richard Ostertag, Seminarteilnehmer

Vorstellungstext (Bitte inhaltlich vollständig wiedergeben!)
Ich bin Richard, aus dem Rechnungswesen. Das mit dem Schlüssel tut mir echt leid, ich kann verstehen, dass Evi und Michael stocksauer sind. Aber angesichts der Geschichte mit Nicole ist das ja unbedeutend. Meines Erachtens könnten wir jetzt aber wieder aufbrechen, wir waren ja nicht hier, als das Unglück passierte. Aber ich sehe schon, das ist wohl keine gute Idee.

Ihre Zusatzinformationen, die Sie im Verlauf der Ermittlungen nach eigenem Ermessen verwenden können
Sie sind zu dritt so kurz nach neun in die Tiefgarage des Hotels gekommen, außer einigen Autos war nichts zu sehen. Sie sind aus der Tiefgarage auf direktem Weg durch einen Tunnel von der Garage in den Seminarraum in der Dependance, um Ihren Schlüssel zu holen. Der Raum war abgeschlossen. Sie mussten zur Rezeption telefonieren und warten, bis jemand kam, um aufzuschließen. Kurz darauf haben Sie den Trainer gesehen, wie er eilig die Treppe von der Brücke heraufkam.

Michael Wilson, Seminarteilnehmer

Vorstellungstext (Bitte inhaltlich vollständig wiedergeben!)
Ich bin Michael, aus der Hard- und Softwareintegration. Ich war erst auch sauer wegen Richards Vergesslichkeit, aber inzwischen bin ich sogar froh, denn so können wir drei als Unbeteiligte vielleicht zur Klärung des Vorfalls beitragen. Die arme Nicole, und ihr Vater, das wird ein schwerer Schlag für ihn sein.

Ihre Zusatzinformationen, die Sie im Verlauf der Ermittlungen nach eigenem Ermessen verwenden können
Sie sind zu dritt so kurz nach neun in die Tiefgarage des Hotels gekommen, außer einigen Autos war nichts zu sehen. Sie wollten

mit Evi in die Bar, um auf Richard zu warten, aber unterwegs sind Sie zur Toilette abgebogen. Danach sind Sie zuerst zum Restaurant gegangen, wo aber niemand von der Gruppe mehr war. Aus den Augenwinkeln haben Sie noch gesehen, wie Hussam draußen vor der Terrassentür sich Schmutz von der Kleidung klopfte. Dann sind Sie wie geplant in die Bar gegangen, um gemeinsam mit Evi auf Richard zu warten.

Trainerübersicht über den Fall

Damit Sie als Seminarleiter in allen Phasen die nötige Übersicht über den Fall haben, erhalten Sie mit den folgenden Informationen eine „Kriminalakte" aus der Chronologie der Ereignisse, eine Muster-Lösung des Falls und eine Zusammenfassung der Informationen über die Rollen und die Beziehungen der Beteiligten untereinander.

Zeitlicher Ablauf der Ereignisse

Die folgende Chronologie zeigt Ihnen, welcher Akteur des Geschehens sich zu welcher Uhrzeit an welchem Ort befindet.

Zeit	Ereignisse
ca. 20:55 Uhr	Klaus Kiffler ruft Nicole Peters auf dem Handy an und verabredet sich mit ihr draußen. Nicole verlässt das Restaurant. Der Trainer Alexander Lehmbach verlässt ebenfalls das Restaurant und holt sich ein Glas Wein an der Bar. Maik Hoppe folgt dem Trainer. Gleich darauf geht Knut Vierssen in die Garage, um nach seinem Auto zu schauen. Hussam Akhtar geht auf die Terrasse, um zu rauchen.
ca. 21:00 Uhr	Klaus Kiffler trifft Nicole Peters an der Brücke. Maik Hoppe wird auf dem Handy von seinem Chef angerufen, weil es ein fachliches Problem gibt. Knut Vierssen sieht Alexander Lehmbach an der Bar stehen. Carla Steinert verlässt das Restaurant. Das sieht Hussam Akhtar von der Terrasse aus. Er geht nach drinnen, um ihr zu folgen. Carla Steinert geht auf ihr Zimmer im Stockwerk über dem Restaurant.
ca. 21:05 Uhr	Da Hussam Akhtar Carla Steinert nicht mehr sehen kann, geht er wieder auf die Terrasse zum Rauchen.
ca. 21:10 Uhr	Klaus Kiffler verlässt Nicole und geht zurück in Richtung Restaurant. An der Tür trifft er Maik Hoppe. Maik Hoppe telefoniert im Treppenhaus noch mal mit seinem Chef. Kurz danach geht Alexander Lehmbach über die Brücke und sieht Nicole weinend auf dem Geländer sitzen. Carla Steinert sieht vom Balkon ihres Zimmers Alexander Lehmbach mit dem Weinglas in der Hand auf die Brücke gehen. Sie sieht auch Nicole weinend auf der Brücke. Knut Vierssen fährt mit seinem Auto zur Tankstelle.

ca. 21:15 Uhr	Evi Schubert, Richard Ostertag und Michael Wilson, die vor dem Abendessen das Hotel verlassen hatten um nach Haus zu fahren, kommen zurück in die Tiefgarage. Evi Schubert geht in die Bar, Richard Ostertag geht durch den Tunnel zum Seminarraum im anderen Gebäude, Michael Wilson geht zur Toilette.
	Hussam Akhtar hört von der Terrasse aus Weinen auf der Brücke. Er klettert über die Terrassenbrüstung um nachzusehen, was da los ist. Dabei wird er von Carla Steinert, die auf dem Balkon ihres Zimmers steht, beobachtet. Sie geht wieder in ihr Zimmer, ohne Hussam weiter zu beobachten.
ca. 21:20 Uhr	Alexander Lehmbach möchte Nicole Peters trösten. Er will sie an der Schulter streicheln, Nicole erschrickt und stürzt ab. Das Weinglas fällt mit.
	Hussam Akhtar hat den Versuch, über den Hang zur Brücke hinunterzukommen, aufgegeben. Auf dem Rückweg hört er von unten einen erschrockenen Ruf einer weiblichen Stimme und zersplitterndes Glas.
	Carla Steinert ist auf dem Rückweg ins Restaurant.
ca. 21:25 Uhr	Alexander Lehmbach eilt in sein Zimmer.
	Knut Vierssen ist zu Fuß auf dem Rückweg von der Tankstelle.
	Hussam Akhtar steht in der Tür von der Terrasse zum Restaurant und klopft sich den Schmutz von der Kleidung. (Wenn die Rolle „Michael Wilson" besetzt ist: Hussam wird dabei von Michael Wilson gesehen.)
ca. 21:30 Uhr	Ein Hotelangestellter sieht Alexander Lehmbach von der Brücke kommen, erkennt ihn aber nicht.
	Carla Steinert kommt zurück ins Restaurant.
ca. 21:35 Uhr	Maik Hoppe findet die tote Nicole Peters.

Krimi 1: Mord im Seminar

Die Lösung

Täter

Schuld am Tod von Nicole Peters ist der Trainer Alexander Lehmbach. Er hatte gleich nach Nicole das Restaurant verlassen und war zu Bar gegangen, um sich ein Glas Wein zu holen, das er mit auf sein Zimmer nehmen wollte. Sein Zimmer befand sich im Gebäude auf der anderen Seite der Brücke. Er hatte die Brücke schon überquert, als er von dort ein leises Weinen hörte. Es sah Nicole weinend auf dem Geländer sitzen und ging zurück, um zu erfahren was los war und sie zu trösten. Sie erzählte ihm von ihrem Gespräch mit dem Privatdetektiv Klaus Kiffler und den Problemen mit dem Kollegen Maik Hoppe. Alexander Lehmbach stellte sein Weinglas auf das Brückengeländer und wollte Nicole tröstend am Arm streicheln. Die erschrak und stürzte von der Brücke nach unten. Das Glas fiel ebenfalls hinab. Das ereignete sich circa 21:20 Uhr.

Es gibt zwar keine hundertprozentig eindeutige Indizienkette, aber einige Fakten sprechen gegen Alexander Lehmbach.
- ▶ Knut Vierssen (Seminarteilnehmer) sah Alexander Lehmbach an der Bar stehen, als er gegen 21:00 Uhr auf seinem Weg in die Garage an der Bar vorbeiging.
- ▶ Kurz darauf sieht die Seminarteilnehmerin Carla Steinert vom Balkon ihres Zimmers, wie Alexander Lehmbach mit einem Glas Wein in der Hand über die Brücke geht.
- ▶ Im Bach neben der Leiche wurden die Reste eines Weinglases gefunden, die erst kurz zuvor hineingefallen sein konnten. Fingerabdrücke sind nicht feststellbar.
- ▶ Der Seminarteilnehmer Hussam Akhtar hörte gegen 21:20 Uhr den erschrockenen Ruf einer weiblichen Stimme und zersplitterndes Glas aus Richtung der Brücke.
- ▶ Ein Hotelangestellter sah gegen 21:25 den Trainer von der Brücke kommen. Er erkannte ihn aber nicht.

Trainerübersicht über den Fall

Zusammenfassung der wichtigsten Informationen der Beteiligten

Informationen des Privatdetektivs Klaus Kiffler
▶ Alibi:
Sein Verbleib nach dem Zusammenstoß mit Maik Hoppe gegen 21:10 Uhr ist nicht bekannt.

▶ über Maik Hoppe:
Kiffler soll für das Unternehmen „Peters Automaten GmbH & Co. KG ermitteln, ob ein Mitarbeiter der Abteilung Organisation und Datenverarbeitung Insider-Informationen an Wettbewerber verkauft. Im Verdacht steht Maik Hoppe. Dieser habe sich an Nicole herangemacht, um die Verbindung zu einem Familienmitglied zu seinem Vorteil auszunutzen. Kiffler verließ Nicole an der Brücke und stieß gegen 21:10 Uhr mit Maik Hoppe an der Tür Richtung Restaurant zusammen.

Informationen des Seminarteilnehmers Maik Hoppe
▶ Alibi:
Hat nach dem Zusammenstoß mit Klaus Kiffler gegen 21:10 noch einmal mit seinem Chef telefoniert. Im Treppenhaus war ein Hotelangestellter. Hoppe hat ihm einen guten Abend gewünscht, und ist dann noch einmal zurück zur Brücke gegangen. Dort fand er Nicole.

▶ über Klaus Kiffler:
Hat von Nicole erfahren, dass sie Kiffler (ohne den Namen zu kennen) schon im Hause ihres Vaters gesehen hätte. Hat Kiffler gesehen, als der von der Brücke kam.

▶ über Knut Vierssen:
Hat von Nicole erfahren, dass sie früher eine Beziehung zu Knut Vierssen hatte.

▶ über Alexander Lehmbach:
Hat den Eindruck, dass der Trainer heute im Seminar versucht hat,

Nicole anzumachen. Und Nicole ist da ein bisschen darauf eingegangen.

Informationen des Seminarteilnehmers Knut Vierssen
▶ Alibi:
Ist nach 21:00 Uhr zur Tankstelle (ca. einen km weit) gefahren. Hat den Wagen dort über Nacht an die Ladestation anschließen lassen. Zum Hotel ist er dann zu Fuß zurück. Hatte bis vor drei Jahren eine intime Beziehung zu Nicole.

▶ über Alexander Lehmbach:
Hat auf dem Weg zur Tiefgarage gesehen, dass der Trainer Alexander noch an der Bar stand.

Informationen des Seminarteilnehmers Hussam Akhtar
▶ Alibi:
Ist gegen 21:15 über die Terrassenbrüstung geklettert, weil er glaubte, da unten weine jemand. Er sagt, dass der Weg nach unten zu beschwerlich und gefährlich sei, deswegen sei er wieder umgekehrt.

Wenn die Rolle „Michael Wilson" besetzt ist: Michael Wilson hat Hussam gesehen, wie dieser sich an der Terrassentür Schmutz von der Kleidung geklopft hat.

▶ über Klaus Kiffler:
Hat von der Kollegin Evi Schubert erfahren, dass Kiffler ein berüchtigter ehemaliger Polizist sei, der wegen Gewalttätigkeit und unzulässiger Verhörmethoden aus dem Dienst entfernt worden sei.

▶ über Maik Hoppe:
Hat von einem Kollegen das Gerücht gehört, Maik könne Kontakte zu gut zahlenden Wettbewerbern vermitteln.

Informationen der Seminarteilnehmerin Carla Steinert

▶ Alibi:

Sieht gegen 21:15 Uhr vom Balkon ihres Zimmers über dem Restaurant Hussam über die Terrassenbrüstung klettern. Kurz danach geht sie zurück ins Restaurant. Sie kann also zur Tatzeit kaum an der Brücke gewesen sein.

▶ über Alexander Lehmbach:

Sie sah den Trainer kurz nach neun vom Balkon ihres Zimmers. Er lehnte unten am Brückengeländer und sah nachdenklich ins Wasser. Dann ging er langsam weiter Richtung Dependance hinauf. Er balancierte vorsichtig ein Weinglas in der Hand.

▶ über Hussam Akhtar:

Gegen 21:15 Uhr schwang er sich über die Terrassenbrüstung und begann vorsichtig, durch die Büsche, den Hang zur Brücke hinunterzusteigen.

Informationen des Trainers Alexander Lehmbach

▶ Alibi:

Er hat *kein* Alibi, und wird durch folgende Indizien belastet, auch, wenn keine direkten Beweise gegen ihn vorliegen:
Wird mit Weinglas auf der Brücke gesehen. Reste eines zerbrochenen Weinglases liegen neben der Leiche. Fingerabdrücke sind zwar darauf nicht feststellbar. Wird von einem Hotelangestellten (der den Seminarraum für Richard Ostertag öffnete) gegen 21:30 Uhr von der Brücke kommend gesehen. Der Angestellte sagt aus, dass er sich nicht sicher sei, die Person bei einer Gegenüberstellung einwandfrei identifizieren zu können.

▶ über Knut Vierssen:

Hatte den Eindruck, dass Knut mit hungrigem und gleichzeitig vorwurfsvollem Blick an Nicole hing.

▶ über Maik Hoppe:

Hat von Nicole erfahren, dass Maik wegen „Spionagetätigkeit" von Kiffler beobachtet wird.

Informationen der Seminarteilnehmerin Evi Schubert
▶ Alibi:
Sie ist mit Richard Ostertag und Michael Wilson gegen 21:15 Uhr gemeinsam in der Tiefgarage angekommen, Evi ist dann in die Bar. Michael ging zur Toilette und dann zur Bar.

▶ über Klaus Kiffler:
Evi Schubert erinnerte sich, bei Recherchen für einen Kriminalroman einen Artikel über den ehemaligen Kriminalbeamten gelesen zu haben. Er war wohl entlassen worden (oder sollte entlassen werden), weil er gewalttätig geworden war, oder so ähnlich.

Informationen des Seminarteilnehmers Richard Ostertag
▶ Alibi:
Richard Ostertag ist mit Evi Schubert und Michael Wilson gegen 21:15 Uhr gemeinsam in der Tiefgarage angekommen. Er ist durch den Tunnel zum Seminarraum und telefonierte von dort mit der Rezeption.

▶ über Alexander Lehmbach:
Nachdem der Seminarraum für Richard Ostertag aufgeschlossen worden war, sah er den Trainer, wie er eilig die Treppe von der Brücke heraufkam.

Informationen des Seminarteilnehmers Michael Wilson
▶ Alibi:
Michael Wilson ist mit Evi Schubert und Richard Ostertag gegen 21:15 Uhr gemeinsam in der Tiefgarage angekommen.

▶ über Hussam Akhtar:
Michael Wilson hat gesehen, wie sich Hussam draußen vor der Terrassentür Schmutz von der Kleidung klopfte.

Ändern des Geschlechts der einzelnen Rollen

Wenn Sie eine Rolle ändern, ist es grundsätzlich erforderlich, die Rollenübersicht, die Geschichte und die Vorlage der entsprechenden Rolle zu bearbeiten. In der folgenden Übersicht finden Sie Hinweise zu weiteren notwendigen Bearbeitungsschritten für jede mögliche Rollenänderung. Die dabei gelegentlich erwähnten Vorlagen für Zusatzrollen müssen Sie natürlich nur ändern, wenn die Zusatzrollen auch tatsächlich besetzt sind.

Ändern der Rolle des Privatdetektivs Klaus Kiffler
Diese Rolle kann mit vertretbarem Aufwand in eine weibliche Rolle abgeändert werden. Auf Klaus Kiffler wird in den Rollenunterlagen von Mike Hoppe, Hussam Akhtar, Alexander Lehmbach und Evi Schubert Bezug genommen.

Inhaltlich wäre es sinnvoll, die Formulierung „weil er gewalttätig geworden war" aus den Unterlagen von Hussam Akhtar und Evi Schubert zu entfernen oder beispielsweise durch „weil sie illegale Ermittlungsmethoden nutzte" zu ersetzen.

Ändern der Rolle des Seminarteilnehmers Maik Hoppe

Der Aufwand für die Änderung dieser Vorlage in eine weibliche Rolle ist immens, da die Verdachtsmomente gegen Maik Hoppe vor allen Dingen auf seiner Beziehung zu Nicole Peters beruhen. Im Grunde müsste dann die ganze Kriminalstory so geändert werden, dass aus dem weiblichen „Mordopfer" Nicole Peters eine männliche Rolle gemacht wird.

Wenn Sie versuchen wollen, ohne derartige Eingriffe die Rolle des Maik Hoppe in eine weibliche Rolle zu ändern, müssen Sie auf jeden Fall seine Erwähnung in den Rollen von Klaus Kiffler, Knut Vierssen, Hussam Akhtar, Carla Steinert und Alexander Lehmbach bearbeiten.

Ändern der Rolle des Seminarteilnehmers Knut Vierssen

Diese Vorlage kann mit relativ geringem Aufwand in eine weibliche Rolle geändert werden. Sie müssen dabei nur beachten, dass dabei entweder das vage Verdachtsmoment seiner früheren Beziehung zum Mordopfer entfällt, oder dass Sie ein neues Verdachtsmoment erfinden und in die Unterlagen einbauen müssen. Dieses Verdachtsmoment ist außer in der Rollenvorlage von Knut Vierssen selbst nur in der Vorlage von Maik Hoppe zu finden.

Zusätzlich wird Knut Vierssen in den Unterlagen von Hussam Akhtar und Alexander Lehmbach erwähnt.

Ändern der Rolle des Seminarteilnehmers Hussam Akhtar

Es ist möglich, diese Rolle abzuändern, wenn Sie der Meinung sind, dass eine Frau über die Terrassenbrüstung steigt und einen steilen Hang hinunterklettert, nur weil sie glaubt, ein Weinen gehört zu haben. Bei seinem „Ausflug" wurde er von Carla Steinert beobachtet, das heißt, diese Rollenvorlage müsste geändert werden. Erwähnt wird Hussam außerdem noch in den Rollenvorlagen von Knut Vierssen, Alexander Lehmbach und Michael Wilson.

Ändern der Rolle der Seminarteilnehmerin Carla Steinert
Carla Steinert kann mit relativ geringem Aufwand zu „Carl" (oder natürlich ein anderer Name) geändert werden. Explizit erwähnt wird sie in den Rollenvorlagen von Hussam Akhtar und Alexander Lehmbach.

Ändern der Rolle des Trainers Alexander Lehmbach
Ähnlich wie der Verdacht bei Maik Hoppe beruht der wirkliche Tathergang bei Alexander Lehmbach auf der Beziehung „Mann-Frau". Deswegen ist eine Änderung dieser Rolle nur mit massiven inhaltlichen Eingriffen in die gesamte Story möglich. Dies erfordert eine neue Konzeption der Geschichte mit entsprechender Umgestaltung der Rollenbeschreibung von Alexander Lehmbach und den darin enthaltenen Informationen. Außerdem müssen die Rollenbeschreibungen von Knut Vierssen, Hussam Akhtar und Carla Steinert geändert werden.

Ändern der Zusatzrollen der Teilnehmer Evi Schubert, Richard Ostertag und Michael Wilson
Die Änderung dieser drei Rollen ist besonders einfach, da Verbindungen in den Rollenbeschreibungen bis auf eine Ausnahme nur innerhalb dieser drei Rollen existieren. Wenn Sie Evi Schubert ändern, müssen Sie entsprechend die Vorlagen von Richard Ostertag und Michael Wilson bearbeiten. Soll aus Richard Ostertag eine Frau werden, dann ändern Sie auch die Vorlagen von Evi Schubert und Michael Wilson. Bei einer „Geschlechtsumwandlung" von Michael Wilson müssen entsprechend die Unterlagen von Evi Schubert und Richard Ostertag geändert werden. Einzig bei Änderung der Rolle von Evi Schubert ist eine Vorlage außerhalb dieser Dreier-Gruppe zu bearbeiten, nämlich die von Hussam Akhtar.

Mord im Seminar als Problemlösungsaufgabe

Aufgabenstellung und Instruktion für die Teilnehmer

„Ihre Aufgabe im Team: Sie sollen anhand der Ihnen vorliegenden Informationen einen Kriminalfall klären: Die Seminarteilnehmerin Nicole Peters wurde tot aufgefunden. War es ein Unfall? Oder Selbstmord? Oder war es sogar ein Mord? Wenn es ein Mord war: Wer ist der Täter oder die Täterin?

Wenn Sie den Täter oder die Täterin nicht mit Sicherheit ermitteln können, dann einigen Sie sich am Ende bitte darauf, wer es mit größter Wahrscheinlichkeit war. Bitte geben Sie am Ende auch jeder eine Schätzung dieser Wahrscheinlichkeit ab (Skala: 0 bis 100 % sicher).

Lesen Sie zunächst die folgende Information für alle. Dazu haben Sie 15 Minuten Zeit.

Mord im Seminar als Problemlösungsaufgabe

Im Anschluss daran erhält jeder von Ihnen einige Karten mit Informationen zum Fall. Jeder darf seine Informationen jederzeit vorlesen, aber die Karten keinesfalls aus der Hand geben oder anderen zeigen."

Folgende Dokumente stehen für jede Problemlösungsaufgabe zum Download zur Verfügung:
▶ Die Fallbeschreibung (die Geschichte) als Information für alle
▶ Die Informationen zum Verteilen an die einzelnen Teilnehmer

Informationen für alle: Die Geschichte

Das Seminarhotel „Villa am Dorfbach" in Bachbrüggen ist idyllisch gelegen: auf zwei Hügeln in einem kleinen hoteleigenen Park, der von einem tief eingeschnittenen Bachbett mit felsigen Ufern durchzogen wird. Über den Bach führt eine Fußgängerbrücke vom Haupthaus mit Rezeption, Restaurant und einigen Gästezimmern in eine auf der anderen Seite gelegene Dependance mit den Seminarräumen und weiteren Gästezimmern.

Zurzeit findet dort ein Seminar zum Thema „Konfliktmanagement" statt. Teilnehmer des Trainings sind Teamleiter des mittelständischen Maschinenbauunternehmens „Peters Automaten GmbH & Co. KG". Das Training wird von dem freiberuflichen Trainer Alexander Lehmbach geleitet.

Teilnehmer im Seminar sind:
Nicole Peters, Maik Hoppe, Knut Vierssen, Hussam Akhtar, Carla Steinert, Evi Schubert, Richard Ostertag, Michael Wilson

In einer Blitzlichtabfrage am Ende des ersten Trainingstages sagten alle, der Tag habe Spaß gemacht und sei sehr interessant und lehrreich gewesen. Am Abend fuhren Evi Schubert, Richard Ostertag und Michael Wilson in einer Fahrgemeinschaft nach Hause, da sie nicht im Hotel übernachten wollten. Die anderen trafen sich gegen halb acht Uhr im Hotelrestaurant zum Abendessen. Der Service war leider etwas schleppend, sodass die letzten Teller der Hauptspeise des Menüs erst gegen neun Uhr abgeräumt wurden. Nun würde hoffentlich bald das Dessert serviert werden.

Einige Minuten vorher war Nicole vom Tisch aufgestanden, weil ihr Mobiltelefon läutete und sie das Gespräch draußen annehmen wollte. Gleich darauf erhob sich der Trainer Alexander und erklärte, auf das Dessert zu verzichten. Er wolle in sein Zimmer gehen und noch etwas für den nächsten Tag vorbereiten. Maik ging kurz danach ebenfalls nach draußen, weil er sich nach dem langen Herumsitzen vor dem Dessert etwas im Park bewegen wollte. Fast gleichzeitig rief Knut erschrocken, dass er in der Hotelgarage sein Auto nicht abgeschlossen habe und dass wahrscheinlich noch das Licht brenne. Er ging, um das zu erledigen. Kurz danach begab sich Hussam, ein starker Raucher, auf die Hotelterrasse, um sich eine Zigarette anzuzünden. Nachdem die anderen gegangen waren, wurde es Carla langweilig. Sie ging in ihr eine Etage über dem Restaurant gelegenes Zimmer, um sich eine Zeitschrift zu holen.

Kurz nach halb zehn stürzte Maik mit vor Entsetzen verzerrtem Gesicht zur Terrassentür herein und schrie laut: „Hilfe, einen Notarzt, schnell, ein Unglück! Wo ist der Hotelmanager?"

Carla und Hussam, die gerade hereinkamen, fragten aufgeregt, was passiert sei. Knut war noch nicht von seinem Gang in die Garage zurückgekommen. Maik berichtete stockend, er habe Nicole unten am Bach gefunden, sie sei anscheinend über das Geländer der Brücke gestürzt und liege reglos dort unten. Die Seminarteilnehmer waren verzweifelt. Man beschloss, den Trainer zu rufen und den Hotelmanager zu alarmieren.

Der rief sofort einen Arzt aus der Nachbarschaft. Er stellte fest, dass Nicole sofort tot gewesen sein musste. Sie war aus ca. vier Metern Höhe mit dem Kopf auf die Felsen am Ufer gestürzt. Inzwischen waren auch Alexander und Knut wieder anwesend und wurden von den anderen informiert.

Mord im Seminar als Problemlösungsaufgabe

Der Hotelmanager bat den ihm bekannten und zufällig im Hotel logierenden ehemaligen Kriminalkommissar Kiffler, den Fall schnell und ohne Aufsehen zu klären, damit der Hotel- und Seminarbetrieb am nächsten Tag möglichst ungestört weitergehen könne. Herr Kiffler sagte zu und bat alle anwesenden Beteiligten zu einem Gespräch in den Seminarraum.

Von der ursprünglich acht Personen umfassenden Seminargruppe kannten sich vor dem Seminar nur Nicole und Maik persönlich, alle anderen hatten sich zwar schon gelegentlich im Werk gesehen, heute Morgen beim Beginn des Seminars aber zum ersten Mal direkt miteinander zu tun.

Erwähnen muss man in diesem Zusammenhang noch, dass Nicole die Tochter des Firmeninhabers F. Peters ist. Außerdem wichtig: Sie war nach einer komplizierten Fraktur des rechten Unterschenkels infolge eines Skiunfalls noch nicht völlig wiederhergestellt und musste immer noch mit Krücken gehen.

Eine Skizze zur Visualisierung der Geschichte finden Sie auf Seite 84 und in den Online-Ressourcen

Informationskarten zum Verteilen an die Teilnehmer

Drucken Sie die folgenden Informationen auf je eine Karte. Für die Teamübung gut mischen und gleichmäßig unter die Teilnehmer verteilen. Achten Sie vor allem darauf, dass möglichst niemand Karten mit direkt aufeinanderfolgenden Nummern erhält.

Verkünden Sie vor dem Austeilen noch einmal die wichtige Spielregel: *„Jeder darf seine Informationen jederzeit vorlesen, aber die Karte keinesfalls aus der Hand geben oder anderen zeigen. Sie haben 30 Minuten Zeit, die Lösung zu finden."*

Karteikarten im Download

Krimi 1: Mord im Seminar

Kartennummer	Kartentext
1	Klaus Kiffler ist Privatdetektiv. Er leitet eine Detektei in Frankfurt, die spezialisiert ist auf Wirtschaftskriminalität. Vorher war er 17 Jahre im Polizeidienst, die letzten fünf Jahre davon als Kriminalkommissar.
2	Klaus Kiffler ist schon seit einiger Zeit für das Unternehmen „Peters Automaten GmbH & Co. KG" tätig, aus dem die Seminargruppe stammt. Er soll ermitteln, ob ein Mitarbeiter der Abteilung Organisation und Datenverarbeitung Insider-Informationen an Wettbewerber verkauft. Er ist vom Firmeninhaber, Herrn Peters, mit der Aufklärung dieses Falles beauftragt.
3	Klaus Kiffler saß beim Abendessen neben dem Tisch der Seminargruppe.
4	Klaus Kiffler hat Nicole kurz vor neun an diesem Abend auf dem Handy angerufen.
5	Klaus Kiffler hat sich mit Nicole kurz nach neun Uhr an der Brücke getroffen und ihr gesagt, dass er hier sei, um im Auftrag ihres Vaters in einem Fall von Werkspionage gegen Maik Hoppe zu ermitteln.
6	Auf dem Rückweg von der Brücke ist Klaus Kiffler an der Tür von Maik Hoppe angerempelt worden. Der hatte es offensichtlich eilig.
7	Maik Hoppe ist seit knapp drei Jahren in der Abteilung Organisation und Datenverarbeitung, ebenso wie Nicole Peters.
8	Maik Hoppe war sehr eng mit Nicole Peters befreundet.
9	Unten an der Brücke ist kein Handy-Empfang möglich.
10	Nicole Peters war sehr sportlich, aber nach ihrem Beinbruch noch nicht ganz wiederhergestellt und musste noch an Krücken gehen.
11	Die Eltern von Nicole, vor allem der Vater, halten Maik Hoppe für einen „Mitgiftjäger", der sich „aushalten" lässt. Sie haben ihr deswegen gedroht, sie zu enterben, wenn sie sich nicht von ihm trennen würde.
12	Im Unternehmen gibt es das Gerücht, Maik Hoppe würde sich von der Konkurrenz schmieren lassen.
13	Nicole flirtete gerne.

Kartennummer	Kartentext
14	Der Trainer Alexander hat im Seminar für alle erkennbar mit Nicole geflirtet.
15	Maik Hoppe wurde kurz nach neun Uhr von seinem Chef auf dem Handy angerufen. Der sprach mit ihm einige Zeit über ein aktuelles Softwareproblem.
16	Knut Vierssen ist seit sechs Jahren in der Abteilung Revision und führt dort ein kleines Team.
17	Knut Vierssen war vor rund drei Jahren mit Nicole eine Zeit lang in einem gemeinsamen Projekt.
18	Die Abteilung Revision hat immer wieder Schwierigkeiten und Auseinandersetzungen mit anderen Abteilungen.
19	Knut Vierssen war früher mit Nicole liiert. Sie waren öfter gemeinsam ausgegangen und hatten auch einen gemeinsamen Urlaub verbracht.
20	Als Knut Vierssen zwischen Hauptgang und Dessert beim Abendessen in die Garage ging, um nach seinem Wagen zu sehen, war ihm aufgefallen, dass der Trainer Alexander noch an der Bar stand.
21	Als Knut Vierssen in die Garage kam, brannte an seinem Wagen, einem Oldtimer „Käfer Cabrio", tatsächlich noch das Licht. Der Versuch, den Wagen anzulassen klappte gerade noch. Er fuhr dann zur Tankstelle, ca. 1 Kilometer weit.
22	Hussam Akhtar ist Teamleiter in der Entwicklung kundenspezifischer Systeme.
23	Evi Schubert sagte, der Detektiv Kiffler sei ihres Wissens ein berüchtigter ehemaliger Polizist, der wegen Gewalttätigkeit und unzulässiger Verhörmethoden aus dem Dienst entfernt worden sei.
24	Hussam Akhtar ging vor dem Dessert auf die Terrasse, um zu rauchen. Dabei sah er, wie Carla Steinert das Restaurant verließ. Er ging zurück, um mit ihr ins Gespräch zu kommen, konnte sie aber leider nirgendwo entdecken.
25	Nach dem Versuch, Carla Steinert anzusprechen, ging Hussam Akhtar wieder auf die Terrasse, um noch eine Zigarette zu rauchen. Dabei hörte er ein Weinen von der Brücke her. Er kletterte über die Terrassenbrüstung, um zu sehen, was da los ist.

Kartennummer	Kartentext
26	Von der Terrasse aus kann man wegen sehr dichter Büsche auf dem wirklich steilen Hang nur sehr schwer und langsam zur Brücke hinunterklettern.
27	Carla Steinert ist Diplom-Ingenieurin Maschinenbau und als Projektleiterin in der Prototypenfertigung eingesetzt.
28	Nach dem Hauptgang des Abendessens ging Carla Steinert auf ihr Zimmer, um sich etwas zu lesen zu holen. Dabei ging sie auch auf den Balkon.
29	Carla Steinert berichtete, sie habe vom Balkon ihres Zimmers aus den Trainer Alexander gesehen. Er lehnte unten am Brückengeländer und sah nachdenklich ins Wasser. Dann ging er weiter.
30	Vom Balkon aus sah Carla Steinert, wie Nicole auf die Brücke kam. Sie schien zu weinen. Gleichzeitig sah sie Hussam, wie er über die Terrassenbrüstung kletterte und sich in die Büsche drängte. Sie wartete aber nicht ab, bis er unten war, sondern ging gleich wieder in ihr Zimmer zurück.
31	Alexander Lehmbach hatte sich nach seinem Weggang vom Abendessen an der Bar noch ein Glas Wein geholt, um es mit auf sein Zimmer zu nehmen.
32	Evi Schubert ist Teamleiterin im Marketing.
33	Evi Schubert, Richard Ostertag und Michael Wilson hatten die Hälfte der Strecke ihrer Heimfahrt schon hinter sich, als Richard feststellte, dass er seinen Hausschlüssel im Seminarraum hatte liegen lassen. Und niemand zu Hause, seine Frau war zu ihrer kranken Mutter nach Hamburg gefahren. Sie mussten umkehren, um den Schlüssel zu holen
34	Die letzten Teller der Hauptspeise des Menüs wurden erst gegen neun Uhr abgeräumt.
35	Evi Schubert, Richard Ostertag und Michael Wilson sind bei ihrer Rückkehr ca. 10-20 Minuten nach neun in die Tiefgarage des Hotels gekommen.
36	Evi Schubert ging von der Tiefgarage in die Bar.
37	Richard Ostertag ging von der Tiefgarage in den Seminarraum, um seinen Schlüssel zu holen.

Kartennummer	Kartentext
38	Michael Wilson ging von der Tiefgarage zur Toilette.
39	Richard Ostertag arbeitet im Rechnungswesen.
40	Richard Ostertag musste vor dem Seminarraum warten, bis jemand von der Rezeption kam, um aufzuschließen. Dabei traf er zunächst Maik Hoppe, wechselte einige Worte mit ihm, und sah dann, wie der Trainer Alexander eilig die Treppe von der Brücke heraufkam.
41	Michael Wilson ist Spezialist in der Hard- und Softwareintegration.
42	Michael Wilson ging von der Toilette zuerst zum Restaurant. Dabei hat er gesehen, wie Hussam sich draußen vor der Terrassentür Schmutz von der Kleidung klopfte.
43	Nicole Peters hat dem Trainer unter Tränen davon erzählt, dass es Beweise für eine Spionagetätigkeit von Maik gebe und dass Kiffler beauftragt sei, den Fall zu klären.
44	Im Bachbett neben der Leiche lagen die Reste eines Weinglases. Das konnte noch nicht lange da liegen, denn die kräftige Strömung schwemmt alles relativ schnell weg. Fingerabdrücke sind nicht feststellbar.
45	Von der Terrasse aus kommt man nur durch das Restaurant und das Treppenhaus hinunter zur Brücke. Der „direkte Weg" über das Geländer und die steile, mit dicht stehenden Büschen bewachsene Böschung hinunter ist selbst bei Tageslicht sehr schwierig.
46	Die Krücken von Nicole Peters lehnten am Brückengeländer.
47	Carla Steinert hatte aus ihrem Zimmer eine Fachzeitschrift genommen, um die Wartezeit auf das Dessert im Restaurant zu überbrücken.
48	Knut Vierssen sagte, ihm sei das Gerücht, Maik Hoppe ließe sich von der Konkurrenz schmieren, nicht bekannt.
49	Ein Seminarteilnehmer stellte fest, Carla Steinert sei offensichtlich „auf den Trainer scharf".
50	Evi Schubert ist begeisterte Amateurschriftstellerin. Sie schreibt Kriminalromane.

Die Lösung des Falls

Alexander Lehmbach ist schuld am Tod von Nicole Peters. Er ist der Letzte, der nachweislich vor dem Auffinden der Leiche an der Brücke war. Es ist allerdings nicht zu ermitteln, ob es ein Unfall oder Mord war. Alle anderen Tatverdächtigen können entweder ausgeschlossen werden, oder es gibt keine ausreichenden Indizien gegen sie.

Lösungsrelevante Fakten

- Information 43: „Nicole Peters hat dem Trainer unter Tränen davon erzählt, dass es Beweise für eine Spionagetätigkeit von Maik gebe und dass Kiffler beauftragt sei, den Fall zu klären." *Dies kann nur nach dem Gespräch von Kiffler mit Nicole gewesen sein, denn ...*
- Information 5: „Klaus Kiffler hat sich mit Nicole kurz nach neun Uhr an der Brücke getroffen und ihr gesagt, dass er hier sei, um im Auftrag ihres Vaters in einem Fall von Werkspionage gegen Maik Hoppe zu ermitteln."

Weitere Indizien

- Information 31: „Alexander Lehmbach, hatte sich nach seinem Weggang vom Abendessen an der Bar noch ein Glas Wein geholt, um es mit auf sein Zimmer zu nehmen."
- Information 44: „Im Bachbett neben der Leiche lagen die Reste eines Weinglases. Diese konnte noch nicht lange da liegen, denn die kräftige Strömung schwemmt alles relativ schnell weg. Fingerabdrücke sind nicht feststellbar."
- Information 35: „Evi Schubert, Richard Ostertag und Michael Wilson sind bei ihrer Rückkehr ca. 20 Minuten nach neun in die Tiefgarage des Hotels gekommen."
- Information 40: „Richard Ostertag musste vor dem Seminarraum warten, bis jemand von der Rezeption kam, um aufzuschließen. Dabei traf er zunächst Maik Hoppe, wechselte einige Worte mit ihm, und sah dann, wie der Trainer Alexander eilig die Treppe von der Brücke heraufkam."

Krimi 2:
Das Assassinment Center

Schnellfinder

Krimi 2: Das Assassinment Center

Kurzbeschreibung und Rollenübersicht 121

Die Geschichte 123

Rollenvorlagen 127
- ▶ Notwendige Rollen 127
- ▶ Zusätzliche Rollen 141

Trainerübersicht über den Fall 143
- ▶ Zeitlicher Ablauf der Ereignisse 144
- ▶ Die Lösung 146
- ▶ Die wichtigsten Informationen der Beteiligten 147

Ändern des Geschlechts der einzelnen Rollen 153

Variante: Das Assassinment Center als Problemlösungsaufgabe

Aufgabenstellung und Instruktion für die Teilnehmer 156
Informationen für alle: Die Geschichte 157
Informationskarten zum Verteilen an die Teilnehmer 159
Die Lösung des Falls 163

Kurzbeschreibung und Rollenübersicht

Kurzbeschreibung

Im bekannten Hotel „Villa am Dorfbach" findet ein zweitägiges Assessment Center für Nachwuchsführungskräfte der Firma „Peters Automaten GmbH & Co. KG" statt. Vier Teilnehmer stellen sich den Aufgaben. Sie werden von zwei Führungskräften aus der Hierarchie des Unternehmens beobachtet und beurteilt. Zwei Moderatoren eines Beratungsunternehmens leiten die Veranstaltung.

Am Morgen des zweiten Tages erscheint eine Teilnehmerin nicht im Besprechungsraum. Die junge Verena Schubert wird von der Hotelmanagerin tot auf dem Bett liegend gefunden. Sie ist nackt und hat einen Seidenstrumpf um den Hals geschlungen. Ein eilig herbeigerufener Arzt erkennt sofort, dass sie erwürgt wurde.

Rollenübersicht

Der Mitspielkrimi ist für 8-10 Rollen ausgelegt. Die Verteilung auf weibliche und männliche Rollen:

Notwendige Rollen		Zusätzliche Rollen	
weiblich	männlich	weiblich	männlich
3	5	1	1

Notwendige Rollen

1: Hanna Mangel, Kriminalkommissarin

2-3: Anne Russland, Achim Oswald, die zwei Moderatoren des Assessment Centers

4-5: Bernadette Schumacher, Kevin Preuss, Führungskräfte und Beobachter im Assessment Center

6-8: Holger Heinz, Markus Behrend, Paul Klahr, Teilnehmer am Assessment Center

Zusätzliche Rollen

9-10: Petra Seller, Hans Brück, Hotelangestellte. Die Informationen dieser beiden Teilnehmer sind nicht notwendig, um den Fall zu lösen. Sie können aber zusätzlich zur Verdächtigung oder Entlastungen anderer Teilnehmer beitragen.

Folgende Dokumente stehen für diesen Mitspielkrimi als Download zur Verfügung

▶ Die Fallbeschreibung (die Geschichte) des Mitspielkrimis
▶ Die Rollenanweisung für jeden Teilnehmer des Mitspielkrimis

Die Geschichte

An diesem Fall sind folgende Personen beteiligt
Hanna Mangel, Kriminalkommissarin. Anne Russland und Achim Oswald, die zwei Moderatoren des Assessment Centers. Bernadette Schumacher, Kevin Preuss, Führungskräfte und Beobachter im Assessment Center. Holger Heinz, Markus Behrend, Paul Klahr, Teilnehmer am Assessment Center. Petra Seller und Hans Brück, Hotelangestellte.

Die Geschichte
Im bekannten Hotel „Villa am Dorfbach" findet ein zweitägiges Assessment Center für Nachwuchsführungskräfte der Firma „Peters Automaten GmbH & Co. KG" statt. Zielsetzung der Veranstaltung ist es, den Teilnehmern ihre Stärken bewusst zu machen und ihnen die Bereiche ihres Verhaltens zurückzumelden, die sie noch verbessern sollten. Die Teilnehmer Holger Heinz, Markus Behrend, Paul Klahr und Verena Schubert stellen sich den Aufgaben: Individuelle Präsentationen, Teamübungen und Rollenspiele mit den Moderatoren als Sparringspartnern. Die Teilnehmer hatten vor vier Wochen mit den Moderatoren an einem Vorbereitungs-Workshop teilgenommen,

bei dem sie mit diesen Aufgabentypen und den Moderatoren vertraut werden konnten. Im Assessment Center werden sie von zwei Führungskräften aus der Hierarchie des Unternehmens beobachtet und beurteilt.

Am Abend des ersten Tages gehen alle Beteiligten um 18:30 Uhr zum Abendessen. Die beiden Führungskräfte und die beiden Moderatoren gehen um 19:30 Uhr in einen Besprechungsraum, um die Beobachtungen des ersten Tages zu diskutieren. Die vier Teilnehmer bleiben noch sitzen und unterhalten sich angeregt über die Karriereperspektiven im Unternehmen. Um ca. 21:00 Uhr erklärt Verena, sie brauche ihren Schlaf, um am nächsten Tag konzentriert und ausgeruht zu sein. Sie zieht sich auf ihr Zimmer zurück. Wenig später begibt sich auch Holger zur Ruhe. Markus und Paul sitzen noch bis gegen 23:00 Uhr am Tisch im Restaurant, bevor auch sie den Tag beenden.

Die Beobachter und Moderatoren führen ihre Besprechung noch bis 22:30 Uhr. Danach gehen sie gemeinsam noch für einen „Gute-Nacht Drink" an die Bar und ziehen sich dann alle kurz vor 23:00 Uhr auf ihre Zimmer zurück.

Am Morgen des zweiten Tages erscheint Verena Schubert nicht im Besprechungsraum. Der Rezeptionist ruft um 9:15 Uhr auf ihrem Zimmer an, sie meldet sich aber nicht. Die mittlerweile gerufene Hotelmanagerin Petra Seller geht hinauf, klopft an die Tür, niemand antwortet. Die Tür ist nicht verriegelt. Sie öffnet um 9:35 Uhr die Tür und findet die junge Frau tot auf dem Bett liegend. Sie ist nackt und hat einen Seidenstrumpf um den Hals geschlungen. Ein eilig herbeigerufener Arzt erkennt sofort, dass sie erwürgt wurde.

Alle am Assessment Center Beteiligten dürfen auf Anweisung der alarmierten Polizei nicht das Hotel verlassen. Nach kurzer Zeit erscheint die Kriminalkommissarin Hanna Mangel und ruft alle in den Besprechungsraum, um mit den Ermittlungen zu beginnen.

Die Geschichte

Lagepläne

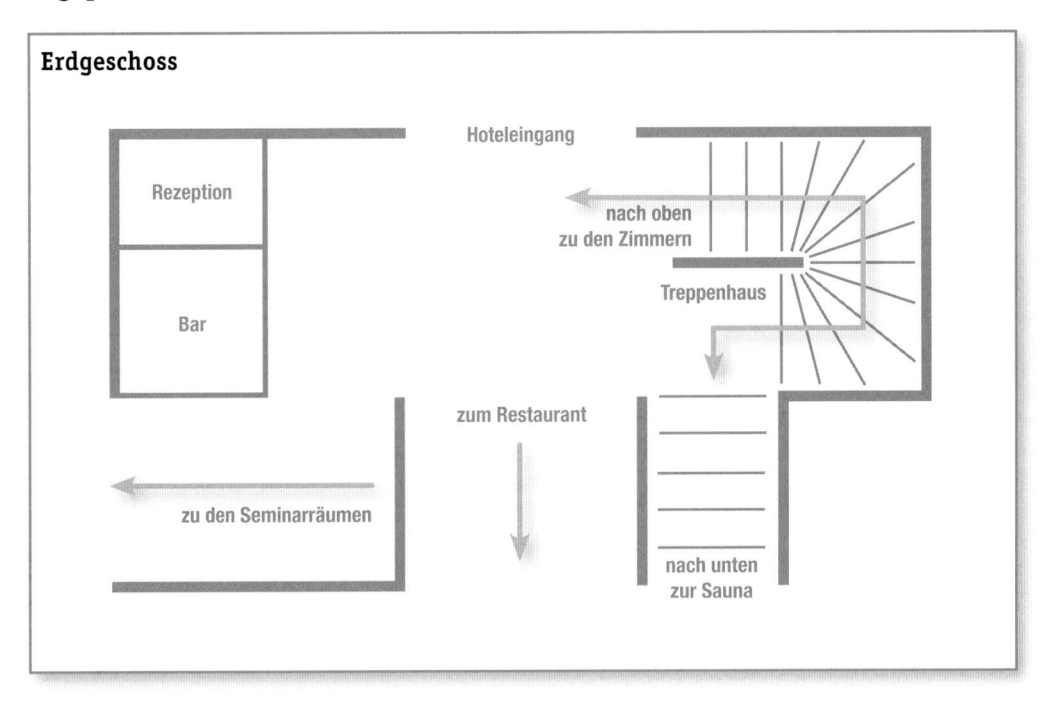

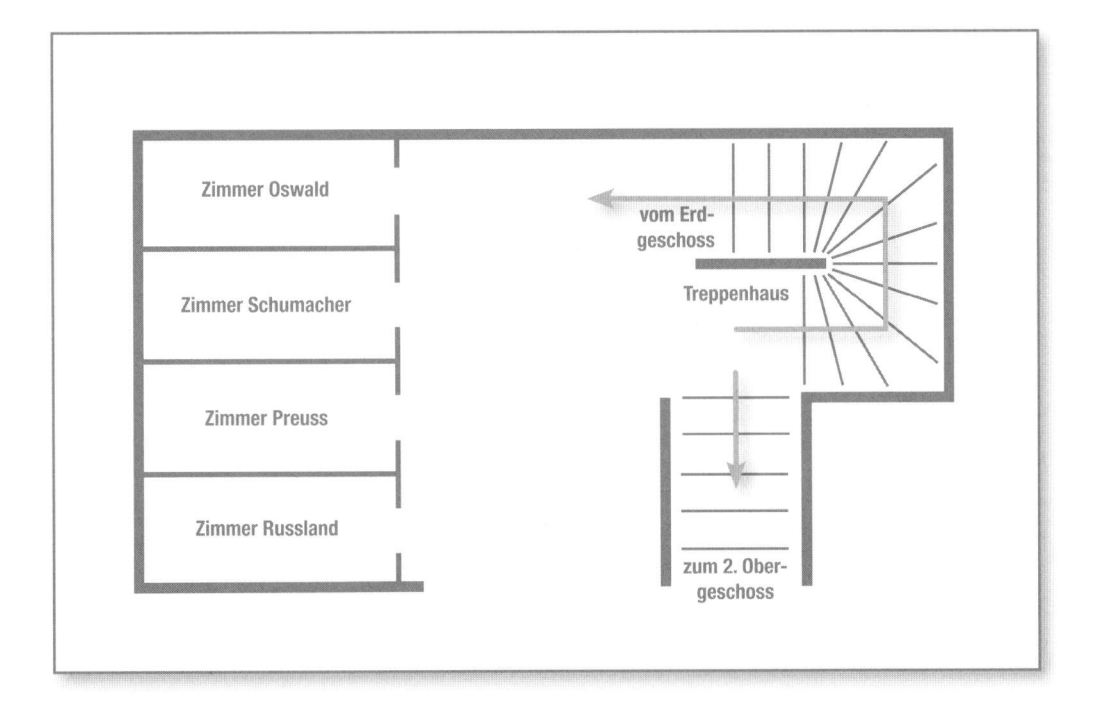

Erdgeschoss

- Rezeption
- Bar
- Hoteleingang
- nach oben zu den Zimmern
- Treppenhaus
- zum Restaurant
- zu den Seminarräumen
- nach unten zur Sauna

- Zimmer Oswald
- Zimmer Schumacher
- Zimmer Preuss
- Zimmer Russland
- vom Erdgeschoss
- Treppenhaus
- zum 2. Obergeschoss

2. Obergeschoss

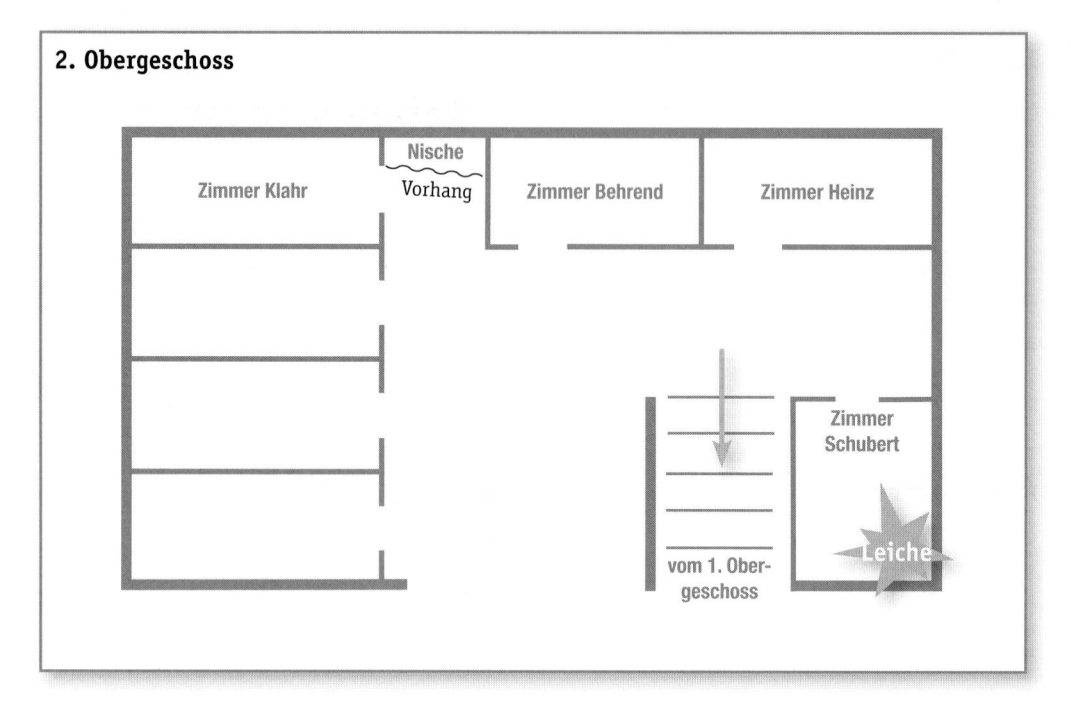

| Zimmer Klahr | Nische / Vorhang | Zimmer Behrend | Zimmer Heinz |

vom 1. Obergeschoss

Zimmer Schubert

Leiche

Rollenvorlagen

Notwendige Rollen

Hanna Mangel, Kriminalkommissarin

Vorstellungstext (Bitte inhaltlich vollständig wiedergeben!)

Ich bin Hanna Mangel, Kriminalkommissarin in der hiesigen Polizeibehörde. Danke, dass Sie hiergeblieben sind und sich für diese erste Untersuchung des Falles zur Verfügung halten, das macht vieles einfacher. Ich möchte Ihnen auch mein Beileid zum Tod ihrer Kollegin und Mitarbeiterin ausdrücken. Das ist sicher nicht leicht für Sie alle. Am besten beginnen wir damit, dass Sie sich ganz kurz der Reihe nach vorstellen und mir erklären, in welcher Beziehung Sie zur Toten standen.

(Achtung: Nur wenn in diesem Krimispiel auch die optionalen Rollen – Petra Seller, Hans Brück – besetzt sind, lesen Sie bitte auch die folgenden Zeilen vor.)

Übrigens habe ich die Hotelmanagerin, Frau Petra Seller, gebeten, ebenfalls an diesem Gespräch teilzunehmen, weil sie vielleicht auch dazu beitragen kann, Licht in das Dunkel zu bringen.

Herr Hans Brück hatte heute Nacht Dienst an der Rezeption und der Bar und hat sich bereit erklärt, trotz Schlafmangel für die Dauer dieser Besprechung durchzuhalten. Vielen Dank dafür.

Ihre Zusatzinformationen, die Sie nach eigenem Ermessen verwenden können

Sie hatten kurz vor Beginn dieser Besprechung die Gelegenheit, mit dem Arzt zu sprechen. Dabei haben Sie folgende Informationen erhalten:

Der Tod ist wahrscheinlich gegen Mitternacht (plus minus 15 Minuten) eingetreten. Die Ermordete hatte in der Stunde vorher noch Geschlechtsverkehr, es gibt aber keine Anzeichen dafür, dass dies mit Gewalt erzwungen worden ist. Es ist nicht sicher, dass zwischen diesem Geschlechtsverkehr und dem Tod der Frau ein Zusammenhang besteht. Trotzdem haben Sie selbstverständlich eine gentechnische Untersuchung des Spermas veranlasst. Auch die für den Mord verwendete Strumpfhose wird gentechnisch untersucht werden. Das Bett, auf dem die Tote lag, wird nach weiteren Spuren wie zum Beispiel Haare oder Hautpartikel untersucht.

Die Spurensicherung will Ihnen nach Möglichkeit noch im Laufe dieser Besprechung erste Ergebnisse der Suche nach Fingerabdrücken liefern. In den Zimmern aller Beteiligten hier am Assessment Center werden zurzeit Vergleichsabdrücke genommen. Die Badezimmer sind dafür in der Regel eine ergiebige Fundgrube. Zum Glück hat wegen des heutigen Durcheinanders der Zimmerservice noch nicht mit seiner Arbeit begonnen.

Rollenvorlagen

Achtung, Trainer: Wenn die Rolle Petra Seller nicht besetzt ist, sollte Hanna Mangel folgende Zusatzinformationen erhalten
Information aus der Befragung der Hotelmanagerin Petra Seller: Nachdem Petra Seller die Leiche gefunden hat, prüfte sie im Hotel-Computer, ob und wann das Zimmertelefon von Verena Schubert benutzt wurde. Es gab kurz nach 23:00 Uhr einen Anruf aus dem Zimmer von Achim Oswald, der aber nicht abgenommen wurde, und kurz darauf noch einmal einen Anruf von einer Mobil-Telefonnummer, der aber ebenfalls nicht angenommen wurde. Die Mobilnummer des Anrufers ist im Computer gespeichert und kann ermittelt werden.

Achtung, Trainer: Wenn die Rolle Hans Brück nicht besetzt ist, sollte Hanna Mangel folgende Zusatzinformation erhalten
Information aus der Befragung des Hotelmitarbeiters Hans Brück: Verena Schubert war gegen 22:00 Uhr an die Rezeption gekommen und hatte gefragt, wie lange die Sauna geöffnet ist. Sie wurde informiert, dass die Sauna immer bis Mitternacht frei zugänglich ist und erst geschlossen wird, wenn der letzte Gast sie verlassen hat. Kurz darauf sah Hans Brück aus den Augenwinkeln eine Frau im Bademantel in Richtung Sauna gehen. Er war sich nicht ganz sicher, aber wahrscheinlich war es Verena Schubert.

Kurz nach 23:00 Uhr war ein Teilnehmer der Gruppe aus der Peters Automaten GmbH & Co. KG an der Rezeption und fragte nach Verena Schubert. Hans Brück sagte ihm, dass Frau Schubert möglicherweise in die Sauna gegangen sei. Er ist sich sicher, den Gast bei einer Gegenüberstellung wiederzuerkennen.

Ungefähr um 23:30 Uhr kam Achim Oswald an die Bar. Er und Hans Brück haben sich über alles Mögliche unterhalten. Achim Oswald verließ die Bar kurz nach Mitternacht und wollte auf sein Zimmer gehen.

Anne Russland, Moderatorin

Vorstellungstext (Bitte inhaltlich vollständig wiedergeben!)
Ich bin Anne Russland, Diplom-Psychologin und moderiere gemeinsam mit meinem Kollegen Achim diese Veranstaltung. Wir sind brennend daran interessiert, dass dieser Fall möglichst schnell aufgeklärt wird. Wir werden Frau Mangel so gut es geht dabei unterstützen, wobei ich glaube, wir als Externe, nicht Firmenangehörige, können kaum wertvolle Informationen beisteuern. Ich habe Verena Schubert im Vorbereitungs-Workshop zu diesem Assessment Center das erste Mal gesehen und hatte bis zum Beginn des Assessment Centers keinen Kontakt zu ihr.

Ihre Zusatzinformationen, die Sie nach eigenem Ermessen verwenden können
Als Frau und Psychologin hatten Sie natürlich schon beim Vorbereitungs-Workshop festgestellt, dass Verena Schubert nicht so harmlos war, wie sie sich gab. Sie war sich ihrer Wirkung auf Männer bewusst, und hat dies auch ganz geschickt eingesetzt. Selbst Ihr Kollege Achim, der eigentlich sachlich und cool genug sein müsste, um dieser demonstrierten „Weiblichkeit" nicht zu erliegen, war ihr offensichtlich auf den Leim gegangen. Jedenfalls suchte er in jeder Pause ihre Nähe, freute sich über jeden „zufälligen" Körperkontakt, und war im Feedback ganz gegen seinen sonstigen Gewohnheiten nur positiv und enthielt sich jeder deutlichen Kritik.

Auch die Teilnehmer in der Gruppe, besonders Paul Klahr, „balzten" um sie.

Bei dem Vorbereitungs-Workshop hatte Verena das Zimmer neben Ihnen. An einem späten Abend war deutlich zu hören, dass sie in ihrem Zimmer Sex mit jemandem hatte. Sie waren sich sicher, Paul Klahrs Stimme erkannt zu haben. Hier im Assessment Center haben Sie erkannt, dass Verena und der Beobachter Kevin Preuss sich gegenseitig vielsagende Blicke zugeworfen haben. Sie haben sich vorgenommen, besonders gut drauf zu achten, dass Verena in der Beurteilung keinen „Sympathiebonus" erhält.

Zum Verlauf des gestrigen Abends nach 23:00 Uhr können Sie nichts Erhellendes beitragen. Nachdem Sie sich alle in der Bar voneinander verabschiedet hatten, sind Sie direkt auf Ihr Zimmer, haben noch die Spätnachrichten angesehen und sind dann gleich schlafen gegangen, um am nächsten Morgen munter und konzentriert zu sein.

Achim Oswald, Moderator

Vorstellungstext (Bitte inhaltlich vollständig wiedergeben!)
Mein Name ist Achim Oswald, wie meine Kollegin Anne bin ich Diplom-Psychologe und freiberuflich als Moderator hier im Assessment Center für die „Peters Automaten GmbH & Co. KG".
Das ganze Geschehen ist mir ein Rätsel. Wen hat sich Verena Schubert nur zum Feind gemacht? Im Vorbereitungs-Workshop haben wir Moderatoren und die Teilnehmer sie doch alle als überaus kollegial kennengelernt. Ich kann mir nur vorstellen, dass die Gründe dieser Tat außerhalb unserer Gruppe hier zu suchen sind, das muss etwas mit ihrem Privatleben oder ihrer Vergangenheit zu tun haben. Oder war es irgendein Gast hier im Hotel? Weiß man, ob sie vergewaltigt wurde?

Ihre Zusatzinformationen, die Sie im Verlauf der Ermittlungen nach eigenem Ermessen verwenden können
Diese Verena war schon eine Wucht: intelligent, toll aussehend, und sehr sexy. In Ihrer bisherigen Laufbahn waren Sie noch nie so sehr in Versuchung geraten, Ihren Grundsatz zu brechen, in Ihren Veranstaltungen nichts mit Teilnehmerinnen anzufangen. Sie hatten den Eindruck, dass da etwas gehen könnte. Hoffentlich hat niemand etwas bemerkt, vor allem Ihre Kollegin Anne nicht.

Als Sie sich um 23:00 Uhr an der Bar verabschiedeten, sind Sie in Ihr Zimmer gegangen und haben nach ein paar Minuten auf dem Haustelefon Verenas Zimmer angerufen. Vielleicht hätte sie ja noch Lust auf einen Drink gehabt. Aber sie hat nicht abgenommen, wahrscheinlich war sie schon eingeschlafen. Kurz darauf haben Sie es noch einmal mit Ihrem Handy versucht, aber es war nur die

Mailbox dran. Schnell haben Sie aufgelegt. Zu dumm, dass die Rufnummer Ihres Handys nicht unterdrückt wird, diesen Anruf wird man wahrscheinlich feststellen können. Sie brauchen dann eine vernünftige Ausrede dafür.

Nach einer weiteren knappen halben Stunde sind Sie die Treppe hoch in den Flur von Verenas Zimmer. Sie sind zu ihrer Zimmertür und wollten bereits klopfen, da hörten Sie, dass Ihnen ein anderer offensichtlich zuvorgekommen war. Es war kräftiges rhythmisches Stöhnen zu hören, eine Frauenstimme und ein Mann. Die Stimme haben Sie nicht erkannt, aber das muss wohl der Täter gewesen sein. Schnell sind Sie wieder nach unten. An der Bar haben Sie sich noch einen Drink gegönnt und sich mit dem Hotelangestellten Hans Brück unterhalten. Als Sie kurz nach Mitternacht nach oben in Ihr Zimmer gingen, haben Sie gerade noch Paul Klahr von hinten gesehen, wie er um die Ecke im Flur bog.

Bernadette Schumacher, Führungskraft und Beobachter

Vorstellungstext (Bitte inhaltlich vollständig wiedergeben!)
Mein Name ist Bernadette Schumacher, ich bin Personalleiterin der Zweigniederlassung in Geretstadt. Frau Schubert kannte ich, weil sie im Rahmen ihrer Traineeausbildung vor drei Jahren für drei Monate in Geretstadt war. Seither habe ich keinen Kontakt mehr zu ihr gehabt, gestern Morgen habe ich sie zum ersten Mal wiedergesehen.

Ich wünsche uns allen, dass diese Tragödie möglichst schnell aufgeklärt wird.

Wenn Sie, Frau Kriminalkommissarin, denken, dass meine Erfahrungen mit Frau Schubert aus dem Traineeprogramm für die Ermittlungen von Nutzen sein können, kann ich Ihnen vertraulich unter vier Augen ein paar Informationen geben.

Rollenvorlagen

Ihre Zusatzinformationen, die Sie im Verlauf der Ermittlungen nach eigenem Ermessen verwenden können

Die Erfahrungen, die Sie mit Frau Schubert während ihrer Zeit in Geretstadt gemacht hatten, waren sehr zwiespältig. Einerseits war sie intelligent, engagiert und von ungewöhnlich schneller Auffassungsgabe, konnte hilfsbereit und freundlich sein. Andererseits war sie geradezu versessen darauf, Karriere zu machen. Dabei war sie in der Wahl ihrer Mittel nicht gerade zimperlich. Ihnen selbst war aufgefallen, dass sie zum Beispiel in Besprechungen mit männlichen Führungskräften besonders stark bemüht war, Aufmerksamkeit zu erregen. Ihre Kleidung wirkte immer sehr sexy, ihre Körpersprache war betont aufreizend.

Es ging sogar das Gerücht um, sie habe mit einem Mitglied der Standortleitung, Herrn Jan Koflar, „etwas gehabt". Besonders pikant für Sie selbst an diesem Gerücht war, dass Jan Koflar Ihr damaliger Lebenspartner war. Als Sie ihn zur Rede stellten, bestritt er, dass daran irgendetwas Wahres wäre.

In Ihrer Eigenschaft als Personalleiterin mussten Sie damals über dieses Thema mit ihr ein Gespräch führen, weil das Gerücht für ernsthafte Unruhe am Standpunkt gesorgt hatte. Sie antwortete ausweichend und fragte provozierend, ob Sie sich als Personalleiterin oder als „Geliebte" von Koflar dafür interessieren. Ihre Beziehung zu Herrn Koflar haben Sie kurz darauf beendet.

Gestern Nacht hatten Sie die Idee, mit Verena Schubert über die schwierige Situation zu sprechen und ihr dabei zu versichern, dass Sie nicht nachtragend seien und sich bemühen werden, sie fair und objektiv zu bewerten. Es dauerte eine Zeit, bis Sie sich nach der Verabschiedung an der Bar gegen 23:00 Uhr zu diesem Gespräch entschlossen haben. Es muss aber noch vor Mitternacht gewesen sein. Sie waren sich sicher, dass Frau Schubert noch nicht schläft, dafür war sie einfach nicht der Typ. Auf dem Weg nach oben sahen Sie aber den Moderator Achim Oswald vor sich die Treppe hinaufgehen. Ihnen war sofort klar, worum es dabei ging, denn es war Ihnen aufgefallen, wie er Verena Schubert den ganzen Tag mit

Blicken ausgezogen und vernascht hatte. Also sind Sie unbemerkt zurück in Ihr Zimmer gegangen.

Kevin Preuss, Führungskraft und Beobachter

Vorstellungstext (Bitte inhaltlich vollständig wiedergeben)
Ich bin Kevin Preuss, Marketing-Leiter der „Peters Automaten GmbH & Co. KG". Ich bin geschockt: Frau Schubert, noch gestern das blühende Leben, und nun ist sie tot.

Sie hat gestern so einen munteren, aufgeschlossenen und kompetenten Eindruck gemacht, wir Beobachter und Moderatoren waren uns einig, dass sie eine glänzende Karriere vor sich hatte, und nun dieses Ende.

Ich hoffe nur, dass die Tat aufgeklärt wird, und dass das nichts mit unserem Unternehmen oder der Veranstaltung hier zu tun hat.

Ihre Zusatzinformationen, die Sie im Verlauf der Ermittlungen nach eigenem Ermessen verwenden können
Sie haben ein riesiges Problem, denn Sie sind wahrscheinlich der Letzte, der mit Verena Schubert vor ihrem Tod in Verbindung war. Das kam so: Im Verlauf des gestrigen Tages haben Sie gemerkt, dass die sehr attraktive und erotisch unheimlich anziehende Verena Schubert offensichtlich nicht abgeneigt war, mit Ihnen zu flirten, vielleicht sogar mehr als das. Ihnen war klar, dass es sehr riskant wäre, sich im Rahmen dieser Veranstaltung auf ein Abenteuer mit ihr einzulassen. Deswegen waren Sie zunächst froh, dass Sie im Kreis der Beobachter und Moderatoren bis rund 23:00 Uhr beschäftigt waren. Da Sie wussten, dass die Hotelsauna bis Mitternacht geöffnet ist, sind Sie nach dem Abschied an der Bar noch auf eine Runde zur Entspannung in die Sauna gegangen.

Zu Ihrer freudigen Überraschung trafen Sie dort Verena. Sonst war niemand anwesend. Sie haben sich einige Zeit angeregt unterhalten, und dann wurden Sie von Verena gefragt, ob Sie ihr noch auf

Rollenvorlagen

einen Schlummertrunk Gesellschaft leisten. Sie wollten sich mit ihr in der Bar verabreden, aber sie erklärte, darauf habe sie keine Lust. Sie könnten ja in ihrem Zimmer etwas aus der Minibar nehmen. Zuerst wollten Sie ablehnen, aber dann dachten Sie sich „no risk – no fun" und gingen mit ihr. Kaum waren Sie in ihrem Zimmer, hatten Sie auch beide schon die Bademäntel ausgezogen und lagen eng umschlungen auf dem Bett. Es war Ihnen durchaus Recht, dass Verena Sie danach wohl schnell wieder loswerden wollte, um am nächsten Tag ausgeschlafen und fit zu sein. Das Ganze hat höchstens 20 Minuten gedauert.

Im Treppenhaus sind Sie dem Teilnehmer Holger Heinz begegnet. Es ist unwahrscheinlich, dass er gesehen hat, woher Sie kamen.

Das Problem ist nicht nur, dass Sie wahrscheinlich der Letzte waren, der mit Verena Schubert Kontakt hatte, sondern dass in ihrem Zimmer jede Menge Fingerabdrücke von Ihnen zu finden sein werden. Außerdem, und das ist besonders schlimm, hatten Sie ungeschützten Sex miteinander. Bei einer gentechnischen Untersuchung wird man feststellen, dass sie vor ihrem Tod Sex mit Ihnen hatte.

Aus Ihrer Sicht kommen, außer möglicherweise wildfremden Menschen im Hotel, von Ihrer Assessment-Center-Gruppe nur die männlichen Teilnehmer als Täter infrage. Ein Kandidat könnte zum Beispiel der Moderator Achim Oswald sein, denn auch der war offensichtlich Verenas Charme verfallen. Außerdem war er ziemlich wahrscheinlich aus Verenas Sicht ein lohnendes Objekt für ihre Verführungskünste.

Die beiden Frauen in Ihrem Team haben sicher nicht die Kraft und die Kaltschnäuzigkeit für diese Tat. Außerdem können Sie sich nicht vorstellen, dass eine davon ein Motiv für die Tat haben könnte, auch wenn Sie gehört haben, dass Frau Schumacher und Verena vor einiger Zeit wegen eines Mannes aneinandergeraten sein sollen.

Holger Heinz, Teilnehmer am Assessment Center

Vorstellungstext (Bitte inhaltlich vollständig wiedergeben!)
Es war Verena wirklich von Herzen zu gönnen, dass sie Karriere macht. Ich habe schon bei unserem Vorbereitungs-Workshop gedacht, so jemanden hätte ich gern als Vorgesetzten: kompetent, partnerschaftlich, sachlich neutral und freundlich, einfach perfekt. Und dann sah Sie auch noch blendend aus. Ich verstehe die Welt nicht mehr: Wer tut einem solchen Menschen so etwas an? Das kann doch nur einem kranken Hirn entsprungen sein.

Ihre Zusatzinformationen, die Sie im Verlauf der Ermittlungen nach eigenem Ermessen verwenden können
Sie wissen, dass Verena im Interesse ihrer Karriere auch gern ihre körperlichen Vorzüge einsetzte. Außerdem schien sie einfach Spaß an Sex zu haben, denn auch bei Ihnen hat sie es im Vorbereitungs-Workshop versucht. Da Sie aber schon seit einiger Zeit fest und intensiv liiert sind, haben Sie ihr klargemacht, dass da mit Ihnen nichts geht. Sie haben ihr hoch angerechnet, dass sie das nicht als Zurückweisung interpretiert hat, sondern weiter kollegial, freundlich und hilfsbereit mit Ihnen umgegangen ist.

Sie sind gestern Abend kurz nach Verena aus dem Restaurant gegangen, in der Hoffnung, sie noch einzuholen und ein wenig mit ihr plaudern zu können. Insbesondere wollten Sie sie zur Vorsicht mahnen, damit sie ihr Flirten mit den beiden „wichtigsten" Männern Ihrer Gruppe, dem Moderator Oswald und der Führungskraft Preuss, nicht überzieht. Verena hat Sie nur ausgelacht und gesagt, Sie sollten sich keine unnötigen Sorgen machen, sie wisse, was sie tue. Sie müsse sich ein Gegengewicht gegen die zu erwartende schlechte Beurteilung durch Frau Schumacher schaffen. Nähere Erklärungen dazu gab sie nicht ab. Dann hatte Verena Sie augenzwinkernd eingeladen, noch eine Runde mit in die Sauna zu gehen.

Das war Ihnen zu riskant, Sie haben dankend abgelehnt, sind auf Ihr Zimmer, um noch etwas fernzusehen. Da Ihnen keines der aktuellen Programme gefallen hat, sind Sie noch kurz entschlossen zu einem nächtlichen Spaziergang durch den Ort aufgebrochen. Es

Rollenvorlagen

muss einige Minuten vor Mitternacht gewesen sein, als Sie in das Hotel zurückkamen. Im Treppenhaus sind Sie Kevin Preuss begegnet, der mit einem Bademantel bekleidet war. Sie haben zwar nicht gesehen woher er kam, aber der Verdacht liegt nahe, dass er aus Verenas Zimmer gekommen war.

Markus Behrend, Teilnehmer am Assessment Center

Vorstellungstext (Bitte inhaltlich vollständig wiedergeben!)
Ich hoffe und erwarte, dass der Täter möglichst schnell ermittelt und aus dem Verkehr gezogen wird. Kein Mensch hat ein solches Ende verdient, vor allem dann nicht, wenn noch das ganze Leben vor ihm liegt.

Ich will aber trotzdem noch einen Gedanken einbringen. Alle werden hier sicher nach der Devise handeln, dass man über Tote nichts Negatives reden soll.

Wenn wir wollen, dass der Täter ermittelt wird, müssen wir aber auch auf die Punkte kommen, die jemandem vielleicht ein Motiv oder einen Vorwand für seine Tat geliefert haben. Ich jedenfalls bin sicher, dass Verena nicht nur ihren klugen Kopf für ihre Karriere eingesetzt hat, sie hat auch ihr tolles Aussehen genutzt. Ich war ja ein Jahr lang mit ihr im Traineeprogramm, und da ist so einiges in dieser Richtung geschehen. Vielleicht liegt da ja ein Motiv für ihren Tod, z.B. Eifersucht, Rache usw.

Ihre Zusatzinformationen, die Sie im Verlauf der Ermittlungen nach eigenem Ermessen verwenden können
In Ihrem gemeinsamen Jahr im Traineeprogramm haben Sie sich öfter gewundert, mit welcher Intensität Verena an ihrer Karriere gearbeitet hat. Sie hat auch im Kreis der Kolleginnen und Kollegen nie ein Geheimnis daraus gemacht, dass sie ihr tolles Aussehen gezielt dafür einsetzt. „Warum soll ich nicht das Angenehme mit dem Nützlichen verbinden?", hat sie einmal gesagt und dabei darauf hingewiesen, dass sie einfach Spaß am Sex hat. Trotzdem war sie wählerisch, sie ging nicht mit jedem ins Bett.

Es war auch ein offenes Geheimnis innerhalb des Traineeprogramms, dass sie in Geretstadt mit dem dortigen Standortleiter Jan Koflar eine Beziehung angeknüpft hatte, obwohl dieser mit der Personalleiterin Frau Schumacher eng liiert war. Es ging das Gerücht, dass deswegen die Beziehung zwischen dem Standortleiter und der Personalleiterin in die Brüche gegangen sein soll. Das könnte Ihres Erachtens durchaus ein Motiv für Frau Schumacher gewesen sein. Allerdings wissen Sie nicht, ob sie auch eine Gelegenheit zur Tat hatte, oder ob sie überhaupt dazu in der Lage wäre.

Verena hatte auch am ersten Tag eindeutige Versuche unternommen, die Aufmerksamkeit der beiden „wichtigen" Männer in der Runde, des Moderators Oswald und der Führungskraft Preuss, auf sich zu lenken.

Als Sie gegen 23:00 Uhr zusammen mit Paul das Restaurant verließen, haben Sie gesehen, dass sich das Moderatoren- und Führungskräfteteam gerade an der Bar verabschiedete. Dabei sagte Paul, dass er gespannt sei, wer von den beiden wichtigen Männern wohl als Erster „dran" sei. Er habe vor, noch etwas Zeit dafür zu verwenden, die weitere Entwicklung zu beobachten.

Sie selbst sind dann auf Ihr Zimmer und haben sich ins Bett gelegt, um am nächsten Tag munter und ausgeruht für die anstehenden Aufgaben zu sein. Sie haben sich den Kopfhörer Ihres MP3-Players aufgesetzt und sind bald eingeschlafen.

Paul Klahr, Teilnehmer am Assessment Center

Vorstellungstext, bitte inhaltlich vollständig wiedergeben!
Was soll man dazu sagen? Ich habe Verena auf unserem Vorbereitungs-Workshop kennengelernt und fand sie gleich sehr sympathisch. Auf das Wiedersehen hier im Assessment Center habe ich mich wirklich gefreut. Wir waren gestern Abend doch alle guter Dinge und haben im Teilnehmerkreis vereinbart, uns gegenseitig keine Konkurrenz zu machen, sondern gemeinsam den besten Ein-

Rollenvorlagen

druck in diesem Assessment Center zu hinterlassen. Deswegen bin ich absolut sicher: von uns war das niemand.

Ihre Zusatzinformationen, die Sie im Verlauf der Ermittlungen nach eigenem Ermessen verwenden können

Um es gleich vorwegzunehmen: Sie sind der Mörder!

Folgendes ist passiert: Beim Vorbereitungs-Workshop haben Sie und Verena aneinander Gefallen gefunden. Gleich in der ersten Nacht kam es zu wildem, leidenschaftlichen Sex. In dieser Nacht hat sie Ihnen auch einiges über ihre Lebensphilosophie erzählt. Sie wolle das Leben genießen, im Hier und Jetzt leben, aber auch ihre langfristigen Ziele verwirklichen. Und eines ihrer wichtigsten Ziel sei für sie die Karriere. Sie habe noch jeden rumgekriegt, der in dieser Hinsicht für sie nützlich sein konnte. Dieses Gerede hat Sie einerseits fasziniert, andererseits aber auch abgestoßen.

Seit der Zeit hatten Sie keinen Kontakt. Sie haben häufiger versucht, sie über Handy zu erreichen, aber wenn Sie durchkamen, hat sie sofort wieder abgeschaltet. Dann haben Sie eine SMS erhalten mit dem Text: „Es war nett, aber es ist vorbei, lass mich in Ruhe."

Sie waren nervös und gespannt, wie sich Ihre Beziehung jetzt beim Assessment Center entwickeln würde, aber sie verhielt sich so, als ob Sie ein Kollege wären wie jeder andere. Schon beim Mittagessen und erst recht beim Abendessen hatten Sie den Eindruck, als ob Verena mit vielsagenden Blicken, Lächeln und Augenaufschlägen Signale an den Moderator Oswald und den Beobachter Kevin Preuss sendet. Sie waren sich sicher, dass sie sich eine gute Beurteilung „erarbeiten" wollte. Ihr Kollege Markus Behrend hatte wohl den gleichen Eindruck. Hoffentlich erinnert er sich nicht mehr, dass Sie zu ihm gesagt haben, sie wollten die weitere Entwicklung im Auge behalten.

Als Sie um kurz nach 23:00 Uhr an Verenas Zimmertür klopften, um mit ihr zu reden, hörten Sie nichts. Sie rüttelten, die Tür ließ sich öffnen, das Zimmer war leer. Sie sind an die Rezeption, um zu fragen, ob Verena etwa nach Hause gefahren sei. Dort war der Hotelangestellte Hans Brück und sagte, Frau Schubert habe vor rund einer Stunde angefragt, ob die Sauna noch in Betrieb sei. Dann sei sie wohl dorthin gegangen.

Sie sind dann zur Sauna. Als Sie die Tür zum Vorraum öffneten, sahen Sie Kevin Preuss mit dem Rücken zur Tür stehen, wie er sich gerade den Bademantel anzog. Schnell zogen Sie sich zurück und versteckten sich draußen hinter einer Ecke. Einen Augenblick später kamen Verena und Kevin aus der Sauna. Sie folgten den beiden die Treppen hoch und sahen sie in Verenas Zimmer verschwinden. Nach kurzer Zeit horchten Sie an der Tür, es war ekstatisches Stöhnen zu hören. In einer Nische im Flur versteckt haben Sie gewartet. Zu Ihrer Überraschung kam nach kurzer Zeit der Moderator Achim Oswald vorbei, blieb kurz vor Verenas Zimmer stehen, als ob er anklopfen wollte. Aber dann schüttelte er den Kopf und ging weiter. Er musste das Stöhnen aus dem Zimmer auch gehört haben.

Als Kevin Preuss nach rund 30 Minuten das Zimmer verließ, haben Sie kurz gewartet, und dann die immer noch unverschlossene Zimmertür vorsichtig geöffnet. Verena lag nackt auf dem Bett. Sie sind rein ins Zimmer und haben sie zur Rede gestellt. Verena hat Sie ausgelacht, als Naivling bezeichnet. Sie haben sie angefasst, heftig geschüttelt, aber sie wurde ganz ruhig und hat Sie angezischt: „Raus hier, oder ich schreie um Hilfe, und sage, dass Du mich vergewaltigen wolltest." Wie zufällig geriet Ihnen Verenas Strumpfhose in die Hände. Der Rest ging fast automatisch: um den Hals und kräftig zuziehen. Es ging überraschend schnell. Sie haben nicht mal einen Kratzer abbekommen, obwohl sie ganz schön heftig gezappelt hat und versuchte, die Strumpfhose vom Hals zu bekommen. Sie haben dann die Türklinke abgewischt und das Zimmer verlassen.

Bei einer Untersuchung wird man Ihnen nichts nachweisen können. Im Gegenteil: Hauptverdächtiger wird Kevin Preuss sein, der sicher jede Menge Spuren im Zimmer und an Verenas Körper hinterlassen hat.

Rollenvorlagen

Zusätzliche Rollen

Petra Seller, Hotelmanagerin

Vorstellungstext (Bitte inhaltlich vollständig wiedergeben!)
Das ist natürlich ein Schock, dass so etwas in unserem Hotel geschehen konnte. Meine Anteilnahme gilt allen, denen der Tod der jungen Frau nahegeht. Ich hoffe, dass der Fall schnell geklärt wird und dass mit der baldigen Festnahme des Täters zu rechnen ist. Es wäre schlimm, wenn es zu weiteren derartigen Untaten käme.

Ihre Zusatzinformationen, die Sie im Verlauf der Ermittlungen nach eigenem Ermessen verwenden können
Da Sie Ihren Dienst gestern gegen 18:30 Uhr beendet hatten und danach in Ihre nahe gelegene Wohnung gefahren waren, konnten Sie natürlich überhaupt nichts von den Ereignissen mitbekommen, die zum Mord an Verena Schubert führten. Auch gestern ist Ihnen im Laufe des Tages nichts Ungewöhnliches aufgefallen. Die Veranstaltung der „Peters Automaten GmbH & Co. KG" unterschied sich nicht von denen anderer Unternehmen in Ihrem Hotel, vielleicht mit der Ausnahme, dass vier Personen offensichtlich gestern Abend noch bis sehr spät im Tagungsraum arbeiteten. Als Sie heute Morgen gegen 7:30 Uhr zum Dienst erschienen, haben Leute vom Service Sie gleich angesprochen und kritisiert, dass sie erst heute Morgen in aller Hast den Raum reinigen und aufräumen konnten.

Was Sie vielleicht zum Fall beitragen könnten: Nachdem Sie die Leiche gefunden hatten, haben Sie im Hotel-Computer geprüft, ob und wann das Zimmertelefon von Verena Schubert benutzt wurde. Es gab kurz nach 23:00 Uhr einen Anruf aus dem Zimmer von Achim Oswald, der aber nicht abgenommen wurde, und kurz darauf noch einmal einen Anruf von einer Mobil-Telefonnummer, der aber ebenfalls nicht angenommen wurde. Die Mobilnummer des Anrufers ist im Computer gespeichert und kann ermittelt werden.

© managerSeminare

Hans Brück, Hotelmitarbeiter

Vorstellungstext (Bitte inhaltlich vollständig wiedergeben!)
Es ist zum Verrücktwerden, wenn ich mir das vorstelle: Da saß ich gestern Nacht unten an der Rezeption und an der Bar, bediente Gäste und unterhielt mich gut mit ihnen, während gleichzeitig zwei Treppen höher so etwas Schreckliches passiert. Ich bin gern bereit, soweit ich kann, zur Aufklärung beizutragen, denn schlafen kann ich jetzt sowieso nicht.

Ihre Zusatzinformationen, die Sie im Verlauf der Ermittlungen nach eigenem Ermessen verwenden können
Sie können sich noch gut an einige Details des gestrigen Abends erinnern:

Die Ermordete, eine äußerst attraktive junge Frau, war gegen 22:00 Uhr an die Rezeption gekommen und hatte gefragt, wie lange die Sauna geöffnet ist. Sie haben sie informiert, dass die Sauna immer bis Mitternacht frei zugänglich ist und erst geschlossen wird, wenn der letzte Gast sie verlassen hat. Kurz darauf sahen Sie aus den Augenwinkeln eine Frau im Bademantel in Richtung Sauna gehen. Sie sind sich nicht ganz sicher, aber wahrscheinlich war sie es.

Kurz nach 23:00 Uhr war ein Teilnehmer aus der Gruppe „Peters Automaten GmbH & Co. KG" bei Ihnen und fragte nach Verena Schubert. Sie sind nicht mehr ganz sicher, aber es war höchstwahrscheinlich der hier anwesende Paul Klahr. Sie sagten ihm, dass Frau Schubert möglicherweise in die Sauna gegangen sei.

Ungefähr um 23:30 Uhr kam Achim Oswald an die Bar. Sie kennen ihn von vielen Veranstaltungen, die er hier im Hotel durchgeführt hat. Sie haben sich über alles Mögliche unterhalten. Er ging kurz nach Mitternacht auf sein Zimmer.

Trainerübersicht über den Fall

Damit Sie als Seminarleiter in allen Phasen die nötige Übersicht über den Fall haben, erhalten Sie mit den folgenden Informationen eine „Kriminalakte" aus der Chronologie der Ereignisse, eine Muster-Lösung des Falls und eine Zusammenfassung der Informationen über die Rollen und die Bezieungen der Beteiligten untereinander.

Zeitlicher Ablauf der Ereignisse

Die folgende Chronologie zeigt Ihnen, welcher Akteur des Geschehens sich zu welcher Uhrzeit an welchem Ort befindet.

Zeit	Ereignisse
18:30 Uhr	Alle gehen zum Abendessen.
19:30 Uhr	Die Moderatoren Anne Russland und Achim Oswald sowie die Führungskräfte Bernadette Schuhmacher und Kevin Preuss ziehen sich für die Tagesauwertung des Assessment Centers zurück.
	Die vier Teilnehmer sitzen noch zusammen.
ca. 21:00 Uhr	Verena Schubert zieht sich auf ihr Zimmer zurück.
	Wenig später geht auch Holger Heinz.
ca. 22:30 Uhr	Die Moderatoren Anne Russland und Achim Oswald sowie die Führungskräfte Bernadette Schuhmacher und Kevin Preuss gehen für einen „Gute Nacht"-Drink an die Bar.
ca. 23:00 Uhr	Anne Russland, Achim Oswald, Bernadette Schuhmacher und Kevin Preuss verlassen die Bar.
	Markus Behrend und Paul Klahr verlassen das Restaurant.
kurz nach 23:00 Uhr	Achim Oswald versucht vergeblich, Verena Schubert über ihr Zimmertelefon und ihr Handy zu erreichen.
	Paul Klahr klopft an die Zimmertür von Verena Schubert. Sie ist nicht da. An der Rezeption erfährt er, dass sie in der Sauna ist.
	Kevin Preuss geht in die Sauna und trifft dort Verena Schubert. Rund 20 Minuten später gehen sie auf ihr Zimmer.
	Paul Klahr ist mittlerweile auch zur Sauna gegangen. Er sieht die beiden und folgt ihnen.
	Holger Heinz bricht zu einem späten Spaziergang ins Dorf auf.

Schneller per Fax: 0228 / 61 61 64

Meine Buchbestellung

Bestell-Nr.	Titel	EUR	Menge
tb-.......	....	......	....
tb-.......	....	......	....
tb-.......	....	......	....
tb-.......	....	......	....
tb-.......	....	......	....
tb-.......	....	......	....

Preise sind Ladenpreise inkl. MwSt., zzgl. Versand.

Schnupperabo Training aktuell

☐ Ja, ich möchte Training aktuell testen, bitte senden Sie mir zwei Ausgaben zum Sonderpreis von nur 12,- EUR.

powered by **manager**Seminare

managerSeminare *Shop*

managerSeminare

Trainingsmedien
select

Trainerübersicht über den Fall

kurz vor 23:30 Uhr	Achim Oswald geht die Treppe hoch zum Zimmer von Verena Schubert. Dabei wird er von Bernadette Schumacher gesehen, die sich ungesehen wieder zurückzieht. Vor Verena Schuberts Zimmertür angekommen, hört Achim Oswald durch die Tür Geräusche von Sex. Paul Klahr hat dies, in einer Nische auf dem Flur versteckt, beobachtet. Er sieht, wie Achim Oswald nach kurzem Lauschen kopfschüttelnd wieder weggeht.
zwischen 23:30 und 24:00 Uhr	Bernadette Schuhmacher sieht Achim Oswald im Treppenhaus. Achim Oswald geht an die Bar und nimmt noch einen Drink. Holger Heinz kommt noch vor 24 Uhr von seinem Spaziergang zurück. Im Treppenhaus begegnet er Kevin Preuss.
gegen 24:00 Uhr	Nachdem Kevin Preuss Verena Schubert verlassen hat, geht Paul Klahr in das unverschlossene Zimmer. Er gerät mit Verena in Streit und tötet sie.
kurz nach 24:00 Uhr	Achim Oswald verlässt die Bar. Im Treppenhaus sieht er noch kurz Paul Klahr von hinten.

Die Lösung

Täter

Die Aufklärung dieses Falles ist besonders schwierig und gelingt häufig nicht, denn es ist kaum möglich, den Täter Paul Klahr in dieser Gesprächsrunde mit unwiderlegbaren Beweisen, einer schlüssigen Indizienkette im Sinne von „Motiv und Gelegenheit zur Tat" zu überführen. Das Motiv „Mord im Affekt aus Eifersucht und einer Kränkung als Auslöser" ist nicht offen ersichtlich, kann nur vermutet werden. Es liegen kaum konkrete Indizien vor. Andere Tatverdächtige, vor allem Kevin Preuss, können nicht mit absoluter Sicherheit ausgeschlossen werden.

Folgende Hinweise sind in den Informationen der Teilnehmer versteckt:

- Die Moderatorin Anne Russland hatte schon im Vorbereitungs-Workshop mitbekommen dass Verena Schubert mit Paul Klahr Sex gehabt hatte.
- Achim Oswald hat kurz nach 24 Uhr Paul Klahr von hinten gesehen, wie er um die Ecke im Flur bog.
- Im Gespräch mit Markus Behrendt gegen 23:00 Uhr hat Paul Klahr gesagt, er habe vor, noch etwas Zeit dafür zu verwenden, die weitere Entwicklung zu beobachten.

Druck wird auf den Täter Paul Klahr ausgeübt, wenn die Kriminalkommissarin Hanna Mangel von den Aktivitäten der Spurensicherung berichtet. Paul Klahr kann sich nicht sicher sein, dass auf Verenas Bett keine Haare oder Hautpartikel von ihm zu finden sind.

Trainerübersicht über den Fall

Zusammenfassung der wichtigsten Informationen der Beteiligten

Informationen der Kriminalkommissarin Hanna Mangel
▶ Alibi:
Die Kriminalkommissarin Hanna Mangel braucht natürlich kein Alibi, da sie vollkommen unverdächtig ist. Sie kannte vor der Ermittlung keinen der Beteiligten und sie war nicht in der Nähe des Tatortes.

Deswegen hat sie auch über keinen der Beteiligten irgendwelche Vorkenntnis. Sie muss versuchen, durch Steuerung des Gesprächsprozesses an wichtige Informationen heranzukommen. Außerdem hat sie natürlich die Möglichkeit, durch Hinweise auf die Tätigkeit der Spurensicherung und die dadurch zu erwartenden Ergebnisse „Fahndungsdruck" zu erzeugen.

Wenn die Rollen Petra Seller bzw. Hans Brück nicht besetzt sind, hat Hanna Mangel zusätzlich die dort stehenden Informationen.

Informationen der Moderatorin Anne Russland
▶ Alibi:
Anne Russland hat kein Alibi, denn sie war ab circa 23:00 Uhr allein auf ihrem Zimmer. Allerdings hat sie auch kein erkennbares Motiv.

▶ über Achim Oswald:
Ihr war aufgefallen, dass Achim Oswald bei jeder Pause die Nähe von Verena Schubert suchte, sich über jeden „zufälligen" Körperkontakt freute, und im Feedback ganz gegen seine sonstigen Gewohnheiten nur positiv war und sich jeder deutlichen Kritik enthielt.

▶ über Kevin Preuss:
Der intensive Blickkontakt zwischen Kevin Preuss und Verena Schubert war auffällig.

▶ über Paul Klahr:
Anne Russland hatte im Vorbereitungs-Workshop an einem späten Abend gehört, dass Verena Schubert in ihrem Zimmer Sex mit Paul Klahr hatte. Auch hier in Assessment Center bemühte er sich sehr stark um sie.

Informationen des Moderators Achim Oswald

▶ Alibi:
Achim Oswald war in der Zeit zwischen kurz nach 23:30 Uhr und kurz nach Mitternacht an der Bar. Der Hotelangestellte Hans Brück, der Dienst an der Rezeption und an der Bar hatte, wird dies bestätigen können. Da Verena Schubert höchstwahrscheinlich zwischen 23:45 Uhr und 0:15 Uhr ermordet wurde, ist dieses Alibi nicht wasserdicht. Es ist aber eher unwahrscheinlich, dass Achim Oswald innerhalb von wenigen Minuten so einfach von der Bar nach oben in Verena Schuberts Zimmer geht und sie ermordet.

▶ über Paul Klahr:
Als Achim Oswald kurz nach 24 Uhr von der Bar nach oben ging, hat er Paul Klahr von hinten gesehen, wie dieser um die Ecke im Flur bog.

Informationen der Führungskraft Bernadette Schuhmacher

▶ Alibi:
Bernadette Schuhmacher hat kein Alibi. Sie wollte gegen 23:30 Uhr zu Verena Schubert, um sich mit ihr auszusprechen. Da sie vor sich auf der Treppe Achim Oswald sah, kehrte sie wieder um. Sie wurde von niemandem bemerkt.

▶ über Achim Oswald:
Bernadette Schuhmacher war aufgefallen, dass Achim Oswald die Assessment-Center-Teilnehmerin Verena Schubert schon den ganzen Tag mit den Augen verschlungen hatte. Sie hatte gegen 23:30 Uhr Achim Oswald vor sich auf der Treppe auf dem Weg zu Verena Schuberts Zimmer gesehen.

Informationen der Führungskraft Kevin Preuss

▶ Alibi:

Kevin Preuss hat kein Alibi: Er wird kurz vor Mitternacht von Holger Heinz im Treppenhaus gesehen. Zu dieser Zeit könnte er Verena Schubert schon getötet haben. Außerdem hat er das Problem, dass in Verenas Zimmer jede Menge Spuren von ihm zu finden sind. Durch eine gentechnische Untersuchung droht ihm die Feststellung, dass er mit Verena unmittelbar vor ihrem Tod intim war, er somit die Gelegenheit zur Tat und möglicherweise auch ein Motiv wie Eifersucht haben könnte.

▶ über Achim Oswald:

Kevin Preuss war aufgefallen, dass auch Achim Oswald offensichtlich Verenas Charme verfallen war.

▶ über Bernadette Schumacher:

Kevin Preuss hat gehört, dass Frau Schumacher und Verena Schubert vor einiger Zeit wegen eines Mannes aneinandergeraten sein sollen.

▶ über Holger Heinz:

Kevin Preuss hat kurz vor Mitternacht Holger Heinz im Treppenhaus gesehen.

Informationen des Teilnehmers Holger Heinz

▶ Alibi:

Holger Heinz ist nach eigenen Aussagen zwischen 23:00 Uhr und 24:00 Uhr im Ort zu einem nächtlichen Spaziergang unterwegs gewesen. Zeugen dafür hat er nicht. Er begegnete bei der Rückkehr im Treppenhaus Kevin Preuss.

▶ über Bernadette Schumacher:

Verena Schubert hatte ihm gegenüber erwähnt, dass sie eine schlechte Beurteilung durch Frau Schumacher befürchte, aber keine Gründe dafür genannt.

- über Kevin Preuss:

Als Holger Heinz kurz vor Mitternacht von seinem Spaziergang zurückkam, ist er im Treppenhaus Kevin Preuss begegnet, der mit einem Bademantel bekleidet war.

Informationen des Teilnehmers Markus Behrend

- Alibi:

Markus Behrend hat kein Alibi. Er sagt, er sei ungefähr um 23:00 Uhr auf sein Zimmer gegangen und habe sich ins Bett gelegt, um am nächsten Tag munter und ausgeruht für die anstehenden Aufgaben zu sein. Er habe sich den Kopfhörern seines MP3-Players aufgesetzt und sei bald eingeschlafen.

- über Bernadette Schumacher:

Markus Behrend weiß, dass Bernadette Schumacher am Standort Geretstadt mit dem dortigen Standortleiter Jan Koflar eng liiert war. Mit diesem hatte Verena Schubert eine Beziehung angeknüpft. Markus Behrend kennt das Gerücht, dass deswegen die Beziehung zwischen dem Standortleiter und der Personalleiterin in die Brüche ging.

- über Paul Klahr:

Als sie das Restaurant verließen, sagte Paul Klahr zu Markus Behrend, dass er gespannt sei, wer von den beiden wichtigen Männern Achim Oswald und Kevin Preuss wohl als Erster bei Verena Schubert „dran" wäre. Er habe vor, noch etwas Zeit dafür zu verwenden, die weitere Entwicklung zu beobachten.

Informationen des Teilnehmers Paul Klahr

- Alibi:

Paul Klahr hat kein Alibi. Im Gegenteil, er wurde kurz nach 24:00 Uhr von Achim Oswald im Treppenhaus gesehen, ohne dass er davon weiß.

▶ über Achim Oswald:
Paul Klahr beobachtete gegen 23:30 Uhr, wie Achim Oswald vor Verena Schuberts Zimmertür lauschte und dann gleich darauf wieder wegging.

▶ über Kevin Preuss:
Paul Klahr sah Kevin Preuss mit Verena aus der Sauna in Verenas Zimmer gehen. Er hört, dass sie Sex miteinander haben. Gegen Mitternacht verlässt Kevin Preuss das Zimmer von Verena Schubert.

Informationen der Hotelmanagerin Petra Seller
▶ Alibi:
Petra Seller hat um 18:30 Uhr das Hotel verlassen und ist in ihre nahe gelegene Wohnung gegangen. Sie kam am Morgen gegen 7:30 Uhr wieder in das Hotel und hat kurz nach 9:30 Uhr die Tote gefunden.

▶ weitere Informationen
Nachdem Petra Seller die Leiche gefunden hat, prüfte sie im Hotel-Computer, ob und wann das Zimmertelefon von Verena Schubert benutzt wurde. Es gab kurz nach 23:00 Uhr einen Anruf aus dem Zimmer von Achim Oswald, der aber nicht abgenommen wurde, und kurz darauf noch einmal einen Anruf von einer Mobil-Telefonnummer, der aber ebenfalls nicht angenommen wurde. Die Mobilnummer des Anrufers ist im Computer gespeichert und kann ermittelt werden.

Informationen des Hotelangestellten Hans Brück
▶ Alibi:
Hans Brück hatte den ganzen Abend an Rezeption und Bar Dienst. Sein Alibi für die Tatzeit ist unter anderem Achim Oswald, der von 23:30 Uhr bis kurz nach Mitternacht bei ihm an der Bar war.

▶ weitere Informationen:
Verena Schubert war gegen 22:00 Uhr an die Rezeption gekommen und hatte gefragt, wie lange die Sauna geöffnet sei. Ihr wurde gesagt, dass die Sauna immer bis Mitternacht frei zugänglich ist und erst geschlossen wird, wenn der letzte Gast sie verlassen hat. Kurz

darauf sah Hans Brück aus den Augenwinkeln eine Frau im Bademantel in Richtung Sauna gehen. Er war sich nicht ganz sicher, aber wahrscheinlich war es Verena Schubert.

Kurz nach 23:00 Uhr war ein Teilnehmer der Gruppe aus der Peters Automaten GmbH & Co. KG an der Rezeption und fragte nach Verena Schubert. Hans Brück sagte ihm, dass Frau Schubert möglicherweise in die Sauna gegangen sei. Er ist sich sicher, den Gast bei einer Gegenüberstellung wiederzuerkennen.

Ändern des Geschlechts der einzelnen Rollen

Wie schon beim ersten Krimi erwähnt, sollten Sie bei der Änderung einer Rolle die Rollenübersicht, die Geschichte und die Vorlage der entsprechenden Rolle bearbeiten. In der folgenden Übersicht finden Sie wieder Hinweise zu weiteren notwendigen Bearbeitungsschritten für jede mögliche Rollenänderung.

Ändern der Rolle der Kriminalkommissarin Hanna Mangel
Die Kommissarin kann mit geringem Aufwand in einen Kommissar geändert werden, da in keiner Rollenvorlage auf sie Bezug genommen wird. Es ist für die Kriminalstory egal, welches Geschlecht sie hat.

Ändern der Rolle der Moderatorin Anne Russland
Auch diese Rolle ist leicht zu ändern. Der Aufwand beschränkt sich auf die Anpassung der Rollenvorlage von Achim Oswald.

Ändern der Rolle des Moderators Achim Oswald

Eine Änderung der Rolle von Achim Oswald ist sehr aufwendig und inhaltlich problematisch. Er ist einer der Verdächtigen, und der Verdacht beruht auf der „Mann-Frau"-Beziehung zum Opfer. Für eine Änderung müssten die Vorlagen von Hanna Mangel, Anne Russland, Bernadette Schuhmacher, Kevin Preuss, Paul Klahr, Petra Seller und Hans Brück bearbeitet werden.

Ändern der Rolle der Führungskraft Bernadette Schuhmacher

Eine Änderung dieser Rolle ist nicht so aufwendig wie die von Achim Oswald, aber sie ist inhaltlich nicht ganz so einfach. In der Story ist ein leichter Verdacht gegen Bernadette Schuhmacher konstruiert, da ihr der Partner durch Verena Schubert „ausgespannt" wurde und sie sich deswegen mit ihr aussprechen wollte. Zu bearbeiten wären für eine Änderung die Vorlagen von Markus Behrend, der von dem Problem zwischen Bernadette Schuhmacher und Verena Schubert weiß.

Ändern der Rolle der Führungskraft Kevin Preuss

Die Rolle von Kevin Preuss kann nur geändert werden, wenn die Kriminalstory inhaltlich vollständig überarbeitet wird, denn er ist neben dem „wahren" Täter der Hauptverdächtige, ebenfalls wegen seiner sexuellen Beziehung zu Verena Schubert.

Wenn Sie sich diese Arbeit machen wollen, dann müssen Sie die Vorlagen von Anne Russland, Holger Heinz und Paul Klahr bearbeiten, da in diesen auf Kevin Preuss Bezug genommen wird.

Ändern der Rolle des Teilnehmers Holger Heinz

Die Rollenvorlage von Holger Heinz ist sehr einfach zu ändern. Dazu muss nur aus seiner eigenen Rollenbeschreibung die leichte Anspielung auf einen Annäherungsversuch von Verena Schubert gestrichen werden, und der Bezug in der Rollenvorlage von Kevin Preuss auf den neuen Namen geändert werden.

Ändern der Rolle des Teilnehmers Markus Behrend

Auch diese Rollenvorlage kann ganz einfach geändert werden. Im Grunde muss nur der Name geändert werden, und die Erwähnung von Markus Behrend in der Rollenvorlage von Paul Klahr angepasst werden.

Ändern der Rolle des Teilnehmers Paul Klahr

Ähnlich wie die Rollenvorlagen von Achim Oswald und Kevin Preuss ist der Aufwand, aus Paul Klahr eine weibliche Rolle zu machen, riesig. Er ist der Täter mit eindeutig sexuellem Motiv, deswegen müsste die Kriminalstory komplett neu geschrieben werden. Auch die Rollenvorlagen von Anne Russland, Markus Behrend und Hans Brück wären zu bearbeiten.

Ändern der Rolle der Hotelmanagerin Petra Seller

Aus der Hotelmanagerin Petra Seller kann ohne Aufwand ein Hotelmanager gemacht werden. Erwähnt wird Petra Seller nur in der Rollenvorlage von Hanna Mangel.

Ändern der Rolle des Hotelangestellten Hans Brück

Auch die Rolle des Hotelangestellten Hans Brück ist sehr einfach zu ändern. Erwähnt wird er in den Rollenvorlagen von Achim Oswald und Paul Klahr.

Das Assassinment Center als Problemlösungsaufgabe

Aufgabenstellung und Instruktion für die Teilnehmer

„Ihre Aufgabe im Team: Sie sollen anhand der Ihnen vorliegenden Informationen einen Kriminalfall klären: Verena Schubert, Teilnehmerin an einem Assessment Center, wurde tot aufgefunden. Eines ist klar: Es war Mord. Die Tote liegt erwürgt auf ihrem Bett im Hotel. Wer ist der Täter oder die Täterin?

Wenn Sie den Täter oder die Täterin nicht mit Sicherheit ermitteln können, dann einigen Sie sich am Ende bitte darauf, wer es mit größter Wahrscheinlichkeit war. Bitte geben Sie am Ende auch jeder eine Schätzung dieser Wahrscheinlichkeit ab (Skala: 0 bis 100% sicher).

Lesen Sie zunächst die folgende Information für alle. Dazu haben Sie 15 Minuten Zeit.

Das Assassinment Center als Problemlösungsaufgabe

Im Anschluss daran erhält jeder von Ihnen einige Karten mit Informationen zum Fall. Jeder darf seine Information jederzeit vorlesen, aber die Karten keinesfalls aus der Hand geben oder anderen zeigen."

Folgende Dokumente stehen für jede Problemlösungsaufgabe zum Download zur Verfügung:
▶ Die Fallbeschreibung (die Geschichte) als Information für alle
▶ Die Informationen zum Verteilen an die einzelnen Teilnehmer

Informationen für alle: Die Geschichte

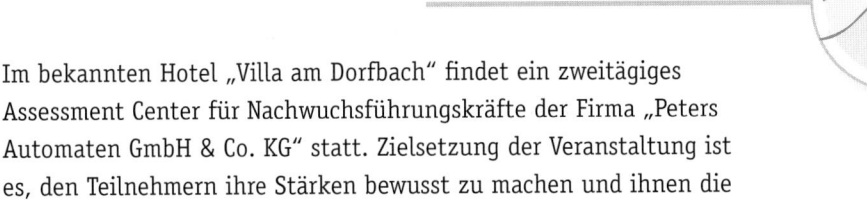

Im bekannten Hotel „Villa am Dorfbach" findet ein zweitägiges Assessment Center für Nachwuchsführungskräfte der Firma „Peters Automaten GmbH & Co. KG" statt. Zielsetzung der Veranstaltung ist es, den Teilnehmern ihre Stärken bewusst zu machen und ihnen die Bereiche ihres Verhaltens zurückzumelden, die sie noch verbessern sollten.

Die Teilnehmer des Assessment Centers sind Holger Heinz, Markus Behrend, Paul Klahr und Verena Schubert. Sie stellen sich den folgenden Aufgaben: Individuelle Präsentationen, Teamübungen und Rollenspiele mit den Moderatoren als Sparringspartner.

Die Moderatoren sind die Diplom-Psychologen Anne Russland und Achim Oswald. Die Teilnehmer hatten vor vier Wochen mit den Moderatoren an einem Vorbereitungs-Workshop teilgenommen, bei dem sie mit diesen Aufgabentypen und den Moderatoren vertraut werden konnten.

Im Assessment Center werden sie von zwei Führungskräften aus der Hierarchie des Unternehmens beobachtet und beurteilt. Diese Führungskräfte sind die Personalleiterin Bernadette Schumacher vom Standort Geretstadt und Kevin Preuss, der Marketing-Leiter des Unternehmens.

Am Abend des ersten Tages gehen alle Beteiligten um 18:30 Uhr zum Abendessen. Die beiden Führungskräfte und die beiden Moderatoren gehen um 19:30 Uhr in einen Besprechungsraum, um die Beobachtungen des ersten Tages zu diskutieren. Die vier Teilnehmer bleiben noch sitzen und unterhalten sich angeregt über die Karriereperspektiven im Unternehmen. Um ca. 21:00 Uhr erklärt Verena, dass sie ihren Schlaf brauche, um am nächsten Tag konzentriert und ausgeruht zu sein. Sie zieht sich auf ihr Zimmer zurück. Wenig später begibt sich auch Holger zur Ruhe. Markus und Paul sitzen noch bis gegen 23:00 Uhr am Tisch im Restaurant, bevor auch sie den Tag beenden.

Die Beobachter und Moderatoren führen ihre Besprechung noch bis 22:30 Uhr. Danach gehen sie gemeinsam noch für einen „Gute Nacht"-Drink an die Bar, wo sie vom Hotelangestellten Hans Brück bedient werden und ziehen sich dann alle kurz vor 23:00 Uhr auf ihre Zimmer zurück.

Am Morgen des zweiten Tages erscheint Verena Schubert nicht im Besprechungsraum. Der Rezeptionist ruft um 9:15 Uhr auf ihrem Zimmer an, sie meldet sich aber nicht. Die mittlerweile gerufene Hotelmanagerin Petra Seller geht hinauf, klopft an die Tür, niemand antwortet. Die Tür ist nicht verriegelt. Sie öffnet um 9:35 Uhr die Tür und findet die junge Frau tot auf dem Bett liegend. Sie ist nackt und hat einen Seidenstrumpf um den Hals geschlungen. Ein eilig herbeigerufener Arzt erkennt sofort, dass sie erwürgt wurde.

Skizzen zur Visualisierung der Geschichte finden Sie auf den Seiten 125-126 und in den Online-Ressourcen

Alle am Assessment Center Beteiligten dürfen auf Veranlassung der alarmierten Polizei das Hotel nicht verlassen. Nach kurzer Zeit erscheint die Kriminalkommissarin Hanna Mangel und ruft alle in den Besprechungsraum, um mit den Ermittlungen zu beginnen.

Informationskarten zum Verteilen an die Teilnehmer

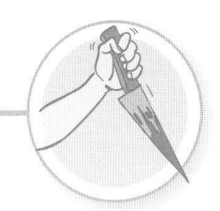

Drucken Sie die Informationen auf je eine Karte. Für die Teamübung gut mischen und gleichmäßig unter die Teilnehmer verteilen. Achten Sie vor allem darauf, dass möglichst niemand Karten mit direkt aufeinanderfolgenden Nummern erhält.

Verkünden Sie vor dem Austeilen noch einmal die wichtige Spielregel: *„Jeder darf seine Information jederzeit vorlesen, aber die Karte keinesfalls aus der Hand geben oder anderen zeigen. Sie haben 30 Minuten Zeit, um die Lösung zu finden."*

Karteikarten im Download

Kartennummer	Kartentext
1	Der Tod von Verena Schubert ist wahrscheinlich gegen Mitternacht (plus minus 15 Minuten) eingetreten.
2	Verena Schubert hatte in der Stunde vor ihrem Tod Geschlechtsverkehr.
3	Achim Oswald hat kurz nach 23:00 Uhr versucht, Verena Schubert über das Zimmertelefon anzurufen.
4	Achim Oswald hat kurz nach 23:00 Uhr versucht, Verena Schubert mit dem Handy zu erreichen.
5	Verena Schubert hat gegen 22:00 Uhr an der Rezeption gefragt, wie lange die Sauna geöffnet ist.
6	Verena Schubert wurde informiert, dass die Sauna immer bis Mitternacht frei zugänglich ist und erst geschlossen wird, wenn der letzte Gast sie verlassen hat.
7	Der Hotelangestellte Hans Brück sah einige Zeit nach 22:00 Uhr, dass eine Frau im Bademantel in Richtung Sauna ging. Er meint, es sei Frau Schubert gewesen.
8	Kurz nach 23:00 Uhr war ein Teilnehmer aus der Gruppe der Peters Automaten GmbH und Co. KG an der Rezeption und fragte nach Verena Schubert.
9	Achim Oswald kam ungefähr um 23:30 Uhr an die Bar. Er unterhielt sich mit Hans Brück.

Kartennummer	Kartentext
10	Achim Oswald verließ die Bar kurz nach Mitternacht.
11	Die Moderatorin Anne Russland hat Verena Schubert im Vorbereitungs-Workshop zum ersten Mal gesehen.
12	Anne Russland hatte den Eindruck, dass ihr Kollege Achim Oswald dem Sexappeal von Verena Schubert „erlegen" war.
13	Im Vorbereitungs-Workshop hatte Verena Schubert das Zimmer neben Anne Russland. Diese hörte an einem Abend, dass Verena Schubert Sex mit einem Mann hatte. Sie ist sich sicher, Paul Klahrs Stimme erkannt zu haben.
14	Anne Russland hatte erkannt, dass Verena Schubert und der Beobachter Kevin Preuss sich vielsagende Blicke zu warfen.
15	Nachdem Anne Russland sich an der Bar verabschiedet hatte, ging sie direkt auf ihr Zimmer.
16	Achim Oswald war kurz nach 23:30 Uhr vor der Zimmertür von Verena Schubert. Er hörte rhythmisches Stöhnen.
17	Achim Oswald ging von Verena Schuberts Tür hinunter in die Bar.
18	Die Personalleiterin Bernadette Schumacher kannte Verena Schubert, weil diese im Rahmen ihrer Traineeausbildung vor drei Jahren für drei Monate in Geretstadt war.
19	Bernadette Schuhmacher war vor drei Jahren mit dem Standortleiter von Geretstadt, Jan Koflar, liiert.
20	In Geretstadt ging das Gerücht um, dass Verena Schubert eine Beziehung mit Jan Koflar begonnen hatte.
21	Irgendwann vor Mitternacht wollte Bernadette Schuhmacher zu Verena Schubert, um sich mit ihr auszusprechen.
22	Als Bernadette Schuhmacher auf dem Weg zu Verena Schuberts Zimmer war, sah sie den Moderator Achim Oswald vor sich die Treppe hinaufgehen. Sie kehrte um.
23	Nachdem Kevin Preuss sich an der Bar verabschiedet hatte, ging er noch in die Sauna.
24	Kevin Preuss traf Verena Schubert in der Sauna.
25	Kevin Preuss ging ein paar Minuten vor 23:30 Uhr aus der Sauna mit Verena Schubert auf ihr Zimmer.

Kartennummer	Kartentext
26	Kevin Preuss verließ Verena Schuberts Zimmer ungefähr 20 Minuten, nachdem er es betreten hatte.
27	Als Kevin Preuss Verena Schuberts Zimmer verlassen hatte, begegnete er im Treppenhaus Holger Heinz.
28	Im Vorbereitungs-Workshop hatte Verena Schubert versucht, Holger Heinz zu verführen.
29	Holger Heinz wollte Verena Schubert ermahnen, das Flirten mit Achim Oswald und Kevin Preuss nicht zu übertreiben.
30	Verena Schubert befürchtete, dass Bernadette Schuhmacher sie schlecht beurteilen würde.
31	Holger Heinz verließ kurz nach 23:00 Uhr das Hotel, um noch einen nächtlichen Spaziergang durch den Ort zu machen.
32	Holger Heinz kam einige Minuten vor Mitternacht von seinem Spaziergang zurück.
33	Als Holger Heinz von seinem Spaziergang zurückkam, begegnete er im Treppenhaus Kevin Preuss, der mit einem Bademantel bekleidet war.
34	Die Tür zu Verena Schuberts Zimmer ist am Morgen nicht verriegelt.
35	Als sie gegen 23:00 Uhr an der Bar vorbeigingen, sagte Paul Klahr zu Markus Behrend, dass er gespannt sei, ob Oswald oder Preuss bei Verena Schubert als Erster „dran" sei. Er werde die weitere Entwicklung beobachten.
36	Markus Behrend ging nach 23:00 Uhr in sein Zimmer.
37	Paul Klahr klopfte kurz nach 23:00 Uhr an Verena Schuberts Zimmertür.
38	Paul Klahr ging zur Sauna, wo er Verena Schubert und Kevin Preuss entdeckte.
39	Paul Klahr folgte Verena Schubert und Kevin Preuss von der Sauna zu Verena Schuberts Zimmer.
40	Paul Klahr sah Achim Oswald vor Verena Schuberts Zimmertür stehen und wieder weggehen.
41	Paul Klahr sah, wie Kevin Preuss Verena Schuberts Zimmer verließ.

Kartennummer	Kartentext
42	Petra Seller verließ um 18:30 Uhr das Hotel und ging nach Hause.
43	Petra Seller erschien um 7:30 Uhr zum Dienst.
44	Als Verena Schubert am Morgen nicht zur Teilnahme im Assessment Center erschien, wurde versucht, sie telefonisch zu erreichen.
45	Als Verena Schubert am Morgen telefonisch nicht erreicht werden konnte, ging die Hotelmanagerin Petra Seller in ihr Zimmer.
46	Die tote Verena Schubert lag nackt auf dem Bett. Ein Seidenstrumpf war um ihren Hals geschlungen.
47	Vor dem Assessment Center hatte Paul Klahr eine SMS von Verena Schubert erhalten mit dem Text: „Es war nett, aber es ist vorbei, lass mich in Ruhe."
48	Anne Russland, Achim Oswald, Bernadette Schuhmacher und Kevin Preuss verabschiedeten sich kurz nach 23:00 Uhr an der Bar.
49	Der Hotelmitarbeiter Hans Brück kannte die Moderatoren Anne Russland und Achim Oswald von früheren Veranstaltungen im Hotel.

Das Assassinment Center als Problemlösungsaufgabe

Die Lösung des Falls

Paul Klahr ist der Mörder von Verena Schubert. Da es keine direkten Tatzeugen gibt und (noch) keine unwiderlegbaren Indizien, können die Teilnehmer dieser Problemlösungsaufgabe nur den wahrscheinlichsten Täter ermitteln.

Lösungsrelevante Fakten

- Information 1: „Der Tod von Verena Schubert ist wahrscheinlich gegen Mitternacht (plus minus 15 Minuten) eingetreten." *Paul Klahr hat für diese Zeit kein Alibi. Im Gegenteil:*
- Information 35: „Als sie gegen 23:00 Uhr an der Bar vorbeigingen, sagte Paul Klahr zu Markus Behrend, dass er gespannt sei, ob Preuss oder Oswald bei Verena Schubert als Erster ‚dran' sei." Er werde die weitere Entwicklung beobachten." *Diese Information nährt zusätzlich den Verdacht für das Motiv Eifersucht bei Paul Klahr.*
- Information 37: „Paul Klahr klopfte kurz nach 23:00 Uhr an Verena Schuberts Zimmertür."
- Information 38: „Paul Klahr ging zur Sauna, wo er Verena Schubert und Kevin Preuss entdeckte."
- Information 39: „Paul Klahr folgte Verena Schubert und Kevin Preuss von der Sauna zu Verena Schuberts Zimmer." *Die Informationen 37–39 legen den Verdacht nahe, dass Paul Klahr etwas im Schilde führt.*
- Information 13: „Im Vorbereitungs-Workshop hatte Verena Schubert das Zimmer neben Anne Russland. Diese hörte an einem Abend, dass Verena Schubert Sex mit einem Mann hatte. Sie ist sich sicher, Paul Klahrs Stimme erkannt zu haben."
- Information 47: „Vor dem Assessment Center hatte Paul Klahr eine SMS von Verena Schubert erhalten mit dem Text: ‚Es war nett, aber es ist vorbei, lass mich in Ruhe.'" *Auch die Informationen 13 und 47 liefern den Hinweis, dass Paul Klahr möglicherweise das Motiv Eifersucht hat.*

Es gibt keine Informationen, dass Paul Klahr zur Tatzeit nicht in der Nähe von Verena Schuberts Zimmer gewesen war.

Entlastende Informationen für die anderen Tatverdächtigen:

- Information 40: „Paul Klahr sah Achim Oswald vor Verena Schuberts Zimmertür stehen und wieder weggehen."
- Information 9: „Achim Oswald kam ungefähr um 23:30 Uhr an die Bar. Er unterhielt sich mit Hans Brück."
- Information 10: „Achim Oswald verließ die Bar kurz nach Mitternacht." *Die Informationen 40, 9 und 10 liefern das Alibi für Achim Oswald.*
- Information 32: „Holger Heinz kam einige Minuten vor Mitternacht von seinem Spaziergang zurück."
- Information 33: „Als Holger Heinz von seinem Spaziergang zurückkam, begegnete er im Treppenhaus Kevin Preuss, der mit einem Bademantel bekleidet war." *Die Informationen 32 und 33 entlasten Holger Heinz, auch wenn sie kein perfektes Alibi darstellen. Auch Kevin Preuss wird dadurch etwas entlastet, in Verbindung mit Information 41.*
- Information 41: „Paul Klahr sah, wie Kevin Preuss Verena Schuberts Zimmer verließ."

Krimi 3:
Ein tödliches Projekt

Schnellfinder

Krimi 3: Ein tödliches Projekt

Kurzbeschreibung und Rollenübersicht 167

Die Geschichte 169

Rollenvorlagen 174
- ▶ Notwendige Rollen 174
- ▶ Zusätzliche Rollen 188

Trainerübersicht über den Fall 191
- ▶ Zeitlicher Ablauf der Ereignisse 192
- ▶ Die Lösung 194
- ▶ Die wichtigsten Informationen der Beteiligten 195

Ändern des Geschlechts der einzelnen Rollen 200

Variante: Ein tödliches Projekt als Problemlösungsaufgabe

Aufgabenstellung und Instruktion für die Teilnehmer 203
Informationen für alle: Die Geschichte 204
Informationskarten zum Verteilen an die Teilnehmer 207
Die Lösung des Falls 212

Kurzbeschreibung und Rollenübersicht

Kurzbeschreibung

Das Projekt „3D_Shaper" der Firma „Peters Automaten GmbH & Co. KG" ist in einer kritischen Phase: Man ist dramatisch in Terminverzug, auf dem letzten Statusmeeting wurde es deswegen sehr laut. Der Projekt-Lenkungsausschuss verlangt vom Projektleiter, das Projekt wieder auf die richtige Spur zu bringen. Der Projektleiter hat die hauptsächlich am Projekt beteiligten Mitarbeiter zu einer Krisensitzung aufgefordert. Als er als Erster im Besprechungsraum „Shaper" eintrifft, sitzt einer der Projektmitarbeiter, Peter Anderson, verantwortlich für die Systemintegration, nach vorn zusammengesunken in einem Stuhl nahe der Tür, den Kopf auf dem Besprechungstisch. Aus dem Rücken ragt der Griff eines großen Steakmessers. Er ist tot.

Rollenübersicht

Dieser Mitspielkrimi ist für 8-10 Rollen ausgelegt. Die Verteilung auf weibliche und männliche Rollen:

Notwendige Rollen		Zusätzliche Rollen	
weiblich	männlich	weiblich	männlich
2	6	1	1

Notwendige Rollen
1: Konrad Roth, der Projektleiter
2-6: Fünf Projektmitarbeiter: Georg Brigg, der Systemingenieur, Jo Meyer (weiblich) und Thomas Erler, zwei Konstrukteure, Clarissa Penta und John Demand, zwei Softwareentwickler
7: Klaus Lenka, ein Kollege des ermordeten Systemintegrators
8: Thomas Winkler, Vorsitzender des Lenkungsausschusses

Zusätzliche Rollen
9: Simone Frans, Sekretärin von Thomas Winkler
10: Fritz Siebert, Küchenchef

Die Informationen der beiden Zusatzrollen sind nicht notwendig, um den Fall zu lösen. Sie können aber zusätzlich zur Verdächtigung oder Entlastungen anderer Teilnehmer beitragen.

Folgende Dokumente stehen für diesen Mitspielkrimi als Download zur Verfügung
▶ Die Fallbeschreibung (die Geschichte) des Mitspielkrimis
▶ Die Rollenanweisung für jeden Teilnehmer des Mitspielkrimis

Die Geschichte

An diesem Fall sind folgende Personen beteiligt
Konrad Roth, der Projektleiter. Fünf Projektmitarbeiter: Georg Brigg, Systemingenieur; Jo Meyer und Thomas Erler, zwei Konstrukteure; Clarissa Penta und John Demand, zwei Softwareentwickler. Klaus Lenka, ein Kollege des ermordeten Systemintegrators; Thomas Winkler, Vorsitzender des Lenkungsausschusses; Simone Frans, Sekretärin von Thomas Winkler; Fritz Siebert, Küchenchef.

Die Geschichte
Das Projekt „3D_Shaper" der Firma „Peters Automaten GmbH & Co. KG" ist – oder besser gesagt, war – sehr ehrgeizig: Binnen vier Monaten sollte eine neue Generation von Fräsmaschinen zur Bearbeitung von hoch verdichtetem Aluminium auf den Markt gebracht werden. Diese Fräsmaschinen sollen gegenüber den alten Maschinen über einen verbesserten Fräskopf verfügen, der eine beliebige dreidimensionale Bearbeitung der Werkstücke ermöglicht.

Das Projekt sollte in vier Phasen abgewickelt werden:
1. Konzeption und Systemauslegung
2. Entwicklung des Fräskopfes
3. Konstruktion
4. Integration und Test

Die Phasen 1-3 sind abgeschlossen. Das Projekt ist aber jetzt, unmittelbar vor Beginn der Phase 4, schon 15 Arbeitstage in Verzug. Der geplante Auslieferungstermin ist kaum noch zu halten.
Der Projektleiter Konrad Roth wurde deswegen zum Lenkungsausschuss für das Projekt gerufen, wo man unmissverständlich verlangte, das Projekt wieder auf die richtige Spur zu bringen. Es war ihm klar, dass der Erfolg dieses Projektes für seine Karriere ein entscheidender Meilenstein war.

Der bisherige Projektverlauf
Die erste Phase der „Konzeption und Systemauslegung" sollte acht Arbeitstage dauern. Alle Beteiligten wollten in dieser Zeit gemeinsam ein abnahmefähiges Konzept für den neuen Fräskopf ausarbeiten. Der Zeitrahmen wurde schon in diesem frühen Stadium um drei Tage überzogen, weil sich die Beteiligten über einige funktionale Details nicht einigen konnten. Georg Brigg, der Systemingenieur wollte einige Funktionen verwirklichen, die von den Konstrukteuren Jo Meyer und Thomas Erler, und auch vom Systemintegrator Peter Anderson als zu komplex und zu riskant in der Entwicklung abgelehnt wurden. Die beiden Softwareentwickler Clarissa Penta und John Demand waren in dieser Angelegenheit unterschiedlicher Meinung. Während Clarissa Penta die Ansicht der beiden Konstrukteure und des Systemintegrators teilte, sprach sich John Demand dafür aus, die Argumente von Georg Brigg in Erwägung zu ziehen und genauer zu untersuchen.

Der Lenkungsausschuss musste schließlich eingreifen und entschied sich auf Empfehlung des Projektleiters Konrad Roth für eine einfache Variante, sehr zum Ärger von Georg Brigg. Danach folgte Phase 2, die „Entwicklung des Fräskopfes". Der dafür verantwortliche

Die Geschichte

Systemingenieur Georg Brigg hatte für diese Phase 28 Arbeitstage geplant. Diese Phase wurde um zwölf Arbeitstage überzogen, weil Brigg von seinem Linienvorgesetzten ohne Rücksprache mit dem Projektleiter zeitweise für andere Aufgaben vom Projekt abgezogen wurde. Außerdem war er in dieser Zeit zweimal für jeweils zwei Tage krank. Bei zwei Statusmeetings während dieser Phase wurde der Konflikt zwischen den Konstrukteuren und insbesondere Peter Anderson auf der einen Seite und Georg Brigg auf der anderen massiv. Peter Anderson sagten: „Wenn Du nicht mal in der Lage bist, dieses einfache Konzept termingerecht umzusetzen, was wäre das wohl geworden, wenn Du die von Dir gewünschte ‚eierlegende Wollmilchsau' entwickelt hättest!"

In der sich anschließenden Phase 3, „Konstruktion" sollte der neu entwickelte Fräskopf von den beiden Konstrukteuren so modifiziert werden, dass er optimal in den vorhandenen Fräsmaschinen des Unternehmens einzusetzen ist. Die beiden Konstrukteure hatten dafür 18 Arbeitstage geplant. Dieser Teil des Zeitplans wurde eingehalten.

Die Integrations- und Testphase (Phase 4) sollte nach dem ursprünglichen Terminplan schon vor 15 Tagen beginnen und war mit einer Dauer von 22 Arbeitstagen geplant.

Zusätzlich zum Systemintegrator Peter Anderson, übrigens einer der besten seines Faches im Unternehmen, waren hier noch die beiden Softwareentwickler Clarissa Penta und John Demand zu jeweils 100% eingeplant. Heute nach dem Meeting sollte nun diese letzte Phase endlich losgehen.

Der Projektleiter Konrad Roth betrat um 13:55 Uhr (fünf Minuten vor Beginn) den Besprechungsraum „Shaper", wo ihn eine dramatische Überraschung erwartete: Gleich neben der Tür saß Peter Anderson nach vorn zusammengesunken in einem Stuhl. Sein Kopf lag auf dem Besprechungstisch. Neben seinem Kopf stand ein Teller aus dem Casino, darauf ein angeschnittenes Steak und einige Pommes frites. Aus dem Rücken von Peter Anderson ragte der Griff des Steakmessers. Er war tot.

Konrad Roth rief sofort Thomas Winkler an, den Vorsitzenden des Lenkungsausschusses. Es dauerte ein paar Minuten, bis der am Apparat war. Winkler sagte, er werde die Geschäftsführung und die Polizei benachrichtigen. Er riet dem Projektleiter, inzwischen das geplante Meeting zur ersten Befragungen der Mitarbeiter im angrenzenden Besprechungsraum „Lathe" zu nutzen. Er werde dann nach Möglichkeit selbst in den Besprechungsraum kommen.

Die Geschichte

Der Lageplan

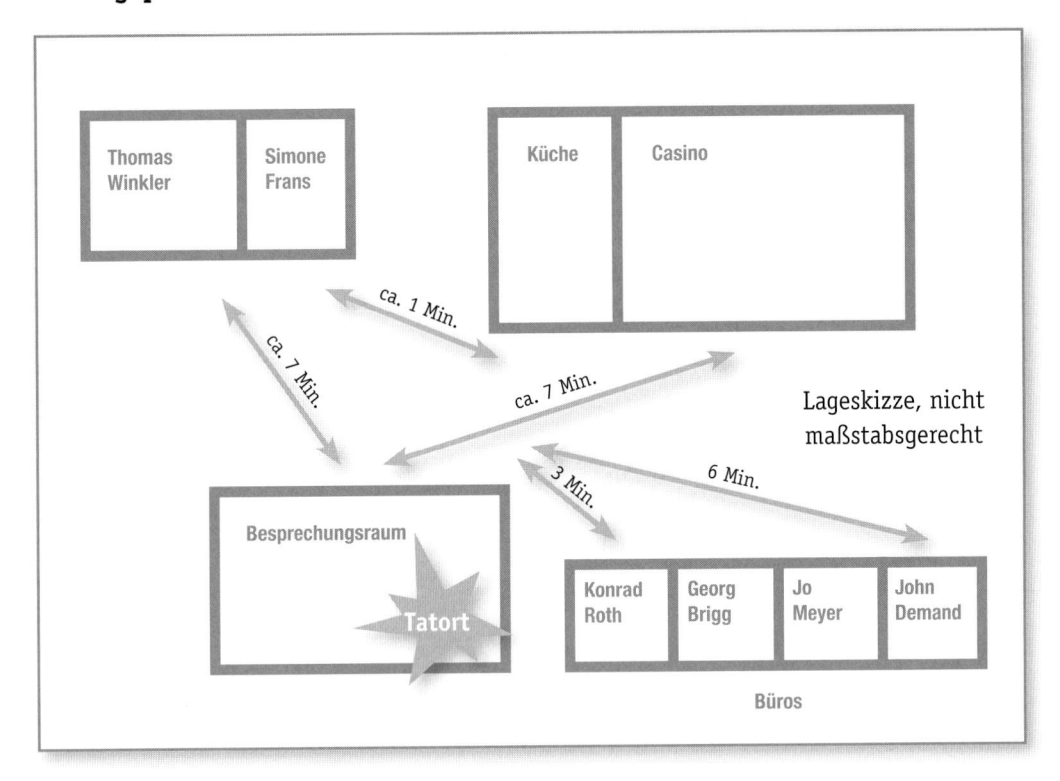

| Thomas Winkler | Simone Frans | | Küche | Casino |

ca. 1 Min.
ca. 7 Min.
ca. 7 Min.

Lageskizze, nicht maßstabsgerecht

3 Min.
6 Min.

Besprechungsraum

Tatort

| Konrad Roth | Georg Brigg | Jo Meyer | John Demand |

Büros

Rollenvorlagen

Notwendige Rollen

Konrad Roth, der Projektleiter

Vorstellungstext (Bitte inhaltlich vollständig wiedergeben!)
Dieses Projekt raubt mir wirklich den letzten Nerv. Ich hatte geglaubt, Schlimmeres als die bisherigen Streitereien, Nörgeleien und Schuldzuweisungen könne es in diesem Projekt nicht mehr geben, und nun das. Peter, unser Systemintegrator war so ein hilfsbereiter, engagierter und fachlich kompetenter Kollege, so wie man ihn sich nur wünschen kann. Ich hoffe, derjenige, der das getan hat, wird in der Hölle schmoren.

Wie es mit unserem Projekt nun weitergehen wird, muss der Lenkungsausschuss entscheiden. Ich hatte mit Peter vor Kurzem vereinbart, dass er einen seiner Kollegen hinzuzieht, um das Projekt zu beschleunigen. Ich freue mich, dass dieser Kollege, Klaus Lenka, nun dabei ist. Sobald der Lenkungsausschuss über den Fortgang des Projektes entschieden hat, müssen wir eine neue Planung für die noch ausstehenden Arbeiten machen.

In Kürze wird ja wohl die Polizei hier eintreffen, um die Ermittlungen aufzunehmen. Wir sollten die Zeit nutzen, um etwas Licht in diese Angelegenheit zu bringen.

Ihre Zusatzinformationen, die Sie im Verlauf der Ermittlungen nach eigenem Ermessen verwenden können
Der Besprechungsraum war am Vormittag bis gegen 12:30 Uhr belegt, ab diesem Zeitpunkt bis zum Beginn Ihrer Besprechung war er nicht gebucht.

Sie haben die relative Ruhe der Mittagszeit genutzt, um an Ihrem Schreibtisch einen wichtigen Artikel in einer Fachzeitschrift zu lesen. Sie waren dabei so konzentriert, dass Sie in dieser Zeit nichts um sich herum registriert haben. Sie wissen also auch nicht, ob Sie an Ihrem Arbeitsplatz von anderen gesehen wurden. Wahrscheinlich aber nicht.

Als Sie kurz vor 14:00 Uhr in den Besprechungsraum gingen und dort die Tat entdeckten, haben Sie zuerst Thomas Winkler, den Vorsitzenden des Lenkungsausschusses angerufen. Der war nach Aussage seiner Sekretärin noch in einer Besprechung mit dem Küchenchef, müsse aber jeden Moment zurückkommen. Sie haben ungeduldig fast fünf Minuten gewartet, bis er endlich am Telefon war. Er war etwas außer Atem, aber reagierte ganz schnell und gelassen auf Ihre Meldung: „Ich lasse die Polizei alarmieren. Gehen Sie einstweilen mit dem Projektteam in einen anderen Raum, am besten in Raum ‚Lathe', ich komme gleich dazu. Dort können wir schon mal rausfinden, was da los war. Wir müssen zusehen, dass da nichts vorschnell an die Öffentlichkeit kommt."

Ihre Beziehung zum Opfer war sehr positiv, er war genau so, wie Sie ihn im Vorstellungstext beschrieben haben.

Zum Projekt gibt es noch eine aktuelle Information, die Sie von der mit Ihnen befreundeten Assistentin des Geschäftsführers vertraulich erhalten haben: Man ist in der Geschäftsführung ziemlich sicher, dass das Projekt im Auftrag eines Wettbewerbers sabotiert wird, eine auf Wirtschaftsdelikte spezialisierte Detektei ist eingeschaltet. Man habe festgestellt, dass mit einer Fremdsoftware auf Dateien des Projektlaufwerks zugegriffen werde und Daten manipuliert würden.

Unter Verdacht steht wohl ein Mitglied des Top-Managements, aber unter anderem auch Georg Brigg. Er wurde beobachtet, wie er sich während seiner angeblichen Kranktage auf der Straße mit einem der bekannten Spezialisten des Wettbewerbers „Autocom-AG" angeregt unterhalten hat. Auch der Tote hatte in einem Gespräch angedeutet, es komme ihm seltsam vor, dass ausgerechnet in der Projektphase so ein massiver Terminverzug eingetreten sei, in der Brigg die Hauptverantwortung hatte. Bei seiner durchaus vorhandenen fachlichen Kompetenz sei das nicht nachvollziehbar.

Georg Brigg, der Systemingenieur, hat dem Opfer auch offensichtlich seine Stellung im Projekt geneidet und fühlte sich zurückgesetzt. Er wäre wohl selbst gern der erste Experte im Projekt gewesen. Ob das alles als Motiv für einen Mord ausreicht, wissen Sie nicht. Heute Morgen hatte Anderson Ihnen gesagt, er werde sich vor dem Meeting mit Brigg treffen, um den Konflikt zu bereinigen. Das macht Briggs noch verdächtiger, denn er muss ja mit Peter Anderson zusammengewesen sein, unmittelbar bevor sie den Ermordeten fanden.

Sie sind froh, dass mit Klaus Lenka ein kompetenter Systemintegrator bereitsteht, wenn das Projekt weitergeführt werden sollte. Klaus Lenka hatte sich ja schon vor Projektbeginn als Spezialist für diese Aufgabe selbst ins Gespräch gebracht, er war aber nicht zum Zuge gekommen. Die Geschäftsleitung hatte Peter Anderson für die Systemintegration in diesem zukunftsträchtigen Projekt vorgezogen, da er über deutlich mehr Erfahrung verfügte. Lenka war damals sehr sauer, Sie waren Zeuge einer heftigen Auseinandersetzung über dieses Thema zwischen ihm und Anderson im Casino. Soweit

Sie verstanden, warf Anderson Lenka vor, „karrieregeil" zu sein und ihn aus dem Projekt verdrängen zu wollen.

Georg Brigg, der Systemingenieur

Vorstellungstext (Bitte inhaltlich vollständig wiedergeben!)
Es ist bekannt, dass ich mit Peter Anderson nicht gut ausgekommen bin, wir waren ja oft verschiedener Meinung. Trotzdem habe ich ihn immer als hervorragenden Fachmann akzeptiert, unsere Meinungsverschiedenheiten bezogen sich auch hauptsächlich auf nichttechnische Aspekte des Projekts. So ein Ende hat er nun wirklich nicht verdient. Wir sollten alle die Polizei nach besten Kräften unterstützen, um diesen feigen und gemeinen Mord aufzuklären.

Ihre Zusatzinformationen, die Sie im Verlauf der Ermittlungen nach eigenem Ermessen verwenden können
Sie sind wirklich in einer schwierigen Situation: Alle wissen von Ihren Auseinandersetzungen mit dem Toten, aber Sie sind nicht der Mörder. Sie sind zwar immer noch der Meinung, dass dieses Projekt die Chance geboten hätte, etwas wirklich Innovatives, Einmaliges zu realisieren, aber wenn die anderen vor dem Risiko zurückschrecken, dann geht es eben nicht.

Was nun die aktuelle Situation besonders schwierig macht: Sie waren von Anderson zu einer Aussprache eingeladen worden und wollten sich mit ihm 20 Minuten vor Beginn des Meetings treffen. Darüber hatten Sie Thomas Winkler, den Vorsitzenden des Lenkungsausschusses, informiert. Der hatte Sie aber gebeten, stattdessen schnell noch einen besonders wichtigen Untersuchungsbericht über ein neues Simulationsverfahren zu lesen und ihm nach dem Projektmeeting darüber zu berichten. Sie konnten Peter Anderson nicht mehr darüber informieren, dass Sie die Aussprache mit ihm nicht einhalten können und sind erst zum Besprechungsbeginn am Raum „Shaper" eingetroffen. In den 20 Minuten Lesezeit waren Sie allein, Sie haben also kein Alibi. Das wird ein Problem, vor allem dann, wenn Anderson jemand von Ihrem beabsichtigten Treffen erzählt hat.

Das mit der Terminverzögerung im Projekt ist ein riesiges Desaster. Sie hatten eine lautstarke Auseinandersetzung mit Ihrem Chef, als er Sie einige Tage von der Arbeit im Projekt abzog. Sie haben eindringlich auf die sich ergebenden Probleme und den massiven Terminverzug hingewiesen, aber er war nicht zu erweichen. Sie sind sogar zu Thomas Winkler, dem Vorsitzenden des Lenkungsausschusses gegangen, damit der mit Ihrem Vorgesetzten redet. Aber Thomas Winkler hat gesagt, da könne er nichts unternehmen. Bei diesem Gespräch war der Konstrukteur Thomas Erler dabei.

Die Verzögerung ist umso schlimmer, da Sie wissen, dass die „Autocom-AG", ein aufstrebender und aggressiver Wettbewerber in chinesischem Besitz, ein vergleichbares Produkt in der Entwicklung hat. Sie kennen einen der dortigen Entwickler persönlich ganz gut aus gemeinsamen Aktivitäten im Fitness-Studio. Neulich auf dem Weg zum Arzt haben Sie ihn auf der Straße getroffen. Er hat Ihnen herablassend, aber auch voller Stolz erzählt, dass seine Firma die Ihre diesmal mit Sicherheit qualitativ übertreffen werde und ganz sicher auch früher auf dem Markt sei. Sie haben ihm zu verstehen gegeben, dass Sie sich das überhaupt nicht vorstellen könnten, doch er hat nur gelacht und erwidert, dass in Kürze eine saftige Überraschung möglich sei: In seinem Projekt wisse man, dass ein mit dem Projekt befasster Top-Manager aus Ihrem Unternehmen demnächst abgeworben werden könnte. Damit konnte er eigentlich nur Thomas Winkler meinen, den Vorsitzenden des Projekt-Lenkungsausschusses.

Jo Meyer, Konstrukteur(in)

Vorstellungstext (Bitte inhaltlich vollständig wiedergeben!)
Ich bin entsetzt. Peter war so ein super Kollege, immer freundlich und hilfsbereit. Wer macht so was, einen Kollegen zu ermorden? Wir hatten in diesem Projekt sicher jede Menge Meinungsverschieden-

heiten, dass das aber so enden musste, unfassbar. Ich frage mich, ob wir hier jemals wieder vernünftig zusammenarbeiten können, auch wenn der Täter hoffentlich schnell gefasst wird.

Ihre Zusatzinformationen, die Sie im Verlauf der Ermittlungen nach eigenem Ermessen verwenden können
Im Grunde können Sie nicht viel zur Klärung dieses Falles beitragen, denn Sie haben Peter Anderson erst zu Beginn dieses Projektes kennengelernt und deswegen außer den gemeinsamen Besprechungen noch keinen Kontakt zu ihm gehabt. Das Einzige, was Sie über Peter Anderson gehört haben, stammt von einer Kollegin. Sie meinte, Anderson sei ein Schürzenjäger, er habe es auch bei ihr schon versucht. In diesem Zusammenhang ist es vielleicht interessant, dass Anderson und die Softwareentwicklerin Clarissa Penta von Ihnen gestern Abend gesehen wurden, als sie gemeinsam aus einem Restaurant kamen. Da scheint sich auch eine Beziehung anzubahnen, und das obwohl Clarissa Ihres Wissens mit ihrem Kollegen John Demand liiert ist.

Über Georg Brigg, den Systemingenieur, sind Sie sich noch nicht im Klaren. Auf der einen Seite verstehen Sie nicht, dass er so wenig wirtschaftliches Verständnis hat und immer wieder versucht, eine 150%ige Lösung durchzusetzen, ohne Rücksicht auf den daraus resultierenden Aufwand. Andererseits sind Sie sicher, dass ihm der Erfolg des Projektes sehr am Herzen liegt. Ein Kollege hat Ihnen erzählt, dass er Zeuge einer lautstarken Auseinandersetzung zwischen Brigg und dessen Vorgesetztem war, bei der Brigg heftig gegen seinen zeitweiligen Abzug aus dem Projekt protestiert haben soll.

Zur vermutlichen Tatzeit in der Mittagspause waren Sie mit Ihrem Kollegen Thomas Erler im Casino. Sie sind gegen 13:45 Uhr gegangen, um am Arbeitsplatz noch schnell einige Unterlagen für die Besprechung zu holen. Ihr Kollege Thomas hatte versprochen, Ihr Tablett mit dem Geschirr und Besteck abzuräumen.

Thomas Erler, Konstrukteur

Vorstellungstext (Bitte inhaltlich vollständig wiedergeben!)
Sollen wir jetzt hier diese Amateurermittlungen wirklich durchführen? Was kann das denn bringen? Das ändert nichts an der Tatsache, dass hier ein guter Kollege ermordet wurde. Ich befürchte, dass jetzt mit Sicherheit jede Menge schmutzige Wäsche gewaschen wird. Wir wissen doch alle, dass in diesem Projekt wenig Teamgeist zu spüren war. Lassen wir die Arbeit von den Profis machen, der Polizei.

Ihre Zusatzinformationen, die Sie im Verlauf der Ermittlungen nach eigenem Ermessen verwenden können
Georg Brigg, der Systemingenieur, ist schon ein seltsamer Mensch. Einerseits bewundern Sie seine fachliche Kompetenz, da ist er wirklich überragend. Er ist sehr kreativ, und da liegt wohl auch eines seiner Probleme. Seine Fantasie geht manchmal mit ihm durch, und er verliert die „Bodenhaftung". So ist es auch in diesem Projekt. Er hatte einige brillante Ideen, und will nicht akzeptieren, dass die Realisierung und Integration in die vorhandenen Serienprodukte praktisch unmöglich ist.

In einigen Projektmeetings wurde er deswegen sehr unangenehm und geriet vor allem mit Peter Anderson heftig aneinander. Da er wohl sehr leicht erregbar ist, könnte man ihm schon zutrauen, dass er spontan mit einem Messer zustößt. Andererseits haben Sie aber auch schon festgestellt, dass er sich sehr massiv und heftig für das Projekt eingesetzt hat. Sie waren einmal beim Vorsitzenden des Lenkungsausschusses, Thomas Winkler, zum Gespräch eingeladen, weil der sich über die aktuelle Situation im Projekt informieren wollte. Da kam Georg Brigg hereingestürmt, und beschwerte sich heftig. Sein Vorgesetzter hatte ihm eine Aufgabe „aufs Auge gedrückt", die es ihm unmöglich machte, zu 100% im Projekt mitzuarbeiten. Er wollte, dass Winkler mit seinem Vorgesetzten redet, um diese, wie er sagte „unsinnige und schädliche Entscheidung" zurückzunehmen.

Rollenvorlagen

Sie fanden es gut, dass Peter Anderson sich unmittelbar vor dem Meeting mit Georg Brigg aussprechen wollte, wie er Ihnen verraten hatte. Etwas gewundert haben Sie sich dann schon, als Sie unmittelbar vor Besprechungsbeginn um 14:00 Uhr gemeinsam mit Georg Brigg am Besprechungsraum eintrafen. Anscheinend hatte die Aussprache doch nicht stattgefunden.

In der Mittagspause waren sie mit Jo Meyer beim Mittagessen. Gegen 13:45 Uhr ging Jo ins Büro, um einige Unterlagen zu holen, und Sie räumten währenddessen Ihr Geschirr ab. Danach sind Sie direkt zum Besprechungsraum, wo Sie pünktlich um 14:00 Uhr eintrafen.

Clarissa Penta, Softwareentwicklerin

Vorstellungstext (Bitte inhaltlich vollständig wiedergeben!)

Ich kann das gar nicht fassen, was ist da nur los? So ein entsetzliches Verbrechen! Was wird sein, wenn das aufgeklärt ist? Wir können dann doch nicht so einfach weitermachen, als ob nichts passiert wäre. Ich jedenfalls kann das nicht, ich möchte aus diesem Projekt aussteigen.

Ihre Zusatzinformationen, die Sie im Verlauf der Ermittlungen nach eigenem Ermessen verwenden können

Der Tod von Peter trifft Sie ganz besonders, denn Sie waren sich in letzter Zeit auch privat nähergekommen. Erst gestern Abend waren Sie mit ihm zum Essen verabredet. Es war ein schöner, unterhaltsamer, entspannter Abend. Zu Ihrem Bedauern war Peter verheiratet, stand aber kurz vor der Scheidung, wie er Ihnen versichert hat.

Peter war ein ganz anderer Mann als Ihr Ex-Freund John, Ihr Kollege. Von dem haben Sie sich erst vor Kurzem getrennt, nachdem Sie mehr als ein Jahr eine sehr intime Beziehung mit ihm hatten. Aber er war in letzter Zeit zunehmend besitzergreifender, fordernder geworden. Einmal, vor ein paar Tagen, hat er Sie sogar geschlagen und beinahe vergewaltigt. Das war der letzte auslösende Moment gewesen, sich von ihm zu trennen.

John hat die Trennung nicht gut aufgenommen, er war sehr wütend auf Peter. Er hat ihn einen „scheinheiligen, widerlichen Lustmolch" genannt, der sich an naive junge Kolleginnen heranmache, obwohl er verheiratet sei. Peter würde die informelle Führung als der Experte im Projekt schamlos ausnutzen. Eigentlich solle man ihn endgültig „aus dem Verkehr ziehen".

Heute in der Mittagspause waren Sie im Casino, in der Hoffnung, Peter dort zu treffen. Aber in der ganzen Zeit von 13:00 Uhr bis 13:30 Uhr war Peter dort in ein intensives Gespräch mit seinem Kollegen Klaus Lenka vertieft. Da wollten Sie nicht stören. Nach dem Essen waren Sie kurz in der Toilette und trafen sich dann mit Ihrem Chef, Herrn Karl Fehring, an der Cafébar im Casino, wo Sie noch einige Details der Arbeit der nächsten Tage durchsprachen. Von dort sind Sie direkt in den Besprechungsraum gekommen.

John Demand, Softwareentwickler

Vorstellungstext (Bitte inhaltlich vollständig wiedergeben!)
Natürlich ist das schlimm, dass jemand unseren Kollegen Peter umgebracht hat. Ich verstehe aber trotzdem nicht, wieso wir jetzt hier sitzen und versuchen, Licht in diese mysteriöse Angelegenheit zu bringen. Es ist ja nicht sicher, dass sein Tod irgendetwas mit unserem Projekt oder mit den Kollegen hier im Unternehmen zu tun hat. Es könnte auch ganz andere Ursachen geben. Warum überlassen wir das nicht einfach nur den offiziellen Ermittlungen? Ich jedenfalls werde mich an irgendwelchen Spekulationen über seinen Tod nicht beteiligen.

Ihre Zusatzinformationen, die Sie im Verlauf der Ermittlungen nach eigenem Ermessen verwenden können
Genau genommen könnte man Ihnen auch ein Motiv unterstellen, Peter zu ermorden: Er hat Ihnen Ihre Freundin Clarissa aus-

gespannt. Vor wenigen Tagen haben Sie ihn noch im Streit mit Clarissa einen „Lustmolch" genannt. Bei diesem Streit mit Clarissa hatten Sie zu viel getrunken und sind wohl etwas zu aggressiv geworden. Clarissa hat Ihnen vorgeworfen, Sie hätten sie geschlagen und versucht, sie zu vergewaltigen. Außerdem hätten Sie gedroht, man solle Peter „aus dem Verkehr ziehen". An alles das haben Sie aber keine Erinnerung mehr.

Wahrscheinlich weiß außer Clarissa niemand hier in der Runde von Ihrem Streit wegen Anderson, die meisten wissen wahrscheinlich nicht mal, dass Sie eine intime Beziehung mit Clarissa hatten.

Es wäre natürlich schon interessant zu erleben, wie die Anwesenden es aufnehmen, wenn sie erfahren, dass ihr hoch geschätzter Kollege Peter ein ganz schön durchtriebener Schwerenöter war. Obwohl verheiratet, hat er die attraktiven Kolleginnen reihenweise verführt, Clarissa war sein letztes Opfer. Theoretisch könnte der Mörder auch in diesem Umfeld zu finden sein.

Ihr Alibi für die Zeit zwischen 13:00 Uhr und Besprechungsbeginn ist durchwachsen. Sie sind gegen eins zum Mittagessen in das Casino und knapp 20 Minuten später wieder weg. Dabei ist Ihnen übrigens Thomas Winkler, der Vorsitzende des Lenkungsausschusses, begegnet. Er kam gerade durch die Pendeltür der Küche und verabschiedete sich vom Küchenchef. Sie selbst sind dann in Ihr Büro und haben noch einmal kurz die Statusberichte der letzten Projektphasen durchgesehen. Dabei waren Sie allein. Anschließend sind Sie in den Besprechungsraum gekommen, wo der Projektleiter Konrad Roth gerade versuchte, Herrn Winkler telefonisch zu erreichen. Es dauerte mindestens fünf Minuten, bis Winkler ans Telefon kam.

Klaus Lenka, Kollege des Systemintegrators

Vorstellungstext (Bitte inhaltlich vollständig wiedergeben!)
Ich kann mir vorstellen, dass einige in dieser Runde jetzt denken, dass ich von Peters Tod profitiere. Es war ja bekannt, dass ich

gern von Anfang an in diesem Projekt gearbeitet hätte. Aber unter diesen Umständen: nein. Sollte das Projekt weitergeführt werden, dann werde ich die Geschäftsleitung bitten, mich nicht dafür einzusetzen.

In den letzten Tagen habe ich viel mit Peter über das Projekt gesprochen, er hatte unseren Vorgesetzten gebeten, mich zu 50% für das Projekt abzustellen, um den Zeitverzug wenigstens etwas aufzuholen. Das war beschlossen. Was nun wird, muss man abwarten. Ich möchte jedenfalls nicht mehr in dieses Projekt.

Ihre Zusatzinformationen, die Sie im Verlauf der Ermittlungen nach eigenem Ermessen verwenden können
Kurz vor dem Start dieses Projektes hatten Sie tatsächlich einen heftigen Streit mit Peter Anderson. Sie hatten alle Hebel in Bewegung gesetzt, um als Systemintegrator mitmachen zu können. Das wäre für Ihre Karriere sehr förderlich gewesen. Sie haben bei Ihrem Vorgesetzten dafür gekämpft, und sind bis zur Geschäftsführung gegangen. Sie haben sogar versucht, Peter schlechter zu machen, als er tatsächlich ist: Er sei nicht flexibel genug, nicht kreativ genug für so ein wichtiges Projekt. Peter hat das erfahren und Sie als „karrieregeil" beschimpft. Im Laufe der Zeit haben Sie sich aber wieder vertragen und sind wieder gute Kollegen gewesen wie vorher.

Peter hat Ihnen in der letzten Zeit in einigen Gesprächen sehr viele Insiderinformationen über das Projekt gegeben.

Der erste wichtige Punkt war, dass er Georg Brigg im Verdacht hatte, das Projekt bewusst zu blockieren, zumindest aber, dass er „Dienst nach Vorschrift" macht. Er war überzeugt, dass der Systemingenieur von seinem Vorgesetzten nicht abgezogen worden wäre, wenn er diesem die Lage realistisch geschildert hätte.

Heute hatten Sie sich mit Peter Anderson um 13:00 Uhr zum Mittagessen verabredet. Das dauerte bis kurz nach 13:30 Uhr. Im Gespräch hatte Peter Anderson die nächste Bombe platzen lassen. Er es sagte, er habe mitbekommen, dass ein Mitglied des Top-Managements im Verdacht stehe, das Projekt systematisch zu sabotieren. Er weigerte sich, eine Quelle zu nennen, aber für ihn könne das nur der Vorsitzende des Lenkungsausschusses sein, weil nur dieser über genügend Insiderinformationen verfüge. Er wolle ihm eine Falle stellen, um ihn zu überführen.

Als Peter Anderson gegangen war, sind Sie noch eine Weile sitzen geblieben, um über das Gehörte nachzudenken. Dann haben Sie an der Cafébar des Casinos noch einen Cappuccino getrunken und sind gegen 14:00 Uhr beim Besprechungsraum eingetroffen.

Thomas Winkler, Vorsitzender des Lenkungsausschusses

Vorstellungstext (Bitte inhaltlich vollständig wiedergeben!)

So ein dramatisches und in jeder Hinsicht schieflaufendes Projekt wie dieses habe ich in meiner ganzen Praxis noch nicht erlebt. Zuerst dieser fast unmöglich aufzuholende Zeitverzug, und nun diese Tragödie. Was ist hier in diesem Projekt nur los? Der arme Herr Anderson, so ein tragisches Ende, und das sozusagen vor unser aller Augen. War er verheiratet? Wir müssen etwas für seine Familie tun. Zunächst aber diesen scheußlichen Mord aufklären, das sind wir ihm und unserem Unternehmen schuldig.

Ich bitte Sie, hier in dieser Besprechung und dann später bei der Polizei alles Erdenkliche zu tun, dass das schnell und reibungslos aufgeklärt wird. Wir als Unternehmen wollen mit unseren innovativen Qualitätsprodukten in den Medien erscheinen, und nicht damit, dass sich unsere Mitarbeiter gegenseitig ermorden.

Ihre Zusatzinformationen, die Sie im Verlauf der Ermittlungen nach eigenem Ermessen verwenden können

Sie sind der Mörder, und das kam so:
Sie sind ein Mensch, der schnell, spontan und intuitiv entscheidet. So war es auch hier, als Sie ungefähr 13:45 Uhr in den Besprechungsraum zu Peter Anderson kamen. Er saß mit dem Rücken zur Tür und nahm gerade ein paar Pommes mit den Fingern von seinem

Teller. Teller und Besteck hatte er aus dem Casino in den Besprechungsraum gebracht. Er drehte sich nicht um und sagte nur: „Bist Du das, Georg?" Die Idee war sofort da, Sie entschieden sich intuitiv: Sie ergriffen das neben ihm liegende Steakmesser und stießen es ihm in den Rücken. Dann wischten Sie den Messergriff mit der Serviette ab, steckten diese in die Tasche und verließen wieder den Raum. Niemand hatte Sie beim Betreten oder Verlassen des Raumes gesehen.

Das Motiv Ihrer Tat: Peter Anderson hatte Sie heute Vormittag angerufen und gesagt, er wisse wer der Saboteur im Projekt „3D_Shaper" sei. Er könne genau nachvollziehen, von welchem Rechner zu jedem Zeitpunkt auf den Projektordner des zentralen Laufwerks zugegriffen wurde. Die IP-Adresse des zugreifenden Rechners sei verfügbar, auch wenn kein durch Kennwort autorisierter Zugang verwendet wurde. Er wolle mit Ihnen über dieses Problem reden. Sie sind sich sicher, er wollte Sie erpressen, denn diese nicht autorisierten Zugriffe haben Sie an Ihrem Rechner ausgeführt.

Schon vor dem Start des Projektes sind Sie von einem geheimnisvollen Unbekannten angesprochen worden, dass es für Sie lohnend sein könnte, bei Neuentwicklungen mit dem Wettbewerb zusammenzuarbeiten. Zunächst haben Sie das abgelehnt, aber das gebotene Honorar war sehr attraktiv. Außerdem hat der Unbekannte Ihr Zögern richtig gedeutet und dann doch den Namen des „interessierten" Wettbewerbers genannt: Es handelt sich um die „Autocom-AG", ein aufstrebendes Unternehmen in chinesischem Besitz. Sie haben schon einen Vertrag für eine wichtige Funktion direkt unter dem Vorstand ausgehandelt. Der Kontakt zur „Autocom-AG" läuft nur über ein extra dafür angeschafftes Prepaid-Handy, damit Ihre Sekretärin und andere nichts von Ihren Aktivitäten mitbekommen.

Für die Zusammenarbeit mit der „Autocom-AG" hat man Sie mit einer Software ausgestattet, die es Ihnen erlaubt, die mit Kennwort geschützten Projektdateien einzusehen und auch zu manipulieren. Dies könnten Sie zwar als Vorsitzender des Lenkungsausschusses auch mit Ihren eigenen Kennwörtern, aber dann wäre natürlich klar gewesen, wer der Schuldige ist. Es war Ihnen nicht klar, dass Peter Anderson auch auf diesem Gebiet so kompetent war, dass er Sie trotzdem entdecken konnte.

Ihr spontan gefasster Entschluss, ihn kurzerhand zu beseitigen, war goldrichtig. Der Systemingenieur Georg Brigg hat „dankenswerterweise" in der Vergangenheit alles getan, um den Verdacht auf sich zu lenken. Er war mit Peter Anderson wegen der inhaltlichen Ausrichtung des Projektes heftig in Streit geraten und musste schließlich einlenken. Außerdem wurde er beobachtet, wie er sich während seiner angeblichen Kranktage auf der Straße mit einem der bekannten Spezialisten des Wettbewerbers „Autocom-AG" angeregt unterhalten hat. Der Verdacht, die Projektdateien manipuliert zu haben, wird so auch auf ihn zurückfallen. Sie müssen später nur noch Ihre illegale Software von Ihrem PC entfernen, dann sind Sie aus dem Schneider. Klugerweise haben Sie auch vorgesorgt, dass Georg Brigg kein Alibi hat: Sie waren von ihm informiert worden, dass er sich mit Anderson 20 Minuten vor Beginn des Meetings zu einer Aussprache treffen wollte. Sie haben ihn aber gebeten, stattdessen schnell noch einen besonders wichtigen Untersuchungsbericht über ein neues Simulationsverfahren zu lesen und Ihnen nach dem Projektmeeting darüber zu berichten. So war klar, dass Anderson vor dem Meeting allein im Besprechungsraum war und Brigg ohne Zeugen an seinem Arbeitsplatz.

Allerdings ist auch Ihr Alibi etwas „wackelig": Sie waren in der Mittagszeit um 12:45 Uhr in der Küche mit dem Küchenchef Fritz Siebert verabredet, um mit ihm die Details einer wichtigen Kundenbewirtung für morgen zu besprechen. Der Küchenchef kann sich sicher nicht mehr genau an den Zeitpunkt erinnern, als Sie die Küche verließen, denn dort ging es sehr hektisch zu. Sie können also leicht behaupten, von der Küche direkt zu Ihrem Büro gegangen zu sein. Die Strecke dahin dauert maximal eine Minute. Kurz nach 14:00 Uhr waren Sie in Ihrem Büro, wo Sie schon von der ganz aufgeregten Sekretärin Simone Frans empfangen wurden. Sie sagte, Konrad Roth sei schon eine ganze Weile am Telefon, es sei etwas Schlimmes passiert.

Auch die Idee für diese Voruntersuchung in eigener Regie war hervorragend, denn so bekommen Sie mit, was die anderen wissen oder zu wissen glauben, und können gezielt Desinformationen streuen.

Zusätzliche Rollen

Simone Frans, Sekretärin von Thomas Winkler

Vorstellungstext (Bitte inhaltlich vollständig wiedergeben!)
Ich bin erschüttert, dass so etwas bei uns passieren kann. Ich dachte, das gibt es nur im Fernsehen.

Den Herrn Peter Anderson kannte ich natürlich, er war ja wegen des Projekts öfter bei meinem Chef, Herrn Winkler. Er war so nett und sympathisch, immer freundlich und höflich.

Ich weiß aber gar nicht, was ich hier zu diesem Fall beitragen kann. Sollte ich nicht lieber zur Pforte gehen und die Polizei hierher führen, wenn sie kommt?

Ihre Zusatzinformationen, die Sie im Verlauf der Ermittlungen nach eigenem Ermessen verwenden können
Sie haben heute die ganze Mittagszeit im Vorzimmer von Thomas Winkler verbringen müssen, und nur einen Apfel zu sich nehmen können, weil Ihr Chef in der Mittagszeit mit Herrn Siebert vom Casino verabredet war. Im Vorzimmer wurden Sie von Mitarbeitern gesehen. Morgen kommen wichtige Kunden, und Herr Winkler wollte die Abfolge des Mittagessens und die Weinauswahl für dieses Geschäftsessen besprechen. Den Termin um 12:45 Uhr in der Küche haben Sie ausgemacht. Es ging an keinem anderen Ort, weil Ihr Chef nur zu diesem Zeitpunkt abkömmlich war, und Herr Siebert natürlich in der Mittagessenszeit vor Ort sein musste.

Es war schon verwunderlich, dass diese Besprechung so lange gedauert hat, so etwas erledigt Herr Winkler sonst viel schneller, zumal er in letzter Zeit kaum eine freie Minute hat. Ist er mal nicht auf einer Besprechung und könnte etwas ruhiger im Büro sitzen, läutet sein Handy. Sie haben sich gewundert, dass er den Leuten in letzter Zeit offensichtlich seine Handynummer gegeben hat, denn so können Sie ihn nicht abschirmen und die Anrufer abwimmeln.

Ihr Chef kam erst kurz nach 14:00 Uhr ziemlich abgehetzt zurück in sein Büro, wo Sie bzw. Herr Roth am Telefon ihm dann die Hiobsbotschaft mitgeteilt haben.

Fritz Siebert, Küchenchef

Vorstellungstext (Bitte inhaltlich vollständig wiedergeben!)
Sollte mich jemand hier nicht kennen: Ich bin Fritz Siebert, der Küchenchef im Casino. Peter Anderson, den ermordeten Projektmitarbeiter, kannte ich bisher nicht persönlich. Ich habe ihn sicher schon einige Male im Casino gesehen, aber bei der Menge von Leuten, die tagtäglich ein und ausgehen, kann ich mir natürlich nicht alle Gesichter und Namen merken.

Ich weiß gar nicht, was ich hier in der Runde zur Aufklärung des Falles beitragen kann. Ich vermute, dass ich hierher gerufen wurde, weil die Tatwaffe, ein Steakmesser, aus unserem Casino ist, wenn ich richtig informiert bin.

Ihrer Zusatzinformationen, die Sie im Verlauf der Ermittlungen nach eigenem Ermessen verwenden können
Sehr viel können Sie zum Fall wirklich nicht beitragen. Gut bekannt ist Ihnen natürlich der Manager Thomas Winkler, mit dem Sie gerade vorhin eine Besprechung hatten. Es ging darum, für die Bewirtung eines sehr wichtigen Kunden morgen Mittag Speisen und Getränke festzulegen. Es war Ihnen überhaupt nicht recht, dass Frau Frans, die Sekretärin von Herrn Winkler, für diese Besprechung nur einen Zeitpunkt in der Mittagspause angeboten hat, eine Zeit, in der im Casino gerade besonders viel los ist. Zum Glück konnten Sie wenigstens durchsetzen, dass Herr Winkler zum Termin 12:45

Uhr zu Ihnen in die Küche kommt. Da konnten Sie nebenbei die Aktivitäten Ihrer Mitarbeiter kontrollieren.

Wie bei den Herren Managern üblich, kam Herr Winkler mit ein paar Minuten Verspätung. Die Besprechung dauerte dann doch eine halbe Stunde, weil Sie zwischendurch immer wieder Anweisungen an das Küchenpersonal geben mussten. Es war genau 13:20 Uhr, als Herr Winkler wieder ging. Die Zeit wissen Sie deswegen so genau, weil Sie dauernd ungeduldig auf die große Funkuhr schauten, die in der Küche an der Wand hängt. Nachdem Thomas Winkler gegangen war, konnten Sie sich endlich wieder um Ihre eigentliche Aufgabe kümmern, den zeitlichen Ablauf im Casino und die Qualität des Essens sicherzustellen. Falls jemand auf den absurden Gedanken kommen sollte, Sie hätten etwas mit dem Tod von Peter Anderson zu tun: Sie waren in dieser Zeit permanent mit Ihren Mitarbeitern zusammen.

Über die anderen Mitglieder der Projektgruppe wissen Sie so gut wie nichts.

Trainerübersicht über den Fall

Damit Sie als Seminarleiter in allen Phasen die nötige Übersicht über den Fall haben, erhalten Sie mit den folgenden Informationen eine „Kriminalakte" aus der Chronologie der Ereignisse, eine Muster-Lösung des Falls und eine Zusammenfassung der Informationen über die Rollen und die Bezieungen der Beteiligten untereinander.

Zeitlicher Ablauf der Ereignisse

Die folgende Chronologie zeigt Ihnen, welcher Akteur des Geschehens sich zu welcher Uhrzeit an welchem Ort befindet.

Zeit	Ereignisse
12:30 Uhr	Die letzte Besprechung im Besprechungsraum „Shaper" ist zu Ende, der Raum ist bis 14:00 Uhr nicht mehr gebucht.
	Jo Meyer geht in der Mittagspause mit ihrem Kollegen Thomas Erler in das Casino.
13:00 Uhr	John Demand geht zum Essen in das Casino.
	Clarissa Penta ist im Casino. Sie sieht Peter Anderson dort in ein intensives Gespräch mit seinem Kollegen Klaus Lenka vertieft.
13:15 Uhr	Jo Meyer und Thomas Erler essen gemeinsam im Casino.
13:20 Uhr	John Demand verlässt das Casino. Er sieht Thomas Winkler, den Vorsitzenden des Lenkungsausschusses, aus der Pendeltür der Küche kommen und das Casino verlassen.
	John Demand geht an seinen Arbeitsplatz.
13:30 Uhr	Clarissa Penta geht zur Toilette und trifft sich anschließend mit ihrem Chef, Herrn Karl Fehring, an der Cafébar im Casino, wo sie noch einige Details der Arbeit der nächsten Tage durchsprechen. Peter Anderson verlässt das Casino wegen seiner Verabredung mit Georg Brigg.
13:40 Uhr	Georg Brigg sitzt am Schreibtisch und liest auf Anordnung von Thomas Winkler einen Bericht. Eigentlich müsste er jetzt seine Verabredung mit Peter Anderson wahrnehmen. Er kann ihn jedoch nicht informieren, dass er keine Zeit hat.
13:45 Uhr	Jo Meyer verlässt das Casino. Sie geht zu ihrem Arbeitsplatz, um noch Unterlagen für die Besprechung zu holen.
	Danach räumt Thomas Erler ihr Geschirr ab und geht ebenfalls.
	Thomas Winkler betritt den Besprechungsraum, ersticht Peter Anderson mit dessen Steakmesser, wischt den Griff ab und verlässt ungesehen den Raum.

13:55 Uhr	Konrad Roth betritt den Besprechungsraum und findet den toten Peter Anderson.
kurz vor 14:00 Uhr	Konrad Roth versucht, Thomas Winkler, den Vorsitzenden des Lenkungsausschusses, per Telefon zu erreichen. Es dauert fast fünf Minuten, bis das gelingt.
14:00 Uhr	Die restlichen Projektmitglieder und Klaus Lenker treffen am Besprechungsraum ein. Thomas Winkler kommt ungefähr 15 Min. später.
14:15 Uhr	Die Besprechung beginnt.

Die Lösung

Täter

Thomas Winkler, der Leiter des Lenkungsausschusses, ist der Täter. Zu seiner Überführung gibt es einige konkrete Hinweise, und auch für das Motiv finden sich plausible Anhaltspunkte. Thomas Winkler hat *kein* Alibi für die Tatzeit.

Die folgenden Informationen sind für die Aufklärung des Falles besonders relevant.

- Georg Brigg hat von einem Bekannten, der zum Wettbewerber Autocom-AG gehört, erfahren, dass ein mit dem Projekt befasster Top-Manager der Peters Automaten GmbH & Co. KG kontaktiert und „angeworben" wurde.
- Auch der ermordete Peter Anderson vermutete, dass es sich dabei um Thomas Winkler handelt, wie er seinem Kollegen Klaus Lenka erzählte.
- Verdächtig ist auch, dass Thomas Winkler als Vorsitzender des Lenkungsausschusses erklärte, er könne nichts dagegen tun, dass der Systemingenieur Georg Brigg von seinem Vorgesetzten immer wieder vom Projekt abgezogen wurde. Dadurch geriet das Projekt sehr stark in Verzug.
- Thomas Winkler verließ die Küche des Casinos, wo er eine Besprechung mit dem Küchenchef Fritz Siebert hatte, um 13:20 Uhr. Er traf erst nach 14:00 Uhr in seinem Büro ein. Er hatte also genügend Zeit, einen Umweg über den Besprechungsraum zu machen und Peter Anderson zu ermorden.
- Thomas Winkler wusste, dass Peter Anderson und Georg Brigg vor dem Meeting verabredet waren und hat Brigg mit einer „Sonderaufgabe" von diesem Treffen ferngehalten.

Trainerübersicht über den Fall

Zusammenfassung der wichtigsten Informationen der Beteiligten

Informationen des Projektleiters Konrad Roth
▶ Alibi:
Konrad Roth war in der Mittagszeit allein und wurde von niemandem gesehen. Er kam nach eigenen Angaben kurz vor 14:00 Uhr in den Besprechungsraum. Demnach hat er kein Alibi und könnte auch der Täter sein.

▶ über Georg Brigg:
Konrad Roth weiß, dass Georg Brigg verdächtigt wird, das Projekt im Auftrag eines Mitbewerbers zu sabotieren. Er soll beobachtet worden sein, wie er sich während seiner angeblichen Krankheit auf der Straße mit einem der bekannten Spezialisten des Wettbewerbers Autocom-AG getroffen hat.

Peter Anderson hat Konrad Roth noch am Morgen gesagt, dass er sich unmittelbar vor dem Projektmeeting mit Georg Brigg treffen wolle, um den Konflikt zu bereinigen.

▶ über Klaus Lenka:
Klaus Lenka wollte ursprünglich selbst die Systemintegration in diesem Projekt übernehmen und war sauer, weil ihm Peter Anderson vorgezogen wurde.

Informationen des Systemingenieurs Georg Brigg
▶ Alibi:
Georg Brigg hat kein Alibi. Er saß am Schreibtisch und las auf Anweisung von Thomas Winkler einen Untersuchungsbericht. Dabei vergaß er, Peter Anderson darüber zu informieren, dass er das vereinbarte Treffen 20 Minuten vor Besprechungsbeginn nicht einhalten konnte. Das Treffen hatte das Ziel, den zwischen ihnen schwelenden Konflikt zu bereinigen.

▶ über Thomas Winkler:
Als sich Georg Brigg bei Thomas Winkler beschwert, weil er von seinem Chef vom Projekt abgezogen wird, erklärt dieser, er könne da nichts machen.

Georg Brigg hat von einem Bekannten aus der Autocom-AG gehört, dass ein Top-Manager der Peters Automaten GmbH & Co. KG mit intimen Kenntnissen des Projekts „3D_Shaper" abgeworben wird. Er schlussfolgert, dass dies nur Thomas Winkler sein kann.

Information der Konstrukteurin Jo Meyer
▶ Alibi:
Jo Meyer hat kein Alibi, denn als sie um 13:45 Uhr das Casino verließ, um am Arbeitsplatz noch schnell einige Unterlagen für die Besprechung zu holen, wurde sie von niemandem gesehen.

▶ über Georg Brigg:
Jo Meyer hat von einem Kollegen gehört, dass Georg Brigg bei seinem Chef massiv dagegen protestiert hat, zeitweise aus dem Projekt abgezogen zu werden.

▶ über Thomas Erler:
Als Jo Meyer um 13:45 Uhr das Casino verließ, wollte der Kollege Thomas Erler das Tablett mit dem Geschirr und Besteck abräumen.

▶ über Clarissa Penta:
Jo Meyer hat am Abend vorher Peter Anderson und Clarissa Penta beobachtet, wie sie gemeinsam aus einem Restaurant kamen. Sie glaubt, dass sich da eine Beziehung anbahnte.

Informationen des Konstrukteurs Thomas Erler
▶ Alibi:
Thomas Erler hat um 13:45 Uhr im Casino sein Besteck und Geschirr und das von Jo Meyer weggeräumt. Ob er danach direkt zum Besprechungsraum ging oder einen Umweg machte, ist nicht bekannt.

- über Georg Brigg:

Thomas Erler war Zeuge, wie Georg Brigg sich bei dem Vorsitzenden des Lenkungsausschusses, Thomas Winkler, heftig darüber beschwerte, dass sein Vorgesetzter ihn derart mit Aufgaben eindeckte. Diese würden es ihm unmöglich machen, 100%ig im Projekt mitzuarbeiten.

Thomas Erler war auch von Peter Anderson darüber informiert worden, dass dieser sich unmittelbar vor dem Meeting mit Georg Brigg aussprechen wollte.

Informationen der Softwareentwicklerin Clarissa Penta

- Alibi:

Clarissa Penta war nach dem Essen kurz in der Toilette und hat sich dann mit ihrem Chef, Herrn Karl Fehring, an der Cafébar im Casino getroffen, wo sie noch einige Details der Arbeit der nächsten Tage durchsprachen. Von dort ging sie direkt zum Besprechungsraum, wo sie um 14:00 Uhr eintraf.

- über John Demand:

Clarissa Penta hat sich vor Kurzem von ihrem bisherigen Partner John Demand getrennt, weil dieser ihr zu gewalttätig war. Sie hatte eine Beziehung zu Peter Anderson begonnen. John Demand war deswegen sehr wütend, und sagte, man sollte Peter Anderson „aus dem Verkehr ziehen".

Informationen des Softwareentwicklers John Demand

- Alibi:

John Demand war zwischen 13:00 Uhr und 13:20 Uhr im Casino beim Mittagessen. Als er das Casino verließ begegnete ihm Thomas Winkler, der Vorsitzende des Lenkungsausschusses, der gerade aus der Küche kam. Danach ging John Demand in sein Büro, wo er bis zum Beginn der Besprechung am Schreibtisch arbeitete.

▶ über Konrad Roth:
Als John Demand gegen 14:00 Uhr in den Besprechungsraum kam, war Konrad Roth gerade am Telefon und versuchte, den Vorsitzenden des Lenkungsausschusses zu erreichen.

▶ über Thomas Winkler:
John Demand hat mitbekommen, dass Thomas Winkler erst fünf Minuten nach 14:00 Uhr in seinem Büro telefonisch erreichbar war.

Informationen des Systemintegrators Klaus Lenka

▶ Alibi:
Klaus Lenka war mit Peter Anderson von 13:00 Uhr bis 13:30 Uhr im Casino verabredet. Nach dem Gespräch blieb er noch eine Weile sitzen, um über das Gehörte nachzudenken. Danach hat er an der Cafébar des Casinos noch einen Cappuccino getrunken und ist gegen 14:00 Uhr beim Besprechungsraum eingetroffen.

▶ über Georg Brigg:
Klaus Lenka hat von Peter Anderson erfahren, dass er Georg Brigg im Verdacht habe, das Projekt zu blockieren.

▶ über Thomas Winkler:
Peter Anderson hatte ihn im Gespräch in der Mittagspause informiert, dass ein Mitglied des Top-Managements im Verdacht stehe, das Projekt systematisch zu sabotieren. Peter Anderson vermutete, dass es sich um Thomas Winkler handle. Er wolle ihm eine Falle stellen, um ihn zu überführen.

Informationen des Leiters des Lenkungsausschusses Thomas Winkler

▶ Alibi:
Thomas Winkler hat kein dichtes Alibi für die Tatzeit. Er verließ die Besprechung mit dem Küchenchef Fritz Siebert in der Küche des Casinos um 13:20 Uhr. Kurz nach 14:00 Uhr war er zurück in seinem Büro, wie seine Sekretärin Simone Frans bestätigen kann.

▶ über Georg Brigg:
Thomas Winkler weiß, dass Georg Brigg beobachtet wurde, wie er sich während seiner „angeblichen" Kranktage auf der Straße mit einem der bekannten Spezialisten des Wettbewerbers Autocom-AG angeregt unterhalten hat. Dadurch ist Georg Brigg unter Verdacht geraten, möglicherweise Projektdetails verraten zu haben.

Informationen der Sekretärin Simone Frans
▶ Alibi:
Simone Frans war während der gesamten Mittagszeit und auch noch kurz vor 14:00 Uhr beim Anruf von Konrad Roth im Sekretariat von Thomas Winkler und wurde von Mitarbeitern in dieser Zeit gesehen. Der Weg von dort zum Besprechungsraum ist zu weit, um zur Tatzeit dort gewesen sein zu können.

▶ über Thomas Winkler:
Simone Frans hatte den Termin ihres Vorgesetzten um 12:45 Uhr in der Küche mit dem Küchenchef Fritz Siebert vereinbart. Von diesem Termin kam Thomas Winkler erst kurz nach 14:00 Uhr zurück. Der Sekretärin war auch aufgefallen, dass Thomas Winkler in letzter Zeit besonders häufig auf seinem Handy angerufen wurde, obwohl er besonders stark unter Stress stand und sich eigentlich von ihr vor den häufigen Anrufen hätte abschirmen lassen können.

Informationen des Küchenchefs Fritz Siebert
▶ Alibi:
Nachdem Thomas Winkler um 13:20 Uhr das Casino verlassen hatte, hat sich Fritz Siebert wieder um den zeitlichen Ablauf im Casino und die Sicherstellung der Qualität des Essens gekümmert. Er war in dieser Zeit permanent mit seinen Mitarbeitern zusammen.

▶ über Thomas Winkler:
Fritz Siebert kann bestätigen, dass Thomas Winkler von ungefähr 12:50 Uhr bis 13:20 Uhr bei ihm in der Küche des Casinos war.

Ändern des Geschlechts der einzelnen Rollen

In diesem Krimispiel sind die Rollen für Mitspieler oder Mitspielerinnen des jeweils anderen Geschlechts relativ einfach zu ändern. Wie bei den anderen Krimis auch, sollten Sie bei der Änderung einer Rolle die Rollenübersicht, die Geschichte und die Vorlage der entsprechenden Rolle bearbeiten. Weitere notwendige Bearbeitungsschritte für jede mögliche Rollenänderung sind in der folgenden Übersicht dokumentiert.

Ändern der Rolle des Projektleiters Konrad Roth
Es bereitet überhaupt keine Probleme, die Projektleitung mit einer Frau zu besetzen. Erwähnt wird die mit der Projektleitung betraute Person in den Rollenvorlagen von Thomas Winkler, John Demand und Simone Frans.

Ändern der Rolle des Systemingenieurs Georg Brigg
Auch der Systemingenieur Georg Brigg kann ohne Weiteres durch eine Systemingenieurin ersetzt werden, denn in den Unterlagen sind keine geschlechterspezifischen Informationen enthalten. Aller-

dings müssen die Bezüge in fünf weiteren Rollenvorlagen bearbeitet werden, nämlich in denen von Konrad Roth, Jo Meyer, Thomas Erler, Klaus Lenka und Thomas Winkler.

Ändern der Rolle der Konstrukteurin Jo Meyer
Jo Meyer ist besonders einfach zu ändern, da selbst der Vorname Jo männlich oder weiblich sein kann. Außerdem wird Jo Meyer nur in der Rollenvorlage von Thomas Erler erwähnt.

Ändern der Rolle des Konstrukteurs Thomas Erler
Wenn Sie aus Thomas Erler eine Konstrukteurin machen wollen, sind nur die Bezüge in den Rollenvorlagen von Georg Brigg und Jo Meyer zu bearbeiten.

Ändern der Rolle der Softwareentwicklerin Clarissa Penta
Der Aufwand, aus der Softwareentwicklerin eine Männerrolle zu machen, ist etwas größer. Aus der Beziehung von Clarissa Penta zum Mordopfer Peter Anderson und zu ihrem Ex-Partner John Demand kann ein schwaches Mordmotiv für John Demand konstruiert werden. Wenn Sie aus der Vorlage von Clarissa einen Mann machen wollen, sollten Sie sich überlegen, was sie als Alternative einsetzen können, um die Lösung des Falles nicht zu einfach zu machen. Clarissa Penta wird in den Rollenvorlagen von Jo Meyer und John Demand erwähnt.

Ändern der Rolle des Softwareentwicklers John Demand
Für eine Änderung der Rollenvorlage von John Demand gilt ebenfalls das, was bei Clarissa Penta angeführt wurde: Es müsste ein Ersatzmotiv für Eifersucht als Mordmotiv gefunden werden, damit er nicht als Verdächtiger ausscheidet. Bezüge zu John Demand gibt es in den Vorlagen von Jo Meyer und Clarissa Penta.

Ändern der Rolle des Systemintegrators Klaus Lenka

Die Änderung der Rolle des Systemintegrators Klaus Lenka ist einfach. Die Bezüge in den Rollenvorlagen von Konrad Roth und Clarissa Penta sind zu berücksichtigen.

Ändern der Rolle des Vorsitzenden des Lenkungsausschusses Thomas Winkler

Die Rolle des Täters Thomas Winkler kann ohne inhaltliche Schwierigkeiten in eine weibliche Rolle geändert werden. Es müssen aber relativ viele andere Rollenvorlagen angepasst werden: die von Konrad Roth, Georg Brigg, Thomas Erler, John Demand, Klaus Lenka, Sabine Frans und Fritz Siebert.

Ändern der Rolle der Sekretärin Simone Frans

Der Sekretär des Vorsitzenden des Lenkungsausschusses kann ohne Probleme männlich sein. Es müssen nur die Vorlagen von Thomas Winkler und Fritz Siebert angepasst werden.

Ändern der Rolle des Küchenchefs Fritz Siebert

Die Rolle „Küchenchef" ist leicht in eine weibliche Rolle zu ändern: Neben der Rolle von Thomas Winkler ist nur die Anpassung der Rolle von Simone Frans nötig.

Ein tödliches Projekt als Problemlösungsaufgabe

Aufgabenstellung und Instruktion für die Teilnehmer

„Ihre Aufgabe im Team: Sie sollen anhand der Ihnen vorliegenden Informationen einen Kriminalfall klären: Als die Mitglieder eines Projektteams zu einer Krisensitzung zusammenkommen, sitzt ein Projektmitglied mit einem Messer im Rücken im Besprechungsraum. Finden Sie heraus: Wer ist der Täter oder die Täterin?

Wenn Sie den Täter oder die Täterin nicht mit Sicherheit ermitteln können, dann einigen Sie sich am Ende bitte darauf, wer es mit größter Wahrscheinlichkeit war. Bitte geben Sie am Ende auch jeder eine Schätzung dieser Wahrscheinlichkeit ab (Skala: 0 bis 100 % sicher).

Lesen Sie zunächst die folgende Information für alle. Dazu haben Sie 15 Minuten Zeit.

Im Anschluss daran erhält jeder von Ihnen einige Karten mit Informationen zum Fall. Jeder darf seine Informationen jederzeit vorlesen, aber die Karten keinesfalls aus der Hand geben oder anderen zeigen."

Folgende Dokumente stehen für jede Problemlösungsaufgabe zum Download zur Verfügung:
- Die Fallbeschreibung (die Geschichte) als Information für alle
- Die Informationen zum Verteilen an die einzelnen Teilnehmer

Informationen für alle: Die Geschichte

An diesem Fall sind folgende Personen beteiligt:
Konrad Roth, der Projektleiter. Fünf Projektmitarbeiter: Georg Brigg, Systemingenieur; Jo Meyer und Thomas Erler, zwei Konstrukteure; Clarissa Penta und John Demand, zwei Softwareentwickler. Klaus Lenka, ein Kollege des ermordeten Systemintegrators; Thomas Winkler, Vorsitzender des Lenkungsausschusses; Simone Frans, Sekretärin von Thomas Winkler; Fritz Siebert, Küchenchef.

Das Projekt „3D_Shaper" der Firma „Peters Automaten GmbH & Co. KG" ist – oder besser gesagt, war – sehr ehrgeizig: Binnen vier Monaten sollte eine neue Generation von Fräsmaschinen zur Bearbeitung von hoch verdichtetem Aluminium auf den Markt gebracht werden. Diese Fräsmaschinen sollen gegenüber den alten Maschinen über einen verbesserten Fräskopf verfügen, der eine beliebige dreidimensionale Bearbeitung der Werkstücke ermöglicht.

Das Projekt sollte in vier Phasen abgewickelt werden:
1. Konzeption und Systemauslegung
2. Entwicklung des Fräskopfes
3. Konstruktion
4. Integration und Test

Ein tödliches Projekt als Problemlösungsaufgabe

Die Phasen 1-3 sind abgeschlossen. Das Projekt ist aber jetzt, unmittelbar vor Beginn der Phase 4, schon 15 Arbeitstage in Verzug. Der geplante Auslieferungstermin ist kaum noch zu halten.
Der Projektleiter Konrad Roth wurde deswegen zum Lenkungsausschuss für das Projekt gerufen, wo man unmissverständlich verlangte, das Projekt wieder auf die richtige Spur zu bringen. Es war ihm klar, dass der Erfolg dieses Projektes für seine Karriere ein entscheidender Meilenstein war.

Der bisherige Projektverlauf
Die erste Phase der „Konzeption und Systemauslegung" sollte acht Arbeitstage dauern. Alle Beteiligten wollten in dieser Zeit gemeinsam ein abnahmefähiges Konzept für den neuen Fräskopf ausarbeiten. Der Zeitrahmen wurde schon in diesem frühen Stadium um drei Tage überzogen, weil sich die Beteiligten über einige funktionale Details nicht einigen konnten. Georg Brigg, der Systemingenieur wollte einige Funktionen verwirklichen, die von den Konstrukteuren Jo Meyer und Thomas Erler, und auch vom Systemintegrator Peter Anderson als zu komplex und zu riskant in der Entwicklung abgelehnt wurden. Die beiden Softwareentwickler Clarissa Penta und John Demand waren in dieser Angelegenheit unterschiedlicher Meinung. Während Clarissa Penta die Ansicht der beiden Konstrukteure und des Systemintegrators teilte, sprach sich John Demand dafür aus, die Argumente von Georg Brigg in Erwägung zu ziehen und genauer zu untersuchen.

Der Lenkungsausschuss musste schließlich eingreifen und entschied sich auf Empfehlung des Projektleiters Konrad Roth für eine einfache Variante, sehr zum Ärger von Georg Brigg. Danach folgte Phase 2, die „Entwicklung des Fräskopfes". Der dafür verantwortliche Systemingenieur Georg Brigg hatte für diese Phase 28 Arbeitstage geplant. Diese Phase wurde um zwölf Arbeitstage überzogen, weil Brigg von seinem Linienvorgesetzten ohne Rücksprache mit dem Projektleiter zeitweise für andere Aufgaben vom Projekt abgezogen wurde. Außerdem war er in dieser Zeit zweimal für jeweils zwei Tage krank. Bei zwei Statusmeetings während dieser Phase wurde der Konflikt zwischen den Konstrukteuren und insbesondere Peter Anderson auf der einen Seite und Georg Brigg auf der anderen massiv. Peter Anderson sagten: „Wenn Du nicht mal in der Lage bist, dieses einfache Konzept termingerecht umzusetzen, was wäre das wohl geworden, wenn Du die von Dir gewünschte ‚eierlegende Wollmilchsau' entwickelt hättest!"

In der sich anschließenden Phase 3, „Konstruktion" sollte der neu entwickelte Fräskopf von den beiden Konstrukteuren so modifiziert werden, dass er optimal in den vorhandenen Fräsmaschinen des Unternehmens einzusetzen ist. Die beiden Konstrukteure hatten dafür 18 Arbeitstage geplant. Dieser Teil des Zeitplans wurde eingehalten.

Die Integrations- und Testphase (Phase 4) sollte nach dem ursprünglichen Terminplan schon vor 15 Tagen beginnen und war mit einer Dauer von 22 Arbeitstagen geplant.

Zusätzlich zum Systemintegrator Peter Anderson, übrigens einer der besten seines Faches im Unternehmen, waren hier noch die beiden Softwareentwickler Clarissa Penta und John Demand zu jeweils 100% eingeplant. Heute nach dem Meeting sollte nun diese letzte Phase endlich losgehen.

Der Projektleiter Konrad Roth betrat um 13:55 Uhr (fünf Minuten vor Beginn) den Besprechungsraum „Shaper", wo ihn eine dramatische Überraschung erwartete: Gleich neben der Tür saß Peter Anderson nach vorn zusammengesunken in einem Stuhl. Sein Kopf lag auf dem Besprechungstisch. Neben seinem Kopf stand ein Teller aus dem Casino, darauf ein angeschnittenes Steak und einige Pommes frites. Aus dem Rücken von Peter Anderson ragte der Griff des Steakmessers. Er war tot.

Eine Skizze zur Visualisierung der Geschichte finden Sie auf Seite 173 und in den Online-Ressourcen

Konrad Roth rief sofort Thomas Winkler an, den Vorsitzenden des Lenkungsausschusses. Es dauerte ein paar Minuten, bis der am Apparat war. Winkler sagte, er werde die Geschäftsführung und die Polizei benachrichtigen. Er riet dem Projektleiter, inzwischen das geplante Meeting zur ersten Befragung der Mitarbeiter im angrenzenden Besprechungsraum „Lathe" zu nutzen. Er werde dann nach Möglichkeit selbst in den Besprechungsraum kommen.

Informationskarten zum Verteilen an die Teilnehmer

Drucken Sie die Informationen auf je eine Karte. Für die Teamübung gut mischen und gleichmäßig unter die Teilnehmer verteilen. Achten Sie vor allem darauf, dass möglichst niemand Karten mit direkt aufeinander folgenden Nummern erhält.

Verkünden Sie vor dem Austeilen noch einmal die wichtige Spielregel: *„Jeder darf seine Informationen jederzeit vorlesen, aber die Karten keinesfalls aus der Hand geben oder anderen zeigen. Sie haben 30 Minuten Zeit, die Lösung zu finden."*

Karteikarten im Download

Kartennummer	Kartentext
1	Wegen des Terminverzugs im Projekt hatte der Projektleiter mit Peter Anderson vereinbart, dass dessen Kollege Klaus Lenka hinzugezogen wird, um das Projekt zu beschleunigen.
2	Peter Anderson hatte mitbekommen, dass ein Top-Manager verdächtigt werde, das Projekt „3D_Shaper" zu sabotieren.
3	Konrad Roth hat die relative Ruhe der Mittagszeit genutzt, um an seinem Schreibtisch einen wichtigen Artikel in einer Fachzeitschrift zu lesen. Dafür gibt es keine Zeugen.
4	Als Konrad Roth kurz vor 14:00 Uhr in den Besprechungsraum kam und dort die Tat entdeckte, versuchte er zuerst, Thomas Winkler, den Vorsitzenden des Lenkungsausschusses, telefonisch zu erreichen.
5	Konrad Roth konnte Thomas Winkler erst gegen 14:05 Uhr telefonisch erreichen.
6	Georg Brigg wurde beobachtet, wie er sich während seiner „angeblichen" Kranktage auf der Straße mit einem der bekannten Spezialisten des Wettbewerbers „Autocom-AG" angeregt unterhalten hat.
7	Dem ermordeten Peter Anderson kam es seltsam vor, dass ausgerechnet in der Projektphase, in der Georg Brigg die Hauptverantwortung hatte, so ein massiver Terminverzug eingetreten sei.

Kartennummer	Kartentext
8	Peter Anderson wollte sich vor dem Meeting mit Georg Brigg treffen, um den Konflikt zwischen ihnen zu bereinigen.
9	Peter Anderson machte Klaus Lenka den Vorwurf, „karrieregeil" zu sein und ihn aus dem Projekt verdrängen zu wollen.
10	Thomas Winkler, der Vorsitzende des Lenkungsausschusses, war informiert darüber, dass sich Peter Anderson und Georg Brigg 20 Minuten vor Beginn des Meetings treffen wollten.
11	Thomas Winkler hatte Georg Brigg beauftragt, statt des Treffens mit Peter Anderson unbedingt einen besonders wichtigen Untersuchungsbericht über ein neues Simulationsverfahren zu lesen und ihm sofort nach dem Projektmeeting darüber zu berichten.
12	In den letzten 20 Minuten vor dem Projektmeeting studierte Georg Brigg im Auftrag von Thomas Winkler einen Bericht. In dieser Zeit war er allein.
13	Georg Brigg hatte eine lautstarke Auseinandersetzung mit seinem Chef, als der ihn einige Tage von der Arbeit im Projekt abzog.
14	Georg Brigg ging zu Thomas Winkler, dem Vorsitzenden des Lenkungsausschusses, damit der mit seinem Vorgesetzten wegen des Abzugs aus dem Projekt redet.
15	Thomas Winkler sagte zu Georg Brigg, wegen des Abzugs aus dem Projekt könne er nichts unternehmen.
16	Georg Brigg kannte einen der Entwickler der „Autocom-AG" persönlich aus gemeinsamen Aktivitäten im Fitness-Studio.
17	Als Georg Brigg auf dem Weg zum Arzt war, hat er seinen Bekannten aus der „Autocom-AG" getroffen. Dieser erzählte ihm, dass ein mit dem Projekt 3D_Shaper befasster Top-Manager aus Briggs Unternehmen demnächst abgeworben würde.
18	Peter Anderson und die Softwareentwicklerin Clarissa Penta wurden gesehen, als sie gemeinsam aus einem Restaurant kamen.
19	Clarissa Penta war bis vor Kurzem mit ihrem Kollegen John Demand liiert.
20	Jo Meyer verließ gegen 13:45 Uhr das Casino, um am Arbeitsplatz noch schnell einige Unterlagen für die Besprechung zu holen.
21	Thomas Erler räumte gegen 13:45 Uhr im Casino die Tabletts mit Geschirr und Besteck von sich und Jo Meyer weg.

Ein tödliches Projekt als Problemlösungsaufgabe

Kartennummer	Kartentext
22	Man hatte festgestellt, dass mit einer unbekannten Fremdsoftware auf Dateien des Projektlaufwerks zugegriffen und Daten manipuliert wurden.
23	Thomas Erler und Georg Brigg trafen unmittelbar vor Besprechungsbeginn um 14:00 Uhr gemeinsam am Besprechungsraum ein.
24	Peter Anderson stand kurz vor der Scheidung.
25	John Demand hat angeblich vor ein paar Tagen Clarissa Penta geschlagen und beinahe vergewaltigt.
26	John Demand bezeichnete Peter Anderson als „scheinheiligen, widerlichen Lustmolch", den man „aus dem Verkehr ziehen" sollte.
27	Von 13:00 Uhr bis 13:30 Uhr saßen Peter Anderson und sein Kollege Klaus Lenka im Casino in einem intensiven Gespräch.
28	Nach 13:30 Uhr traf sich Clarissa Penta mit ihrem Chef Karl Fehring an der Cafébar im Casino, wo sie noch einige Details der Arbeit der nächsten Tage durchsprachen.
29	Niemand im Projekt wusste vom Streit zwischen Clarissa Penta und John Demand wegen Peter Anderson.
30	Als John Demand um 13:20 Uhr das Casino verließ, begegnete ihm Thomas Winkler, der Vorsitzende des Lenkungsausschusses. Dieser kam gerade durch die Pendeltür der Küche und verabschiedete sich vom Küchenchef.
31	Nachdem John Demand das Casino verlassen hatte, ging er in sein Büro und sah noch einmal kurz die Statusberichte der letzten Projektphasen durch.
32	John Demand war bei der Durchsicht der Statusberichte allein. Anschließend ging er zum anstehenden Termin in den Besprechungsraum.
33	Konrad Roth brauchte mindestens fünf Minuten, bis er Thomas Winkler an das Telefon bekam, um ihn über den Mord zu informieren.
34	Georg Brigg war in der 2. Projektphase zweimal für jeweils zwei Tage krank.
35	Es wäre für Klaus Lenkas Karriere sehr förderlich gewesen, als Systemintegrator im Projekt mitmachen zu können.

Kartennummer	Kartentext
36	Klaus Lenka versuchte, Peter Anderson schlechtzumachen: Er sei nicht flexibel genug und nicht kreativ genug für so ein wichtiges Projekt.
37	Klaus Lenka wusste, dass Peter Anderson den Systemingenieur Georg Brigg im Verdacht hatte, das Projekt bewusst zu blockieren.
38	In der Geschäftsführung der Firma „Peters Automaten GmbH & Co. KG" war man sich ziemlich sicher, dass das Projekt „3D_Shaper" im Auftrag eines Wettbewerbers sabotiert wurde. Eine auf Wirtschaftsdelikte spezialisierte Detektei war eingeschaltet worden.
39	Als das Gespräch zwischen Peter Anderson und Klaus Lenka im Casino beendet war, ist dieser noch eine Weile sitzen geblieben, um über das Gehörte nachzudenken.
40	Klaus Lenka hat an der Cafébar des Casinos noch einen Cappuccino getrunken und ist gegen 14:00 Uhr beim Besprechungsraum eingetroffen.
41	Peter Anderson hatte zum Vorsitzenden des Lenkungsausschusses gesagt, er könne genau nachvollziehen, von welchem Rechner zu jedem Zeitpunkt auf den Projektordner des zentralen Laufwerks zugegriffen wurde. Die IP-Adresse des zugreifenden Rechners sei immer verfügbar.
42	Thomas Winkler hat ein Vertragsangebot für eine wichtige Funktion direkt unter dem Vorstand der Autocom-AG ausgehandelt.
43	Bevor Thomas Winkler nach dem Anruf von Konrad Roth in den Besprechungsraum „Lathe" ging, löschte er noch schnell ein Programm von der Festplatte seines PC.
44	Der Besprechungstermin zwischen Thomas Winkler und Fritz Siebert um 12:45 Uhr in der Küche wurde von Simone Frans vereinbart.
45	Thomas Winkler kam rund fünf Minuten nach 14:00 Uhr in sein Büro, wo er schon von der ganz aufgeregten Sekretärin Simone Frans empfangen wurde.
46	Simone Frans wunderte sich, dass die Besprechung ihres Vorgesetzten mit dem Küchenchef so lange gedauert hatte, so etwas erledigt Thomas Winkler sonst viel schneller.
47	Die Tatwaffe war ein Steakmesser aus dem Casino.
48	Thomas Winkler kam mit ein paar Minuten Verspätung zur Besprechung mit dem Küchenchef Fritz Siebert.

Kartennummer	Kartentext
49	Nachdem Thomas Winkler gegangen war, konnte Fritz Siebert sich wieder um seine eigentliche Aufgabe kümmern.
50	Fritz Siebert war nach 13:20 Uhr permanent mit seinen Mitarbeitern zusammen.

Die Lösung des Falls

Thomas Winkler, der Vorsitzende des Lenkungsausschusses ist der Mörder. Auch in diesem Fall gibt es keine direkten Tatzeugen. Da es mehrere Tatverdächtige mit plausiblen Motiven und ohne richtiges Alibi gibt, können die Teilnehmer dieser Problemlösungsaufgabe, wie in den anderen Spielen auch, nur den wahrscheinlichsten Täter ermitteln.

Lösungsrelevante Fakten

- Information 30: „Als John Demand um 13:20 Uhr das Casino verließ, begegnete ihm Thomas Winkler, der Vorsitzende des Lenkungsausschusses. Dieser kam gerade durch die Pendeltür der Küche und verabschiedete sich vom Küchenchef." *Diese Information zusammen mit der folgenden zeigt, dass Thomas Winkler kein Alibi für die Tatzeit hat.*
- Information 45: „Thomas Winkler kam rund fünf Minuten nach 14:00 Uhr in sein Büro, wo er schon von der ganz aufgeregten Sekretärin Simone Frans empfangen wurde." *Der Aufenthalt von Thomas Winkler ist von 13:20 Uhr bis 14:05 Uhr nicht geklärt. Die Zeit reicht aus, den Mord zu begehen.*

Die folgenden Informationen weisen auf das wahrscheinliche Mordmotiv hin

- Information 2: „Peter Anderson hatte mitbekommen, dass ein Top-Manager verdächtigt wurde, das Projekt 3D_Shaper zu sabotieren."
- Information 17: „Als Georg Brigg auf dem Weg zum Arzt war, hat er seinen Bekannten aus der ‚Autocom-AG' getroffen. Dieser erzählte ihm, dass ein mit dem Projekt 3D_Shaper befasster Top-Manager aus Briggs Unternehmen demnächst abgeworben würde."
- Information 42: „Thomas Winkler hat einen Vertrag für eine wichtige Funktion direkt unter dem Vorstand der Autocom-AG ausgehandelt."

- Information 22: „Man hatte festgestellt, dass mit einer unbekannten Fremdsoftware auf Dateien des Projektlaufwerks zugegriffen und Daten manipuliert wurden."
- Information 41: „Peter Anderson hatte dem Vorsitzenden des Lenkungsausschusses gesagt, er könne genau nachvollziehen, von welchem Rechner zu jedem Zeitpunkt auf den Projektordner des zentralen Laufwerks zugegriffen wurde. Die IP-Adresse des zugreifenden Rechners sei immer verfügbar."
- Information 43: „Bevor Thomas Winkler nach dem Anruf von Konrad Roth in den Besprechungsraum ‚Lathe' ging, löschte er noch schnell ein Programm von der Festplatte seines PC."

Krimi 4:
Du sollst nicht NEIN sagen

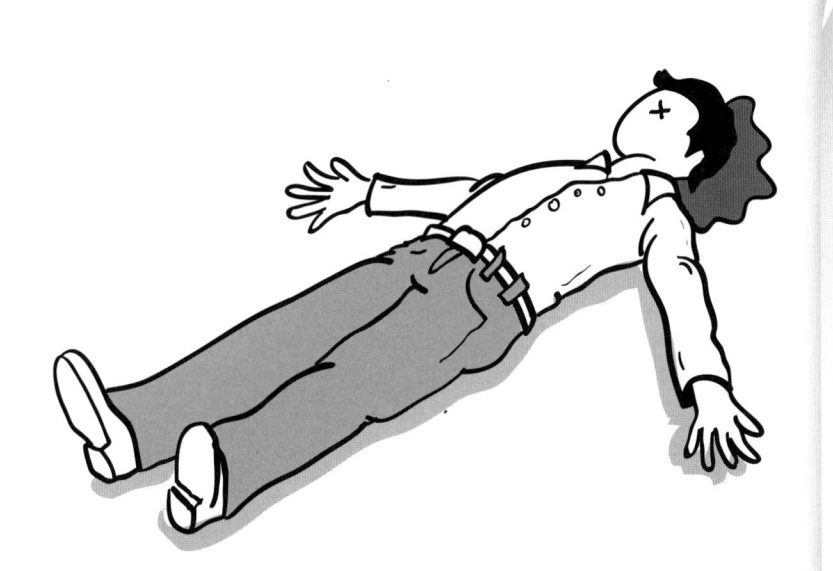

Schnellfinder

Krimi 4: Du sollst nicht NEIN sagen

Kurzbeschreibung und Rollenübersicht 217

Die Geschichte 219

Rollenvorlagen 223
- ▶ Notwendige Rollen 223
- ▶ Zusätzliche Rollen 234

Trainerübersicht über den Fall 237
- ▶ Zeitlicher Ablauf der Ereignisse 238
- ▶ Die Lösung 240
- ▶ Die wichtigsten Informationen der Beteiligten 240

Ändern des Geschlechts der einzelnen Rollen 246

Variante: Du sollst nicht Nein sagen als Problemlösungsaufgabe

Aufgabenstellung und Instruktion für die Teilnehmer 249
Informationen für alle: Die Geschichte 250
Informationskarten zum Verteilen an die Teilnehmer 253
Die Lösung des Falls 257

Kurzbeschreibung und Rollenübersicht

Kurzbeschreibung

Der früher überaus hilfsbereite und bei allen beliebte Kollege Axel Schwein hat sich im Laufe des letzten Jahres radikal verändert. Er wirkt immer ablehnender und unzugänglicher, und hat es inzwischen geschafft, sich fast jeden in der Abteilung zum Feind zu machen. Er behauptet, er werde „gemobbt". Als die Führungskraft Attila Wechsler deswegen eines Tages alle Mitarbeiter zu einer Aussprache in den Besprechungsraum einlädt, kommen alle, nur Axel fehlt. Er wird erschlagen in der Kaffeküche gefunden.

Rollenübersicht

Der Mitspielkrimi ist für 6-8 Rollen ausgelegt. Die Verteilung auf weibliche und männliche Rollen:

Notwendige Rollen		Zusätzliche Rollen	
weiblich	männlich	weiblich	männlich
3	3	1	1

Notwendige Rollen

1: Attila Wechsler, Führungskraft (Personalleitung), Ermittler in der Untersuchung

2-6: Die Mitarbeiter der Personalabteilung: Beate Schneider, Petra Maus, Richard Koch, Margot Grau (Halbtagskraft, Arbeitszeit beginnt um 14:00 Uhr), Freddy Lepidus

Zusätzliche Rollen

7-8: Karel Findig, Abteilungsleiter Entwicklung und Bettina Kurat, die Teamassistentin. Die Informationen dieser beiden Teilnehmer sind nicht notwendig, um den Fall zu lösen. Sie können aber zusätzlich zur Verdächtigung oder Entlastung anderer Teilnehmer beitragen.

Folgende Dokumente stehen für jeden Mitspielkrimi zum Download zur Verfügung

▶ Die Fallbeschreibung (die Geschichte) des Mitspielkrimis
▶ Die Rollenanweisung für jeden Teilnehmer des Mitspielkrimis

Die Geschichte

An diesem Fall sind folgende Personen beteiligt
Attila Wechsler, Führungskraft (Personalleitung).
Die Mitarbeiter der Personalabteilung: Beate Schneider, Petra Maus, Richard Koch, Margot Grau (Halbtagskraft, Arbeitszeit beginnt um 14:00 Uhr) und Freddy Lepidus.
Karel Findig, Abteilungsleiter Entwicklung; Bettina Kurat, die Teamassistentin in der Personalabteilung.

Die Geschichte
Die Personalabteilung der „Peters Automaten GmbH & Co. KG" besteht aus einer Führungskraft und fünf Mitarbeitern. Früher war das Betriebsklima in der Abteilung hervorragend, man konnte sich aufeinander verlassen. Jeder unterstützte die anderen, wenn es Probleme gab. Besonders Axel Schwein tat sich da hervor: Egal, ob am Freitagnachmittag noch eine Entscheidungsvorlage für die Geschäftsführung fertig gestellt werden musste, oder eine Führungskraft am Abend noch schnell Unterstützung für einen Bewerbungsvorgang benötigte, der sich länger als geplant hinzog, was es auch immer war: Axel Schwein nahm sich der Sache an, blieb bei Bedarf bis spät in den Abend hinein im Büro und erledigte die Auf-

gaben ohne Murren in bester Qualität. Er sorgte auch für scheinbar „Nebensächliches" wie etwa Kaffe kochen.

Attila Wechsler war allerdings der Meinung, Axel werde von den Kollegen ausgenutzt und traue sich nicht, eine Bitte abzulehnen. Attila hatte bei Abteilungsbesprechungen mehrmals den Versuch unternommen, das anzusprechen, damit aber nie etwas erreicht. Im Gegenteil, Axel beteuerte immer wieder, dass ihm das nichts ausmache, er helfe gerne. Beim Mitarbeitergespräch im letzten Jahr hatte die Führungskraft Axel überredet, an einem Seminar zum Thema Selbstmanagement mit dem Titel „Steigerung der Selbstsicherheit" teilzunehmen. Das war vor ungefähr einem Jahr.

Axel Schwein kam wie ausgewechselt zurück: Er teilte gleich als Erstes mit, er werde keinen Kaffee mehr kochen und dass er überhaupt deutlich mehr auf seine eigenen Interessen und Bedürfnisse achten werde. Wie zur Demonstration klebte er eine Haftnotiz an seinen Bildschirm mit der Aufschrift: *„NEIN sagen."*

In der Folge kam es zu Problemen, zunächst sporadisch, dann immer häufiger, bis hin zu wirklich heftig ausgetragenen offenen Konflikten. Jeder in der Abteilung hatte im Laufe der Zeit mehrere Abfuhren erhalten, wenn er Axel um einen Gefallen gebeten hatte.

Attila führte mehrere Gespräche mit Axel. Das einzige Ergebnis dieser Gespräche war immer, dass Axel erklärte, Wechsler selbst habe doch ganz richtig erkannt, dass die Kollegen seine Gutmütigkeit ausnutzten. Er werde sich das nicht mehr gefallen lassen. Die Kollegen sollten sich vernünftig verhalten und ihn nicht mehr so bedrängen. Inzwischen sei er ganz sicher, systematisch gemobbt zu werden.

Wieder sprach Attila Wechsler das Problem mehrfach in Abteilungsbesprechungen an, appellierte an die Vernunft aller Beteiligten und forderte sie zu kollegialer Zusammenarbeit auf. Er werde nichts zulassen, was auch nur ansatzweise wie Mobbing aussehe. Dabei bezog er sich auf einige Vorfälle der letzten Zeit, insbesondere darauf, dass irgendjemand auf Axel Schweins Haftnotiz den Text *„NEIN sagen"* mit *„Du sollst nicht"* ergänzt hatte.

Die Geschichte

Es nutzte nichts. Als letzten Versuch, die Dinge zu klären, hatte Attila Wechsler nun für den heutigen Tag um 14:00 Uhr zu einer Sonderbesprechung der Abteilung eingeladen. Einziges Thema der Tagesordnung: „Wie kommen wir zu einer vernünftigen, kollegialen Zusammenarbeit in der Abteilung zurück?" Als Veranstaltungsort hatte Herr Wechsler ursprünglich die „Werks-Cafeteria" geplant, weil der dortige nachmittägliche personalfreie Automatenbetrieb Vertraulichkeit versprach und gleichzeitig eine permanente Versorgung mit Getränken und Snacks garantierte. Axel Schwein hatte aber so heftig protestiert, dass der Plan wieder aufgegeben wurde. Es war ihm nicht vertraulich genug. Deswegen wurde der Besprechungsraum der Personalabteilung als Treffpunkt festgelegt.

Attila Wechsler kam fünf Minuten zu spät zur Besprechung, bei Beate Schneider waren es sogar zehn Minuten Verspätung. Petra Maus, Richard Koch und Margot Grau waren pünktlich. Freddy Lepidus war schon mehr als eine viertel Stunde vor Besprechungsbeginn im Raum.

Als Axel Schwein 20 Minuten nach Beginn der Besprechung immer noch nicht erschienen war und sich auch nicht an seinem Telefon meldete, schickte man Richard Koch los, ihn zu suchen. Richard Koch kam von allen in der Abteilung noch am ehesten mit Axel aus.

Da Axel nicht an seinem Platz im Großraum war, wo er noch eine halbe Stunde vor dem offiziellen Besprechungsbeginn telefoniert hatte, ging Richard zur Kaffeküche. Dort lag Axel auf dem Rücken am Boden in einer Blutlache, den Kopf zur Seite gedreht. Es sah aus, als hätte ihm jemand den Schädel eingeschlagen.

Richard meldete Attila telefonisch seinen grausigen Fund, der zunächst seinen Chef und dann, mit dessen Einverständnis, die Polizei informierte.

Dann rief Attila Wechsler alle Mitarbeiter zurück in den Besprechungsraum, um auf die Polizei zu warten. Bis zum Eintreffen der Polizei wollte er versuchen, etwas Licht in diese Angelegenheit zu bringen.

Der Lageplan

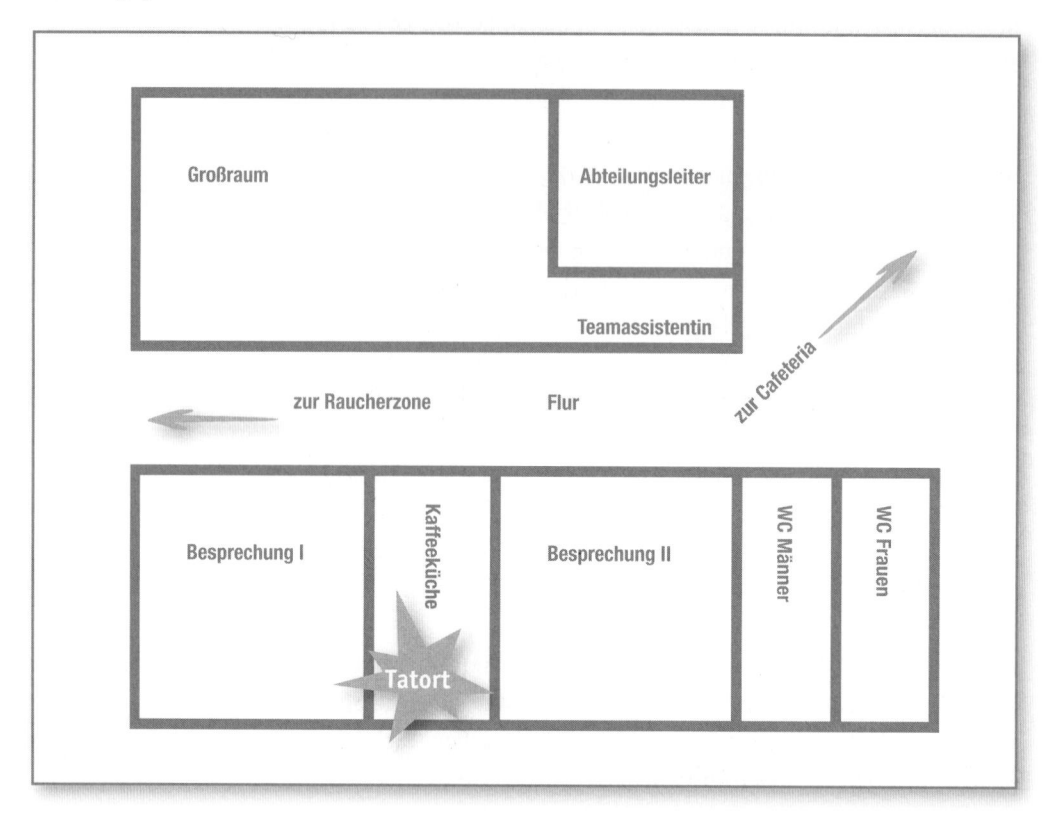

- Großraum
- Abteilungsleiter
- Teamassistentin
- zur Raucherzone
- Flur
- zur Cafeteria
- Besprechung I
- Kaffeeküche
- Besprechung II
- WC Männer
- WC Frauen
- Tatort

Rollenvorlagen

Notwendige Rollen

Attila Wechsler, Personalleiter

Vorstellungstext (Bitte inhaltlich vollständig wiedergeben!)
Das, was da passiert ist, ist ja entsetzlich. Als Leiter der Personalabteilung mache ich mir besonders Vorwürfe, dass ich in die Konflikte zwischen Ihnen allen und Axel Schwein nicht früher eingegriffen habe.

Es liegt die Vermutung nahe, dass es jemand aus Ihrem Kreis war, zumindest wird die Polizei davon ausgehen. Denn jeder hier in der Runde hatte in der letzten Zeit heftigen Streit mit Axel Schwein, vielleicht bis auf Richard Koch.

Ich bin jedoch zuversichtlich, dass hinter der Tat ein Missgeschick steht, dass es ein Unfall war und keine Absicht, denn so gut kenne ich Sie alle. So etwas mit Absicht zu tun, das traue ich keinem zu. Nutzen wir deswegen die Zeit bis zum Eintreffen der Polizei, um uns gegenseitig zu informieren, was jeder in der letzten halben Stunde gesehen hat.

Fremde habe ich heute in unseren Räumen noch nicht gesehen. Wenn da von Ihnen jemand etwas anderes beobachtet hat, dann notieren Sie das bitte gleich, solange die Erinnerung noch frisch ist. Melden Sie das bitte nachher auf jeden Fall der Polizei.

Ihre Zusatzinformationen, die Sie im Verlauf der Ermittlungen nach eigenem Ermessen verwenden können

In der letzten Stunde vor der Besprechung waren Sie alleine in Ihrem Zimmer, das neben dem Großraum Ihrer Mitarbeiter schräg gegenüber der Kaffeküche liegt. Sie wollten die Zeit nutzen und haben noch einmal die Personalakte von Axel Schwein studiert. Der Mann war Ihnen ein Rätsel. Ihr Telefon war auf den Apparat von Freddy Lepidus geschaltet. Fünf Minuten nach dem offiziellen Besprechungsbeginn sind Sie in den Besprechungsraum. Sie wissen aus Erfahrung, dass Ihre Mitarbeiter zu Besprechungen selten pünktlich sein können. Kundenkontakte haben eben absoluten Vorrang.

Vorgestern Abend, bei Ihrem letzten Gespräch, hat Axel Schwein zum wiederholten Mal behauptet, es sei ein Mobbingprozess gegen ihn im Gange, und Sie, der Abteilungsleiter, würden das nicht nur nicht unterbinden, sondern sogar aktiv unterstützen. Dabei beschuldigte er alle Mitarbeiter der Personalabteilung, einschließlich der Teamassistentin Bettina Kurat, mit Ausnahme von Richard Koch, den er ausdrücklich von jedem Verdacht freistellte. Er habe die letzten 8-9 Monate alles protokolliert und werde mit diesen unanfechtbaren Beweisen zum Betriebsrat gehen.

Sie wissen nicht, was er da alles protokolliert haben will. Wer weiß, was er sich zusammenfantasiert hatte. Sie verlangten Einsicht in sein Protokoll, er aber lehnte sofort ab.

Gestern Abend, so gegen 18:30 Uhr, als niemand mehr im Großraum war, sind Sie zu seinem Schreibtisch gegangen und haben nach seinem Protokoll gesucht, obwohl Sie sich ziemlich sicher waren, dort

Rollenvorlagen

nichts zu finden. So war es auch. Auch auf seinem PC erreichten Sie nichts. Sie konnten seine mit Kennwort gesicherten Dateien nicht öffnen.

Möglicherweise steckt hinter dem angeblichen Mobbing Richard Koch, der Ihnen einmal erzählte, er wolle ein Buch über „Die Mobbing-Lüge" schreiben. Er wolle darin nachweisen, die angeblich Gemobbten hätten meist selbst Schuld an den Prozessen, die sie als Mobbing wahrnehmen. Sie haben ihm gesagt, dass für ein solches Buch möglichst konkrete, realistische Beispiele nötig seien. Vielleicht hat er das Mobbing inszeniert oder mobbingähnliche Vorfälle mit Axel Schwein selbst provoziert?

Beate Schneider, Mitarbeiterin der Personalabteilung

Vorstellungstext (Bitte inhaltlich vollständig wiedergeben!)
Über Tote soll man ja nichts Schlechtes sagen, und diesen Tod hat Axel sicher nicht verdient. Aber mal ehrlich: Er hat in letzter Zeit seinem Namen alle Ehre gemacht, er war ein echtes Schwein. So wie er mit uns umgesprungen ist: totale Verweigerung jeder kollegialen Zusammenarbeit, und uns dann noch bei Vorgesetzten und beim Betriebsrat anschwärzen.

Ihr habt ja gerade gestern wieder diesen Riesenzoff mitbekommen: Ich habe ihn gefragt, ob ich seine Fluktuationszahlen ausnahmsweise bis zum Abend bekomme, weil ich die Präsentation sonst wegen unserer für heute geplanten Sonderbesprechung hier nicht fertig bekomme. Er hat mich nur kalt angegrinst und gesagt, dass er mit mir heute Nachmittag vereinbart hat, und dabei bleibt es. Und dabei bin ich sicher, er hatte alles bereit, er hätte es nur auf meinen PC schicken müssen.

Aber wir sind ja inzwischen alle dieses Verhalten gewohnt. Trotzdem: ich stimme Herrn Wechsler zu: Das kann keiner von uns gewesen sein, wir kennen uns ja alle schon lange genug, um das zu wissen.

Ihre Zusatzinformationen, die Sie im Verlauf der Ermittlungen nach eigenem Ermessen verwenden können

Sie waren seit 13:00 Uhr im Gespräch mit Karel Findig, dem Abteilungsleiter Entwicklung, in einem anderen Besprechungsraum neben der Kaffeküche. Es ging um eine Stellenausschreibung für einen Entwickler. Diese Besprechung dauerte länger als geplant und konnte erst rund zehn Minuten nach offiziellem Beginn der Abteilungsbesprechung beendet werden.

Ein Problem für Ihr Alibi könnte allerdings sein, dass Karel Findig ungefähr um 13:40 Uhr auf seinem Handy angerufen wurde. Er musste ein dringendes Telefonat führen. Dazu verließ er den Besprechungsraum und war fast 15 Minuten weg. Deswegen mussten Sie dann die geplante Gesprächsdauer auch etwas überziehen. In der Zeit, in der Sie alleine waren, haben Sie die laute Stimme von Axel Schwein aus der Kaffeküche gehört, aber nichts richtig verstanden. Einmal glaubten Sie, den Begriff „Kollegensau" zu hören, aber Sie sind sich nicht sicher. Anscheinend war Axel Schwein wieder mal mit jemandem aneinandergeraten. Sie haben sich zunächst nichts dabei gedacht, denn in der Kaffeeküche ging es öfter laut zu, besonders wenn Axel dabei war.

Jetzt sieht die Sache allerdings ganz anders aus. Offensichtlich ist der Streit eskaliert. Allerdings haben Sie keine andere Stimme erkannt, es wurde nicht einmal deutlich, ob es sich um einen Mann oder eine Frau handelte. Die Vermutung liegt jedoch nahe, dass es ein Mann war, denn sonst hätte Axel Schwein sicher seinen Lieblingsbegriff „Mobbing-Furie" herausgebrüllt. Mit „Kollegensau" war wohl eher ein Mann gemeint. Das Wort Kollege spricht auch dagegen, dass es Ihr Chef Attila Wechsler war. Daher kommen nur Richard Koch oder Freddy Lepidus in Frage.

Vor ein paar Tagen hat Ihnen Richard Koch erzählt, er habe Margot Grau beobachtet, wie sie Axel Schweins *„NEIN-sagen"*-Haftnotiz mit *„Du sollst nicht"* ergänzt habe. Richard Koch hat Sie dazu aufgefordert, nichts davon zu erwähnen, weder gegenüber Axel Schwein, noch gegenüber Margot Grau. Eigentlich seltsam.

Rollenvorlagen

Petra Maus, Mitarbeiterin der Personalabteilung

Vorstellungstext (Bitte inhaltlich vollständig wiedergeben!)
Ich muss schon sagen, Axel hat sich wirklich unausstehlich aufgeführt, aber irgendwie tat er mir auch leid. Er hatte sicher irgendwelche psychischen Probleme, denn wie sonst kann sich ein erwachsener Mensch innerhalb eines Jahres so extrem verändern? Das kann doch nicht nur mit diesem Seminar zusammenhängen, das er damals besucht hat? Oder war das so ein Psycho-Training, so eine Art „Gehirnwäsche"?

Ihre Zusatzinformationen, die Sie im Verlauf der Ermittlungen nach eigenem Ermessen verwenden können
Sie hatten vor einigen Tagen einen heftigen Streit mit Axel. Er hatte Sie aufgefordert, ein von ihm geschriebenes Besprechungsprotokoll durchzulesen, auf Vollständigkeit zu überprüfen und dann gegenzuzeichnen. Es ist in der Abteilung so üblich, dass ein Besprechungsprotokoll von einem zweiten Mitarbeiter gegengelesen und mit unterzeichnet wird.

Sie haben aber ablehnen müssen, weil es wirklich nicht in Ihren Zeitrahmen passte. Sie hätten eine wichtige Vorlage für den Abteilungsleiter nicht mehr rechtzeitig fertigstellen können. Sie haben zu Axel gesagt: „Jetzt kannst Du auch mal wieder fühlen, wie es ist, wenn man keine Unterstützung bekommt." Er war stinksauer und hat Sie als „Mobbing-Furie" beschimpft. Bei allem Verständnis für seine offensichtlich angeknackste Psyche, aber das hat Sie wiederum in Rage gebracht, Sie haben ihm einiges an den Kopf geworfen. Aber deswegen würde man doch einen wie Axel nicht gleich umbringen.

Zu Ihrem Alibi: Eine knappe halbe Stunde vor Beginn der Besprechung passierte wieder mal das Malheur, dass Sie Nasenbluten hatten. Sie hatten Ihre Papier-Taschentücher nicht gleich griffbereit, sie lagen unter einem Aktenstapel. Deswegen sind einige Blutstropfen auch auf Ihren Schreibtisch und die Akten geraten. Das müssen Sie nachher noch wegwischen.

Mit den endlich gefundenen Taschentüchern sind Sie dann zur Toilette und haben kühle feuchte Tücher auf die Nase gelegt. Es hat ziemlich gedauert, bis die Blutung aufhörte. Dann haben Sie sich abgewischt und die blutigen Papiertücher entsorgt. Da kam gerade Margot herein. Sie haben ihr gesagt, dass Sie wieder mal das Problem Nasenbluten hatten und haben gefragt, wie viel Zeit noch bis zum Meeting bleibt.

Margot erklärte, dass es jetzt gleich losgehen müsste, sie habe sich richtig abhetzen müssen, um noch rechtzeitig da zu sein (sie arbeitet halbtags, ihr Arbeitsbeginn war der Zeitpunkt des Besprechungsbeginns). Gemeinsam sind Sie dann in den Besprechungsraum gekommen.

Margot Grau haben Sie einmal beobachtet, wie sie von Axel Schweins Schreibtisch Papiere genommen und in der Kaffeküche in den Abfalleimer geworfen hat. Das war zwar seltsam, Sie haben es aber nicht weiter beachtet und auch zu niemandem etwas gesagt.

Richard Koch, Mitarbeiter der Personalabteilung

Vorstellungstext (Bitte inhaltlich vollständig wiedergeben!)
Ich weiß, dass Axel so seine Probleme hatte, kenne aber die Ursachen nicht. Neulich hat er mir mal bei einem Bier anvertraut, dass er alle Vorfälle hier in der Abteilung protokolliert, um im Falle einer arbeitsrechtlichen Auseinandersetzung gewappnet zu sein. Er hatte Euch alle im dringenden Verdacht, ihn systematisch zu mobben. Ich habe ihm erklärt, dass er unter Verfolgungswahn leide, dass es keinerlei Anzeichen für Mobbing gebe, das hätte ich als Psychologe doch bemerken müssen. Er hat mir nicht geglaubt.

Er hat mich ja nicht ganz so ablehnend behandelt wie Euch, von mir hat er nie behauptet, ich würde ihn mobben. Mir hat er auch immer wieder geholfen. Vielleicht lag das an seinem Respekt vor meiner psychologischen Ausbildung und meiner Tätigkeit als Coach und Trainer.

Hoffentlich wird sein Tod schnell aufgeklärt, und hoffentlich war es keiner von Euch. Nach diesem Vorfall sehe ich seinen Vorwurf „Mobbing" in einem etwas anderen Licht. Wer könnte denn so sauer auf ihn gewesen sein, dass er ihm eins überzieht?

Ihre Zusatzinformationen, die Sie im Verlauf der Ermittlungen nach eigenem Ermessen verwenden können
Obwohl Sie in der Abteilung am besten von allen mit Axel auskamen und keine wirklichen Probleme (bis heute!) mit ihm hatten: Sein Tod geht auf Ihr Konto!

Folgendes ist passiert:
Axel hat Ihnen nicht nur gesagt, dass er alle Vorfälle hier in der Abteilung protokolliert, sondern hat Ihnen auch auf seinem PC die Datei gezeigt, in der er alles abspeichert. Die dort geschilderten Beispiele haben Sie elektrisiert: Das war genau das Beispielmaterial für selbst verschuldete Eskalation, das Sie sich für Ihr schon lange geplantes Buch über „Die Mobbing-Lüge" gewünscht haben. Sie wollten darin nachweisen, dass die angeblich Gemobbten in den meisten Fällen selbst Schuld haben an den Vorfällen, die sie als Mobbing wahrnehmen. Über dieses Buchprojekt haben Sie einmal mit Ihrem Chef Attila Wechsler geredet, und der hat gesagt, dass für ein solches Buch konkrete Beispiele nötig seien.

Die Datei von Axel enthielt genau solches Material. Unter anderem behauptete Axel dort, Margot würde ihm Bewerberunterlagen und andere wichtige Dokumente klauen und dann wegwerfen. Eine Spurensicherung der Fingerabdrücke könne das sicher beweisen.

Axel lehnte es ab, Ihnen diese Datei zu überlassen. Aber Sie mussten sie haben.

Normalerweise sind Sie so gegen 8:30 Uhr im Büro. Heute Morgen sind Sie extra 45 Minuten früher gekommen, um sich die Datei von seinem PC zu ziehen. Sein Zugangspasswort war „Mobbing". Eigentlich war das leicht zu raten, aber Sie haben doch fast 30 Minuten gebraucht, um es herauszufinden. Das kopierte Material ist Gold wert, genau das, was Sie sich erhofft hatten.

Vorhin, so ca. 30 Minuten vor der vom Chef angesetzten Besprechung, gingen Sie in die Kaffeeküche, um sich einen Espresso zu ziehen. Da kam Axel herein und sagte Ihnen wütend auf den Kopf zu, dass Sie die Datei kopiert hätten. Jemand sei an seinem PC gewesen, und Sie seien der Einzige, der von dieser Datei wüsste.

Sie haben das natürlich abgestritten, aber er ist noch massiver geworden, hat Sie „Kollegensau" genannt, und Ihnen unterstellt, bei der gegen ihn laufenden Mobbing-Kampagne federführend zu sein. Sie mussten sich richtig zur Wehr setzen, denn er hat Sie am Hals gepackt und heftig zugedrückt. Sie haben versucht, ihn wegzustoßen. Als das nicht gelang, haben Sie in Ihrer Not seinen Kopf ein- oder zweimal an das Wandregal hinter ihm geschlagen. Dabei stürzte er zu Boden. Ihnen war gleich klar, dass er tot war.

Sie haben die Kaffeeküche schnell verlassen, auf dem Flur war Karel Findig, den Sie vom Sehen flüchtig kennen. Er drehte Ihnen den Rücken zu. Schnell sind Sie um die nächste Ecke gebogen, er hat Sie nicht registriert.

Da Sie niemand gesehen hat, haben Sie optimale Aussichten, nicht als Täter entdeckt zu werden. Es gibt auch keine Blutflecken auf Ihrer Haut oder Ihrer Kleidung. Ihre Fingerabdrücke sind ebenso wie die aller anderen selbstverständlich überall in diesem Gebäude, das ist normal.

Allerdings haben Sie kein Alibi: Überlegen Sie also, was Sie in der letzten halben Stunde vor der Besprechung Unverdächtiges getan haben könnten. Ein guter Tipp wäre die Werks-Cafeteria, die ist um diese Zeit mit ziemlicher Sicherheit leer, es gibt kein Personal dort, alles ist auf Automatenservice eingestellt. Und wenn jemand dort war, dann hat der Sie einfach übersehen. Sie haben ja auch niemanden gesehen. In der Cafeteria haben Sie in aller Ruhe ein Coaching-Gespräch mit einer Führungskraft vorbereiten wollen. Das ist höchst vertraulich, da darf Ihnen niemand über die Schulter schauen, und deshalb ist es durchaus plausibel, dass Sie das nicht im Großraum erledigen.

Rollenvorlagen

Übrigens: Falls Jemand die Meinung vertreten sollte, dass die Tat von keiner Frau begangen sein könnte, da sind Sie anderer Ansicht: Als Sie Axel „gefunden" haben, war an der Kante des Wandregals über der Leiche ein großer, noch frischer Blutfleck zu sehen. Jede Frau hier wäre stark genug, um Axel einen Stoß zu geben, sodass er nach hinten stolpert und sich am Wandregal den Schädel einschlagen könnte. Zumindest eine der Frauen hier in der Abteilung, Margot Grau, könnte als Verdächtige herhalten, denn Sie haben sie beobachtet, wie sie seine „*NEIN sagen*"-Haftnotiz mit „*Du sollst nicht*" ergänzt hat. Diese Beobachtung hatten Sie damals Ihren Kollegen Beate Schneider und Freddy Lepidus erzählt. Sie haben beide aufgefordert, nichts davon zu erwähnen, weder gegenüber Axel Schwein, noch gegenüber Margot Grau.

Margot Grau, Mitarbeiterin der Personalabteilung

Vorstellungstext (Bitte inhaltlich vollständig wiedergeben!)
Mein Gott, was soll man dazu sagen? Wieso hat er uns immer unterstellt, wir würden ihn ausnutzen wollen und anlügen? Und jetzt soll ihn einer von uns ermordet haben? Was für eine absurde Idee.

Ich gebe schon zu, dass ich früher schon mal etwas geflunkert und übertrieben habe, damit er mir was abnimmt. Wer macht das nicht gelegentlich? Das ist doch kein Mobbing. Aber ich habe längst aufgegeben, ihn um etwas zu bitten. Wir alle haben doch längst resigniert. Es war vollkommen zwecklos, von ihm irgendetwas zu erwarten.

Ihre Zusatzinformationen, die Sie im Verlauf der Ermittlungen nach eigenem Ermessen verwenden können
Sie sind genau 13:25 Uhr an der Pforte angekommen. Normalerweise kommen Sie nicht so früh zur Arbeit, aber heute wollten Sie bei dieser Besprechung auf jeden Fall dabei sein. Deswegen haben Sie eine S-Bahn früher genommen.

Sie sind noch in die Werks-Cafeteria gegangen, die um diese Zeit erwartungsgemäß leer war. Mit einem guten Café Latte aus dem

Automaten haben Sie sich hingesetzt, um über dieses Problem mit Axel Schwein nachzudenken. Selbst vor Ihnen, die nur halbtags arbeitet, hat er nicht haltgemacht: seinen Lieblingsausdruck „Mobbing-Furie" haben auch Sie schon mehrfach erdulden müssen.

Deswegen haben Sie es ihm auch schon einige Male heimgezahlt, indem Sie heimlich von seinem Schreibtisch Bewerberakten genommen und in der Kaffeeküche in den Abfalleimer geworfen haben. Ob er etwas gemerkt und sich dann bei Attila Wechsler beschwert hat? Der hat Sie bei der Ankündigung der Besprechung jedenfalls seltsam intensiv angesehen. Selbst wenn, er hätte das nie beweisen können, und bei Aussage gegen Aussage würde sein Lästermaul sicher weniger Gewicht haben.

Die kreative Ergänzung *„Du sollst nicht"* auf seiner *„NEIN sagen"*-Haftnotiz an seinem PC stammt übrigens von Ihnen. Die Idee ist Ihnen vor ein paar Tagen gekommen, und in einem unbeobachteten Augenblick haben Sie sie in die Tat umgesetzt.

Sie haben mitbekommen, dass auch Petra Maus vor einigen Tagen einen heftigen Streit mit Axel hatte. Es ging wohl darum, ein Besprechungsprotokoll durchzulesen. Petra hatte abgelehnt mit den Worten „Jetzt kannst Du auch mal fühlen, wie es ist, wenn man keine Unterstützung bekommt". Axel war stinksauer und hat Petra mit seinem Lieblingsbegriff „Mobbing-Furie" beschimpft.

Ein paar Minuten vor Besprechungsbeginn sind Sie zur Toilette gegangen, um sich noch die Hände zu waschen. Dort haben Sie Petra Maus getroffen, die gerade einen Berg blutverschmierter Taschentücher in den Abfalleimer warf. Sie hat behauptet, sie habe wieder mal Nasenbluten gehabt, wie so oft. Es stimmt, dass sie das öfter hat, aber ob das auch hier so war?

Jedenfalls haben Sie gesagt, dass das Meeting nun anfange, Sie müssten jetzt beide gehen. Dann sind Sie beide zum Besprechungszimmer gegangen.

Rollenvorlagen

Freddy Lepidus, Mitarbeiter der Personalabteilung

Vorstellungstext (Bitte inhaltlich vollständig wiedergeben!)
Also das mit dem Mobbing ist absoluter Quatsch. Wir haben nie irgendetwas unternommen, um ihm zu schaden, oder um ihn fertigzumachen. Dass man sich ärgert und auch mal laut wird, wenn man auf seine Bitten permanent ein „Nein" hört, ohne jede weitere Begründung, das ist doch normal, oder? Und dann sollte man sich bei Axel auch noch für seine Anliegen rechtfertigen.

Aber wir haben doch alle unseren Weg gefunden, mit diesem Problem umzugehen, und dieser Weg war sicher nicht Mord. Warum sollte einer von uns den Typ umbringen? Und wie, und wann?

Übrigens: Eine halbe Stunde vor Besprechungsbeginn war er noch munter und fidel, ich habe ihn noch beim Telefonieren lachen hören, als ich aus dem Großraumbüro rausging in die Raucherzone.

Ihre Zusatzinformationen, die Sie im Verlauf der Ermittlungen nach eigenem Ermessen verwenden können
Sie waren ab 13:30 Uhr auf eine Zigarettenlänge in der Raucherzone, dann wollten Sie zurück. Ein Kollege aus einer anderen Abteilung hat Sie kurz mit einer Frage aufgehalten. Dann gingen Sie in den Großraum, wo niemand mehr war. Auf dem Schreibtisch von Petra waren deutlich Blutspritzer zu sehen.

Da es sich nicht mehr lohnte, vor der Besprechung eine neue Arbeit anzufangen, sind Sie dann gleich in das Besprechungszimmer, haben Flipchart-Papier auf den Ständer gehängt und die Stifte ausprobiert. Dann haben Sie noch ein paar Stühle zurechtgerückt und auf den Beginn der Besprechung gewartet. Dabei haben Sie gedacht, dass bei dieser Runde sicher auch wieder nichts rauskommen würde.

Eine im Nachhinein interessante Beobachtung haben Sie gestern Abend gemacht: Es war schon spät, kurz vor 18:30 Uhr, als Sie aus dem Büro gingen. Am Werkseingang merkten Sie, dass Sie Ihren Autoschlüssel vergessen hatten. Deswegen mussten Sie noch mal zurück. Da haben Sie Ihren Vorgesetzten Attila Wechsler gesehen, wie er auf Axels Schreibtisch und in seinem PC herumgeschnüffelt hat. Sie sind draußen geblieben, bis der Chef weg war und haben dann Ihren Schlüssel geholt. Was der Chef da wollte? Hat er vielleicht Dreck am Stecken?

Ein anderer interessanter Sachverhalt: Vor ein paar Tagen hat Ihnen Richard Koch erzählt, er habe Margot Grau dabei beobachtet, wie sie Axel Schweins *„NEIN sagen"*-Haftnotiz mit *„Du sollst nicht"* ergänzt hat. Richard Koch hat Sie aufgefordert, nichts davon zu erwähnen, weder gegenüber Axel Schwein noch gegenüber Margot Grau.

Zusätzliche Rollen

Karel Findig, Abteilungsleiter Entwicklung

Vorstellungstext (Bitte inhaltlich vollständig wiedergeben!)
Es ist mir gar nicht recht, dass ich jetzt hier bleiben soll bis die Polizei kommt, denn ich habe ja mit dieser Abteilung und ihren internen Schwierigkeiten nichts zu tun und sollte jetzt zum Jour fixe in meiner Abteilung sein. Aber ich sehe ein, dass meine Anwesenheit von der Polizei verlangt werden könnte, denn ich war ja ab 13.00 Uhr wegen meiner Besprechung mit Beate Schneider in unmittelbarer Nähe. Aber um es gleich vorwegzunehmen: Ich habe eigentlich nichts Relevantes gehört oder gesehen.

Ihre Zusatzinformationen, die Sie im Verlauf der Ermittlungen nach eigenem Ermessen verwenden können
In der Besprechung mit Beate Schneider ging es um eine Stellenausschreibung für die Entwicklung. Leider wurden Sie gegen 13:40 Uhr durch einen Anruf auf Ihrem Handy unterbrochen. Einer Ihrer Mitarbeiter hatte ein Problem zu lösen und braucht von Ihnen eine Entscheidung dazu, ob er die aus seiner Sicht nötige Maßnahme zur

Problemlösung durchführen soll. Sie sind für dieses Gespräch auf den Flur gegangen. Es hat rund 15 Minuten gedauert.

Dabei haben Sie aus den Augenwinkeln mitbekommen, dass jemand in die Kaffeeküche neben dem Besprechungsraum ging, ohne die Person zu erkennen. Sie hörten laute Stimmen, wie von einem Streit. Verstanden haben Sie nichts, weil Sie sich auf Ihr Telefonat konzentrierten. Nach kurzer Zeit hörten Sie in Ihrem Rücken auch wieder die Tür gehen, jemand hat den Raum verlassen. Sie haben aber nichts gesehen.

Bettina Kurat, Teamassistentin

Vorstellungstext (Bitte inhaltlich vollständig wiedergeben!)
Auch ich bin entsetzt darüber, was da passiert ist. Ich hatte eigentlich mit Herrn Schwein außerhalb der dienstlichen Angelegenheiten so gut wie keinen Kontakt gehabt. Er hat mit mir so gut wie nie über private Dinge gesprochen, sondern mich in letzter Zeit eher „von oben herab" behandelt. Direkte Mobbing-Vorwürfe hat er mir gegenüber nie vorgebracht und auch nichts dergleichen erwähnt.

Ihre Zusatzinformationen, die Sie im Verlauf der Ermittlungen nach eigenem Ermessen verwenden können
Sie sind gegen 13:30 Uhr in die Mittagspause gegangen. In der Pause haben Sie eine Freundin, die Teamassistentin im Vertrieb ist, an deren Arbeitsplatz besucht. Deswegen haben Sie keinerlei Informationen darüber, was sich in der Zeit bis zu Ihrer Rückkehr um 14:00 Uhr in der Personalabteilung ereignet hat.

Sie können sich nur noch daran erinnern, dass Axel Schwein im Großraum an seinem Schreibtisch saß und telefonierte, als Sie in die Mittagspause gingen.

Etwas anderes, was Sie heute Morgen gesehen haben, könnte von Bedeutung sein. Sie sind heute Morgen kurz nach acht gemeinsam mit Ihrer Freundin in die Firma gekommen, und haben als Erstes einen kurzen Blick in den Großraum der Personalabteilung und

Ihren Arbeitsplatz geworfen, um zu sehen, ob schon jemand da ist. Das muss so gegen 8:15 Uhr gewesen sein. Da es extrem selten vorkommt, dass jemand vor 8:30 Uhr an seinem Schreibtisch sitzt, waren Sie überrascht, Richard Koch zu sehen. Er saß am Schreibtisch von Axel Schwein und bearbeitete irgendetwas an dessen PC. Da er Sie nicht bemerkt hat, sind Sie schnell wieder aus dem Büro gegangen, damit er Ihnen nicht schnell eine Arbeit beschafft. Sie haben Ihre Freundin noch bis zu deren Arbeitsplatz begleitet und sind dann kurz nach 8:30 Uhr in die Räume der Personalabteilung gekommen.

Trainerübersicht über den Fall

Damit Sie als Seminarleiter in allen Phasen die nötige Übersicht über den Fall haben, erhalten Sie mit den folgenden Informationen eine „Kriminalakte" aus der Chronologie der Ereignisse, eine Muster-Lösung des Falls und eine Zusammenfassung der Informationen über die Rollen und die Beziehungen der Beteiligten untereinander.

Zeitlicher Ablauf der Ereignisse

Die folgende Chronologie zeigt Ihnen, welcher Akteur des Geschehens sich zu welcher Uhrzeit an welchem Ort befindet.

Zeit	Ereignisse
Vorabend, gegen 18:30 Uhr	Freddy Lepidus sieht den Abteilungsleiter Attila Wechsler am Schreibtisch und PC von Axel Schwein hantieren.
am Morgen, gegen 7:45 Uhr	Richard Koch ist an Axel Schweins PC und beginnt mit dem Kopieren von Daten.
gegen 8:15 Uhr	Bettina Kurat sieht Richard Koch an Axel Schweins PC.
13:00 Uhr	Attila Wechsler ist allein in seinem Büro, sein Telefon ist auf den Apparat von Freddy Lepidus umgeschaltet. Beate Schneider ist im Gespräch mit Karel Findig in einem Besprechungsraum neben der Kaffeeküche.
13:25 Uhr	Margot Grau trifft an der Pforte ein. Sie geht in die Werks-Cafeteria und trinkt dort einen Café Latte. Sie sieht sonst niemanden in der Cafeteria.
13:30 Uhr	Freddy Lepidus geht in die Raucherzone. Dabei hört er Axel Schwein im Großraum telefonieren. Bettina Kurat sieht Axel Schwein telefonieren. Sie geht in die Mittagspause. Petra Maus hat Nasenbluten. Sie geht in die Toilette, um sich mit feuchten Papiertüchern die Nase zu kühlen. Richard Koch geht in die Kaffeküche.
kurz vor 13:40 Uhr	Freddy Lepidus geht zurück in den Großraum. Niemand ist mehr anwesend. Er geht in den Besprechungsraum, um diesen mit Flipchart usw. vorzubereiten.
13:40 Uhr	Karel Findig geht auf den Flur, um zu telefonieren. Während seiner Abwesenheit hört Beate Schneider laute Stimmen aus der angrenzenden Kaffeeküche. Sie glaubt das Wort „Kollegensau" verstanden zu haben. Axel Schwein kommt in die Kaffeeküche. Dort gerät er mit Richard Koch in Streit, dabei schlägt Richard Koch den Kopf von Axel Schwein gegen das an der Wand stehende Regal. Richard Koch verlässt die Kaffeeküche.

Trainerübersicht über den Fall

13:55 Uhr	Karel Findig kommt zum Gespräch mit Beate Schneider zurück.
kurz vor 14:00 Uhr	Margot Grau kommt in die Toilette. Dort trifft sie Petra Maus, die gerade ihre blutverschmierten Papiertücher entsorgt. Gemeinsam gehen sie zum Besprechungsraum.
14:00 Uhr	Geplanter Beginn der Besprechung. Petra Maus, Richard Koch und Margot Grau sind pünktlich.
14:05 Uhr	Attila Wechsler erscheint im Besprechungsraum.
14:10 Uhr	Das Gespräch von Beate Schneider und Karel Findig ist beendet. Sie geht sofort in den angrenzenden Besprechungsraum.
14:20 Uhr	Richard Koch beginnt mit der Suche nach Axel Schwein. Er „findet" ihn kurz darauf anscheinend erschlagen in der Kaffeeküche.

Krimi 4: Du sollst nicht NEIN sagen

Die Lösung

Täter

Der Täter ist Richard Koch, wobei es offen bleibt, ob es Notwehr, fahrlässige Tötung, Totschlag oder gar Mord war.

Der Tathergang: Axel Schwein und Richard Koch gerieten in Streit, Axel Schwein beschimpfte und bedrohte Richard Koch. Er packte ihn am Hals und würgte ihn. Richard Koch wehrte sich und schlug Axel Kochs Kopf gegen das Wandregal.

Folgende Informationen enthalten Hinweise auf das Motiv bzw. die Ursache des Streits.
- Richard Koch wollte ein Buch über Mobbing schreiben. Das hatte er seinem Vorgesetzten Attila Wechsler erzählt.
- Attila Wechsler hatte geraten, für dieses Buch möglichst konkrete, realistische Beispiele zu verwenden.
- Axel Schwein erwähnte im Gespräch mit Richard Koch, dass er ein Protokoll führe über alle Mobbing-Vorfälle, die ihn betreffen.
- Richard Koch nahm an, dass dieses Protokoll für sein Buch geeignete Beispiele enthalten könnte. Er bat Axel Schwein um Einsicht in dieses Protokoll, was dieser verweigerte.
- Richard Koch verschaffte sich heimlich Zugang zu Axel Schweins Computer und kopierte die Datei mit dem Protokoll.
- Axel Schwein entdeckte den nicht autorisierten Zugriff. Er sagte Richard Koch auf den Kopf zu, dass nur er der Täter gewesen sein könnte.

Zusammenfassung der wichtigsten Informationen der Beteiligten

Informationen des Personalleiters Attila Wechsler

- Alibi:

Attila Wechsler war in der letzten Stunde vor der Besprechung allein in seinem Zimmer, das neben dem Großraum der Mitarbeiter schräg gegenüber der Kaffeeküche liegt. Er wollte die Zeit nutzen und noch einmal die Personalakte von Axel Schwein studieren.

▶ über Richard Koch:
Attila Wechsler wusste, dass Richard Koch ein Buch über „Mobbing" schreiben wollte und nach konkreten Beispielen suchte. Er vermutet, dass das Mobbing an Axel Schwein durch Richard Koch inszeniert wurde.

▶ über andere Mitarbeiter der Personalabteilung:
Über die anderen Mitarbeiter der Personalabteilung hat Attila Wechsler keine Informationen, außer der Anschuldigung von Axel Schwein, dass alle in der Abteilung außer Richard Koch sich am Mobbing gegen seine Person beteiligen würden.

Informationen der Mitarbeiterin Beate Schneider
▶ Alibi:
Beate Schneider war ab 13:00 Uhr in einem anderen Besprechungsraum neben der Kaffeeküche im Gespräch mit Karel Findig, dem Abteilungsleiter der Entwicklung. Karel Findig wurde ungefähr um 13:40 Uhr auf seinem Handy angerufen. Er entschuldigte sich und verließ den Besprechungsraum: Insgesamt war er fast 15 Minuten weg. Das Gespräch von Beate Schneider mit Karel Findig war deswegen erst gegen 14:10 Uhr beendet.

▶ über Attila Wechsler:
Beate Schneider schließt Attila Wechsler als Täter aus, da sie im Streit zwischen Axel Schwein und dem mutmaßlichen Täter gehört haben will, dass Axel Schwein den Begriff „Kollegensau" gebrauchte.

▶ über Richard Koch:
Richard Koch ist verdächtig, weil er als einer von zwei männlichen Kollegen infrage kommt, die von Axel Schwein in der Kaffeeküche mit „Kollegensau" beschimpft worden sein können. Weshalb hat Richard Koch zu Beate Schneider gesagt, sie solle nichts von der Aktion mit der Haftnotiz von Margot Grau erwähnen?

▶ über Margot Grau
Beate Schneider wurde vor kurzem von Richard Koch informiert, er habe Margot Grau dabei beobachtet, wie sie Axel Schweins *„NEIN sagen"*-Haftnotiz mit *„Du sollst nicht"* ergänzt hat.

▶ über Freddy Lepidus
Freddy Lepidus ist neben Richard Koch der andere mögliche männliche Kollege, den Axel Schwein mit dem Begriff „Kollegensau" gemeint haben könnte.

▶ über Karel Findig
Karel Findig war von 13:40 Uhr bis ca. 13:55 Uhr nicht im Besprechungsraum bei Beate Schneider, weil er mit dem Handy rausging.

Informationen der Mitarbeiterin Petra Maus
▶ Alibi:
Petra Maus hatte gegen 13:30 Uhr heftiges Nasenbluten. Einige Blutstropfen sind auf ihren Schreibtisch und die Akten geraten. Sie ging zur Toilette und kühlte sich die Nase mit feuchten Taschentüchern. Es hat ziemlich gedauert, bis die Blutung aufhörte. Kurz vor 14:00 Uhr kam Margot Grau in die Toilette. Gemeinsam gingen sie dann zum Besprechungsraum.

▶ über Margot Grau
Margot Grau kam kurz vor 14:00 Uhr zu Petra Maus in die Toilette. Petra Maus hat Margot Grau einmal dabei beobachtet, wie sie von Axel Schweins Schreibtisch Papiere genommen und in der Kaffeeküche in den Abfalleimer geworfen hat. Sie hat aber zu niemand etwas gesagt.

Informationen des Mitarbeiters Richard Koch

▶ Alibi:
Er hat kein Alibi, ist aber zumindest nicht am Tatort oder bei der Tat beobachtet worden. Richard Koch ging um 13:30 in die Kaffeeküche. Axel Schwein kam dazu, sie gerieten in Streit. Richard stieß

Axels Kopf an das Regal. Axel stürzte tot zu Boden. Richard verließ schnell die Kaffeeküche. Auf dem Flur war Karel Findig, der ihn aber nicht bemerkte.

▶ über Attila Wechsler:
Richard Koch informierte Attila Wechsler über sein Buchprojekt. Er erhielt von ihm den Rat, möglichst konkrete, praktische Beispiele zu verwenden.

▶ über Beate Schneider:
Richard Koch hat Beate Schneider über Margot Graus Aktion mit der Haftnotiz „Du sollst nicht NEIN sagen" erzählt.

▶ über Margot Grau:
Richard Koch hat Margot Grau bei ihrer Aktion mit der Haftnotiz „Du sollst nicht NEIN sagen" beobachtet.

▶ über Freddy Lepidus:
Richard Koch hat Freddy Lepidus über Margot Graus Aktion mit der Haftnotiz „Du sollst nicht NEIN sagen" erzählt.

▶ über Karel Findig
Richard Koch sah Karel Findig, als er die Kaffeeküche verließ.

Informationen der Mitarbeiterin Margot Grau
▶ Alibi:
Margot Grau kam um 13:25 Uhr an der Pforte an. Von dort ging sie in die Werkscafeteria, um noch einen Kaffee zu trinken. Danach ging sie zur Toilette in der Personalabteilung, wo sie Petra Maus traf. Gemeinsam trafen sie dann gegen 14:00 Uhr am Besprechungsraum ein.

Margot Grau hatte mitbekommen, dass Petra Maus vor einigen Tagen einen heftigen Streit mit Axel Schwein hatte. Kurz vor dem Beginn der Besprechung hatte sie gesehen, wie Petra Maus in der Toilette blutverschmierten Papiertaschentücher wegwarf.

Informationen des Mitarbeiters Freddy Lepidus

▶ Alibi:

Freddy Lepidus ging um 13:30 Uhr auf eine Zigarettenlänge in die Raucherzone. Danach sah er kurz in das Großraumbüro der Abteilung, wo aber niemand mehr war. Deswegen ging er in das Besprechungszimmer und bereitete einiges für die Besprechung vor.

▶ über Attila Wechsler:

Am Abend vorher hatte Freddy Lepidus nach 18:30 Uhr den Abteilungsleiter Attila Wechsler beobachtet, wie er Axel Schweins Schreibtisch und seinen PC untersuchte.

▶ über Petra Maus:

Als Freddy Lepidus nach dem Zigarettenrauchen kurz in das Großraumbüro sah, entdeckte er Blutspritzer auf dem Schreibtisch von Petra Maus.

▶ über Richard Koch und Margot Grau:

Richard Koch hatte erzählt, er habe Margot Grau bei ihrer Aktion mit der Haftnotiz „*Du sollst nicht NEIN sagen*" beobachtet.

Informationen des Abteilungsleiters Entwicklung Karel Findig

▶ Alibi:

Karel Findig verließ gegen 13:40 Uhr die Besprechung mit Beate Schneider, um auf dem Flur mit seinem Handy zu telefonieren. 15 Minuten später kam er in den Besprechungsraum zurück.

Über die Mitarbeiter und die Vorgänge in der Personalabteilung hat Karel Findig keine Informationen.

Informationen der Teamassistentin Bettina Kurat

▶ Alibi:

Bettina Kurat war von 13:30 Uhr bis 14:00 Uhr in der Mittagspause in einer anderen Abteilung.

Trainerübersicht über den Fall

▶ über Richard Koch:

Gegen 8:15 Uhr am Morgen hatte Bettina Kurat beobachtet, wie Richard Koch am Platz von Axel Schwein etwas an dessen PC bearbeitete. Über andere relevante Vorgänge hat Bettina Kurat keine Information.

Ändern des Geschlechts der einzelnen Rollen

Die einzelnen Rollen sind sehr einfach für Mitspieler oder Mitspielerinnen des jeweils anderen Geschlechts anzupassen, da es in diesem Krimi keine geschlechtsspezifischen Beziehungsprobleme gibt. Nur wenn Sie die Rolle des Täters Richard Koch in eine weibliche Rolle ändern wollen, sind außer der Namensänderung inhaltliche Überlegungen notwendig. Wie bei den anderen Krimis auch, sollten Sie bei der Änderung einer Rolle die Rollenübersicht, die Geschichte und die Vorlage der entsprechenden Rolle bearbeiten. Weitere notwendige Bearbeitungsschritte für jede mögliche Rollenänderung sind in der folgenden Übersicht dokumentiert.

Ändern der Rolle des Personalleiters Attila Wechsler
Wenn die Personalleitung von einer Frau übernommen wird, sind die Rollenvorlagen von Beate Schneider, Richard Koch, Margot Grau und Freddy Lepidus zu ändern.

Ändern des Geschlechts der einzelnen Rollen

Ändern der Rolle der Mitarbeiterin Beate Schneider
Die Mitarbeiterin Beate Schneider wird nur in den Vorlagen von Richard Koch und Karel Findig erwähnt. Damit ist die Änderung im Prinzip sehr einfach.

Ändern der Rolle der Mitarbeiterin Petra Maus
Auch Petra Maus wird nur in zwei weiteren Rollenvorlagen erwähnt. Zu ändern wären die Bezüge in den Vorlagen von Margot Grau und Freddy Lepidus. Achtung: Wenn Petra Maus und Margot Grau unterschiedliche Geschlechter haben, können sie sich nicht in der Toilette getroffen haben. Die Alternative wäre Flur oder Raucherzone.

Ändern der Rolle des Mitarbeiters Richard Koch
Die Änderung der Rolle von Richard Koch ist in diesem Krimispiel am schwierigsten. Er wird in den Vorlagen von Attila Wechsler, Beate Schneider, Freddy Lepidus und Bettina Kurat erwähnt. Der Bezug in der Rollenvorlage von Beate Schneider erfordert besondere Aufmerksamkeit. Dort ist ein Verdachtsmoment gegen Freddy Lepidus und Richard Koch konstruiert, das auf Männerrollen beruht: „Die Vermutung liegt jedoch nahe, dass es ein Mann war, denn sonst hätte Axel Schwein sicher seinen Lieblingsbegriff ‚Mobbing-Furie' herausgebrüllt. Mit ‚Kollegensau' war wohl eher ein Mann gemeint. Das Wort ‚Kollege' spricht auch dagegen, dass es ihr Chef Attila Wechsler war. Daher kommen nur Richard Koch oder Freddy Lepidus in Frage." Wenn Richard Koch in eine weibliche Rolle geändert wird, muss aus der „Kollegensau" eine „Mobbing-Furie" werden und umgekehrt. Freddy Lepidus entfällt dann als Verdächtiger.

Ändern der Rolle der Mitarbeiterin Margot Grau
Margot Grau wird in den Vorlagen von Beate Schneider, Margot Maus, Richard Koch und Freddy Lepidus erwähnt. Achtung: Wenn Petra Maus und Margot Grau unterschiedliche Geschlechter haben, können sie sich nicht in der Toilette getroffen haben. Die Alternative wäre Flur oder Raucherzone.

Ändern der Rolle des Mitarbeiters Freddy Lepidus
Freddy Lepidus erscheint in den Rollenvorlagen von Attila Wechsler, Beate Schneider und Richard Koch.

Ändern der Rolle des Entwicklungsleiters Karel Findig

Der Abteilungsleiter Entwicklung ist einfach zu ändern. Er kommt nur bei Beate Schneider und Richard Koch vor.

Ändern der Rolle der Teamassistentin Bettina Kurat

Die Rolle der Teamassistentin ist am einfachsten zu ändern, da sie in keiner anderen Rollenvorlage erwähnt wird.

Du sollt nicht NEIN sagen als Problemlösungsaufgabe

Aufgabenstellung und Instruktion für die Teilnehmer

„Ihre Aufgabe im Team: Sie sollen anhand der Ihnen vorliegenden Informationen einen Kriminalfall klären. In der Personalabteilung gibt es einen massiven Konflikt zwischen einem ‚einzelgängerischen' Mitarbeiter und seinen Kolleginnen und Kollegen. Kurz vor einem Teamgespräch, in dem der Konflikt gelöst werden sollte, wird der ‚Einzelgänger' tot aufgefunden. Anscheinend wurde er erschlagen. Finden Sie heraus: Was ist passiert? Wer ist der Täter oder die Täterin?

Wenn Sie den Täter oder die Täterin nicht mit Sicherheit ermitteln können, dann einigen Sie sich am Ende bitte darauf, wer es mit größter Wahrscheinlichkeit war. Bitte geben Sie am Ende auch jeder eine Schätzung dieser Wahrscheinlichkeit ab (Skala: 0 bis 100% sicher).

Lesen Sie zunächst die folgende Information für alle. Dazu haben Sie 15 Minuten Zeit.

Im Anschluss daran erhält jeder von Ihnen einige Karten mit Informationen zum Fall. Jeder darf seine Informationen jederzeit vorlesen, aber die Karten keinesfalls aus der Hand geben oder anderen zeigen."

Folgende Dokumente stehen für jede Problemlösungsaufgabe zum Download zur Verfügung:
▶ Die Fallbeschreibung (die Geschichte) als Information für alle
▶ Die Informationen zum Verteilen an die einzelnen Teilnehmer

Informationen für alle: Die Geschichte

An diesem Fall sind folgende Personen beteiligt
Attila Wechsler, Führungskraft (Personalleitung).
Die Mitarbeiter der Personalabteilung: Beate Schneider, Petra Maus, Richard Koch, Margot Grau (Halbtagskraft, Arbeitszeit beginnt um 14:00 Uhr) und Freddy Lepidus.
Karel Findig, Abteilungsleiter Entwicklung; Bettina Kurat, die Teamassistentin in der Personalabteilung.

Die Geschichte
Die Personalabteilung der „Peters Automaten GmbH & Co. KG" besteht aus einer Führungskraft und fünf Mitarbeitern. Früher war das Betriebsklima in der Abteilung hervorragend, man konnte sich aufeinander verlassen. Jeder unterstützte die anderen, wenn es Probleme gab. Besonders Axel Schwein tat sich da hervor: Egal, ob am Freitagnachmittag noch eine Entscheidungsvorlage für die Geschäftsführung fertig gestellt werden musste, oder eine Führungskraft am Abend noch schnell Unterstützung für einen Bewerbungsvorgang benötigte, der sich länger als geplant hinzog, was es auch immer war: Axel Schwein nahm sich der Sache an, blieb bei Bedarf bis spät in den Abend hinein im Büro und erledigte die Aufgaben ohne Murren in bester Qualität. Er sorgte auch für scheinbar „Nebensächliches" wie etwa Kaffee kochen.

Attila Wechsler war allerdings der Meinung, Axel werde von den Kollegen ausgenutzt und traue sich nicht, eine Bitte abzulehnen. Attila hatte bei Abteilungsbesprechungen mehrmals den Versuch unternommen, das anzusprechen, damit aber nie etwas erreicht. Im Gegenteil, Axel beteuerte immer wieder, dass ihm das nichts ausmache, er helfe gerne. Beim Mitarbeitergespräch im letzten Jahr hatte die Führungskraft Axel überredet, an einem Seminar zum Thema Selbstmanagement mit dem Titel „Steigerung der Selbstsicherheit" teilzunehmen. Das war vor ungefähr einem Jahr.

Axel Schwein kam wie ausgewechselt zurück: Er teilte gleich als Erstes mit, er werde keinen Kaffee mehr kochen und dass er überhaupt deutlich mehr auf seine eigenen Interessen und Bedürfnisse achten werde. Wie zur Demonstration klebte er eine Haftnotiz an seinen Bildschirm mit der Aufschrift: *„NEIN sagen."*

In der Folge kam es zu Problemen, zunächst sporadisch, dann immer häufiger, bis hin zu wirklich heftig ausgetragenen offenen Konflikten. Jeder in der Abteilung hatte im Laufe der Zeit mehrere Abfuhren erhalten, wenn er Axel um einen Gefallen gebeten hatte.

Attila führte mehrere Gespräche mit Axel. Das einzige Ergebnis dieser Gespräche war immer, dass Axel erklärte, Wechsler selbst habe doch ganz richtig erkannt, dass die Kollegen seine Gutmütigkeit ausnutzten. Er werde sich das nicht mehr gefallen lassen. Die Kollegen sollten sich vernünftig verhalten und ihn nicht mehr so bedrängen. Inzwischen sei er ganz sicher, systematisch gemobbt zu werden.

Wieder sprach Attila Wechsler das Problem mehrfach in Abteilungsbesprechungen an, appellierte an die Vernunft aller Beteiligten und forderte sie zu kollegialer Zusammenarbeit auf. Er werde nichts zulassen, was auch nur ansatzweise wie Mobbing aussehe. Dabei bezog er sich auf einige Vorfälle der letzten Zeit, insbesondere darauf, dass irgendjemand auf Axel Schweins Haftnotiz den Text *„NEIN sagen"* mit *„Du sollst nicht"* ergänzt hatte.

Es nutzte nichts. Als letzten Versuch, die Dinge zu klären, hatte Attila Wechsler nun für den heutigen Tag um 14:00 Uhr zu einer

Sonderbesprechung der Abteilung eingeladen. Einziges Thema der Tagesordnung: „Wie kommen wir zu einer vernünftigen, kollegialen Zusammenarbeit in der Abteilung zurück?" Als Veranstaltungsort hatte Herr Wechsler ursprünglich die „Werks-Cafeteria" geplant, weil der dortige nachmittägliche personalfreie Automatenbetrieb Vertraulichkeit versprach und gleichzeitig eine permanente Versorgung mit Getränken und Snacks garantierte. Axel Schwein hatte aber so heftig protestiert, dass der Plan wieder aufgegeben wurde. Es war ihm nicht vertraulich genug. Deswegen wurde der Besprechungsraum der Personalabteilung als Treffpunkt festgelegt.

Attila Wechsler kam fünf Minuten zu spät zur Besprechung, bei Beate Schneider waren es sogar zehn Minuten Verspätung. Petra Maus, Richard Koch und Margot Grau waren pünktlich. Freddy Lepidus war schon mehr als eine viertel Stunde vor Besprechungsbeginn im Raum.

Als Axel Schwein 20 Minuten nach Beginn der Besprechung immer noch nicht erschienen war und sich auch nicht an seinem Telefon meldete, schickte man Richard Koch los, ihn zu suchen. Richard Koch kam von allen in der Abteilung noch am ehesten mit Axel aus.

Da Axel nicht an seinem Platz im Großraum war, wo er noch eine halbe Stunde vor dem offiziellen Besprechungsbeginn telefoniert hatte, ging Richard zur Kaffeeküche. Dort lag Axel auf dem Rücken am Boden in einer Blutlache, den Kopf zur Seite gedreht. Es sah aus, als hätte ihm jemand den Schädel eingeschlagen.

Richard meldete Attila telefonisch seinen grausigen Fund, der zunächst seinen Chef und dann, mit dessen Einverständnis, die Polizei informierte.

Eine Skizze zur Visualisierung der Geschichte finden Sie auf Seite 222 und in den Online-Ressourcen

Dann rief Attila Wechsler alle Mitarbeiter zurück in den Besprechungsraum, um auf die Polizei zu warten. Bis zum Eintreffen der Polizei wollte er versuchen, etwas Licht in diese Angelegenheit zu bringen.

Du sollst nicht NEIN sagen als Problemlösungsaufgabe

Informationskarten zum Verteilen an die Teilnehmer

Drucken Sie die Informationen auf je eine Karte. Für die Teamübung gut mischen und gleichmäßig unter die Teilnehmer verteilen. Achten Sie vor allem darauf, dass möglichst niemand Karten mit direkt aufeinanderfolgenden Nummern erhält.

Verkünden Sie vor dem Austeilen noch einmal die wichtige Spielregel: *"Jeder darf seine Informationen jederzeit vorlesen, aber die Karten keinesfalls aus der Hand geben oder anderen zeigen. Sie haben 30 Minuten Zeit, die Lösung zu finden."*

Karteikarten im Download

Kartennummer	Kartentext
1	In der letzten Stunde vor der Besprechung war der Personalleiter Attila Wechsler in seinem Zimmer.
2	Attila Wechsler kam fünf Minuten nach dem offiziellen Besprechungsbeginn in den Besprechungsraum.
3	Im Gespräch mit Attila Wechsler hatte Axel Schwein zum wiederholten Mal behauptet, es sei ein Mobbing-Prozess gegen ihn im Gange.
4	Axel Schwein hatte dem Abteilungsleiter vorgeworfen, er würde das Mobbing nicht nur nicht unterbinden, sondern sogar aktiv unterstützen.
5	Axel Schwein stellte Richard Koch ausdrücklich von jedem Verdacht frei, am Mobbing beteiligt zu sein.
6	Axel Schwein hatte in den letzten 8-9 Monaten alle Mobbingvorfälle protokolliert.
7	Richard Koch hatte dem Personalleiter erzählt, dass er ein Buch über „Die Mobbing-Lüge" schreiben wolle. Er wollte darin nachweisen, dass die angeblich Gemobbten in den meisten Fällen selbst Schuld haben an den Prozessen, die sie als Mobbing wahrnehmen.
8	Attila Wechsler hatte den Verdacht, dass Richard Koch das Mobbing oder mobbingähnliche Vorfälle mit Axel Schwein inszeniert haben könnte.

9	Beate Schneider war ab 13:00 Uhr in einem Besprechungsraum neben der Kaffeeküche im Gespräch mit Karel Findig, dem Abteilungsleiter Entwicklung.
10	Die Besprechung von Beate Schneider und Karel Findig wurde rund zehn Minuten nach offiziellem Beginn der Abteilungsbesprechung beendet.
11	Karel Findig wurde ungefähr um 13:40 Uhr auf seinem Handy angerufen.
12	Karel Findig verließ für sein Telefonat den Besprechungsraum und war fast 15 Minuten weg.
13	Als Beate Schneider allein im Besprechungsraum war, hörte sie die laute Stimme von Axel Schwein aus der Kaffeeküche, verstand aber nichts richtig.
14	Beate Schneider glaubte, von Axel Schwein aus der Kaffeeküche einmal den Begriff „Kollegensau" verstanden zu haben.
15	Richard Koch erzählte, er habe Margot Grau beobachtet, wie sie Axel Schweins „NEIN sagen"-Haftnotiz mit „Du sollst nicht" ergänzt habe.
16	Petra Maus hatte vor einigen Tagen einen heftigen Streit mit Axel Schwein.
17	Petra Maus hatte im Streit zu Axel gesagt: „Jetzt kannst Du auch mal wieder fühlen, wie es ist, wenn man keine Unterstützung bekommt."
18	Eine knappe halbe Stunde vor Beginn der Besprechung hatte Petra Maus Nasenbluten.
19	Auf dem Schreibtisch und den Akten von Petra Maus waren Bluttropfen.
20	Als Petra Maus Nasenbluten hatte, ging sie zur Toilette.
21	Petra Maus wurde von Margot Grau gesehen, wie sie blutige Papiertaschentücher in der Toilette entsorgte.
22	Petra Maus und Margot Grau gingen gemeinsam in den Besprechungsraum.
23	Petra Maus hatte Margot Grau beobachtet, wie sie vor einigen Tagen Papiere von Axel Schweins Schreibtisch genommen und in der Kaffeeküche in den Abfalleimer geworfen hat.
24	Axel Schwein hatte seinem Kollegen Richard die Datei gezeigt, in der er alle Mobbing-Vorfälle speicherte.

25	Axel Schwein behauptete, Margot Grau würde ihm Bewerberunterlagen und andere wichtige Dokumente klauen und dann wegwerfen.
26	Axel Schwein drohte, eine Spurensicherung der Fingerabdrücke könne den Diebstahl seiner Akten sicher beweisen.
27	Axel Schwein lehnte es ab, Richard Koch seine Datei mit dem Mobbing-Protokoll zu überlassen.
28	Richard Koch kommt normalerweise gegen 8:30 Uhr in das Büro. Am Morgen vor der Besprechung war er extra 45 Minuten früher gekommen.
29	Das Zugangspasswort zu Axel Schweins Datei war „Mobbing".
30	Axel Schwein verdächtigte Richard Koch, die Datei mit seinen Mobbing-Aufzeichnungen kopiert zu haben, denn er sei der Einzige, der von dieser Datei wusste.
31	Als Richard Koch die Kaffeeküche verließ, bemerkte er auf dem Flur Karel Findig, den er vom Sehen flüchtig kannte.
32	Richard Koch behauptete, er sei von 13:30 Uhr bis kurz vor Besprechungsbeginn in einer ruhigen Ecke der Cafeteria gesessen, um sich auf ein Coaching-Gespräch vorzubereiten.
33	Margot Grau, die halbtags arbeitet, kam genau 13:25 Uhr an der Pforte an.
34	Axel Schwein war von einem Seminar „Steigerung der Selbstsicherheit" wie ausgewechselt zurückgekommen.
35	Margot Grau ging nach ihrer Ankunft in die Werks-Cafeteria, die zu dieser Zeit leer war.
36	Margot Grau befürchtete, Axel Schwein habe den Diebstahl seiner Akten bemerkt und sich dann bei Attila Wechsler beschwert.
37	Margot Grau hatte mitbekommen, dass auch Petra Maus vor einigen Tagen einen heftigen Streit mit Axel Schwein hatte.
38	Freddy Lepidus war ab 13:30 Uhr auf eine Zigarettenlänge in der Raucherzone.
39	Nachdem er seine Zigarette geraucht hatte, ging Freddy Lepidus in den Großraum, wo niemand mehr war.
40	Freddy Lepidus bemerkte auf dem Schreibtisch von Petra Maus Blutspritzer.
41	Freddy Lepidus verließ den leeren Großraum und ging gleich in das Besprechungszimmer. Dort kontrollierte er, ob genug Flipchart-Papier und Stifte vorhanden waren.

42	Am Abend vor der Teambesprechung verließ Freddy Lepidus kurz vor 18:30 Uhr das Büro.
43	Als Freddy Lepidus am Abend das Büro verlassen hatte, merkte er am Werkseingang, dass er seinen Autoschlüssel vergessen hatte. Deswegen musste er noch mal zurück.
44	Als Freddy Lepidus zum Großraum zurückkam, um seinen vergessenen Autoschlüssel zu holen, bemerkte er seinen Vorgesetzten Attila Wechsler, wie dieser auf Axel Schweins Schreibtisch und in dessen PC herumschnüffelte.
45	Als Karel Findig auf dem Flur telefonierte, bemerkte er, dass jemand in die Kaffeeküche neben dem Besprechungsraum ging, ohne die Person zu erkennen.
46	Einige Minuten, nachdem Karel Findig bemerkte, dass jemand die Kaffeeküche betreten hatte, hörte er wieder jemand hat den Raum verlassen.
47	Bettina Kurat ging gegen 13:30 Uhr in die Mittagspause.
48	Bettina Kurat hat in der Pause eine Freundin, die Teamassistentin im Vertrieb ist, an deren Arbeitsplatz besucht.
49	Als sie in die Mittagspause ging, sah Bettina Kurat, wie Axel Schwein im Großraum an seinem Schreibtisch saß und telefonierte.
50	Am Morgen gegen 8:15 Uhr sah Bettina Kurat, wie Richard Koch am Schreibtisch von Axel Schwein saß und irgendetwas an dessen PC bearbeitete.

Du sollst nicht NEIN sagen als Problemlösungsaufgabe

Die Lösung des Falls

Richard Koch ist der Täter, auch wenn es keine Augenzeugen der Tat gibt und der genaue Tathergang nicht belegt werden kann. Auch in diesem Fall gibt es mehrere Tatverdächtige mit plausiblen Motiven und ohne richtiges Alibi. Hier sind aber sehr starke Hinweise auf Richard Koch zu finden.

Lösungsrelevante Fakten

- Information 31: Als Richard Koch die Kaffeeküche verließ, bemerkte er auf dem Flur Karel Findig, den er vom Sehen flüchtig kannte. Diese Information bedeutet, dass Richard Koch zwischen 13:40 Uhr und 13:55 Uhr in der Kaffeeküche gewesen sein muss (siehe auch Informationen 11 und 12).
- Information 32: Richard Koch behauptete, er sei von 13:30 Uhr bis kurz vor Besprechungsbeginn in einer ruhigen Ecke der Cafeteria gesessen, um sich auf ein Coaching-Gespräch vorzubereiten. Diese Behauptung kann nicht stimmen, wenn die folgenden beiden Informationen richtig sind.
- Information 33: Margot Grau, die halbtags arbeitet, kam genau 13:25 Uhr an der Pforte an.
- Information 35: Margot Grau ging nach ihrer Ankunft in die Werks-Cafeteria, die zu dieser Zeit leer war.
- Information 13: Als Beate Schneider allein im Besprechungsraum war, hörte sie die laute Stimme von Axel Schwein aus der Kaffeeküche, verstand aber nichts richtig.
- Information 14: Beate Schneider glaubte, von Axel Schwein aus der Kaffeeküche den Begriff „Kollegensau" verstanden zu haben. Die Informationen 13 und 14 deuten an, dass es in der Kaffeeküche einen Streit zwischen Axel Schwein und einem Kollegen gegeben haben muss.
- Information 24: Axel Schwein hatte seinem Kollegen Richard die Datei gezeigt, in der er alle Mobbing-Vorfälle speicherte.
- Information 27: Axel Schwein lehnte es ab, Richard Koch seine Datei mit dem Mobbing-Protokoll zu überlassen.

- Information 30: Axel Schwein verdächtigte Richard Koch, die Datei mit seinen Mobbing-Aufzeichnungen kopiert zu haben, denn er sei der Einzige, der von dieser Datei wusste.
- Information 50: Am Morgen gegen 8:15 Uhr sah Bettina Kurat, wie Richard Koch am Schreibtisch von Axel Schwein saß und irgendetwas an dessen PC bearbeitete. Die Informationen 24, 27, 30 und 50 zeigen die Ursache des Streites zwischen Richard Koch und Axel Schwein. Richard Koch wollte die Datei, um die dort enthaltenen Praxis-Beispiele für sein Buch zu verwenden (siehe Informationen 7 und 8).

Drei

Eigene Mitspielkrimis schreiben

Schnellfinder

Lockt Sie das Verbrechen? Dann los! 261
Ein Thema finden 263
Die handelnden Personen 265
Eigenarten und Beziehungen der Personen 265
Der Zeitraum, in dem sich das Verbrechen entwickelt 267
Die Fakten: Heiße Spuren und falsche Fährten 269
Text mit Basisinformation für alle Rollenspieler 271
Die Rollenvorlagen 273
Der Testlauf 274

Lockt Sie das Verbrechen?
Dann los!

Lockt Sie das Verbrechen? – Mich schon, ich bin leidenschaftlicher Krimileser. Die Idee, Mitspielkrimis im Training einzusetzen, entstand daher fast zwangsläufig. Die auf dem Markt erhältlichen Krimispiele erschienen mir aber für diesen Zweck nur bedingt geeignet. Die Thematik, das Verbrechen, das Milieu und die handelnden Personen dieser Krimis waren mir nicht nahe genug am betrieblichen Umfeld. Die Vorbereitungszeit für die Rollenspieler und die Spieldauer waren mir für den Einsatz im Training viel zu lang. Also beschloss ich, selbst einen Mitspielkrimi nach meinen Vorstellungen zu schreiben.

Vielleicht geht es Ihnen mit den vier Mitspielkrimis hier im Buch ähnlich: Vielleicht hätten Sie lieber eine ganz andere Thematik, andere beteiligte Personenkreise, eine längere oder kürzere Spieldauer usw. Dann hilft nur eins: Machen Sie es wie ich, schreiben Sie Ihren eigenen Mitspielkrimi.

Versuchen Sie es, es ist gar nicht so schwer.

Die Struktur von Mitspielkrimis ist immer gleich, unabhängig vom Thema und anderen Faktoren. Eine Gruppe von Betroffenen sitzt in einer geschlossenen Runde und versucht, die näheren Umstände für ein kürzlich geschehenes Verbrechen aufzuklären und den Täter oder die Täterin zu überführen. Berühmte literarische Beispiele für diese Struktur finden sich unter anderem in den Krimis von Agatha Christie, wo Hercule Poirot in einer großen Schlussszene am Ende eine Gruppe von Beteiligten zusammenruft und durch geschickte Kommunikation den Fall endgültig aufklärt. Eine meiner Lieblingsszenen ist die tolle Gesprächsrunde gegen Ende des Romans bzw. der Verfilmung von „Mord auf dem Nil".

Meinen ersten Mitspielkrimi, dessen endgültige Variante hier unter dem Titel „Mord im Seminar" zu finden ist, habe ich begonnen, indem ich einfach ohne Plan drauflos schrieb. Die Folge war, dass ich in mehreren langwierigen Iterationsrunden das Ganze in sich stimmig machen und in der „kriminalistischen Logik" synchronisieren musste. Dabei musste ich Rollen neu definieren, andere komplett umschreiben, den zeitlichen Ablauf optimieren, und andere kleinere Änderungen vornehmen. Das war extrem aufwendig. Daher entwickelte ich für mich die nachfolgend beschriebene Vorgehensweise in acht Schritten, die sich bei meinen weiteren Mitspielkrimis sehr bewährt hat. Ich werde jeden dieser acht Schritte etwas ausführlicher erläutern, um Ihnen vielleicht den einen oder anderen unnötigen Fehler oder Mehrarbeit vermeiden zu helfen.

1. Zunächst brauchen Sie *ein Thema*, besser gesagt ein „Verbrechen" als Fundament Ihres Spiels nahe am betrieblichen Alltag.

2. Um dieses Verbrechen herum gestalten Sie *die handelnden Personen*, also die Täterin oder den Täter und andere Akteure in der für Ihr Spiel benötigten Anzahl. Danach beginnt die Feinarbeit.

3. Sie beschreiben einige Charakteristika, Persönlichkeitsmerkmale und *Eigenarten der Personen*, und vor allem *die persönlichen und privaten Beziehungen* zwischen ihnen. Daraus ergeben sich mögliche Motive für das Verbrechen.

4. Im nächsten Schritt legen Sie den *Zeitraum* fest, in dem sich die Ereignisse entwickeln, die zu dem Verbrechen führen, einschließlich der Tat selbst.

5. Nun definieren Sie *die Fakten*, die in Form heißer Spuren und falscher Fährten vom Ermittlungsteam entdeckt, diskutiert und bewertet werden sollen. Diese Fakten verteilen Sie so über den beteiligten Personenkreis und den vorher festgelegten Zeitraum, dass sich eine inhaltlich logische Abfolge der Ereignisse ergibt.

6. Jetzt können Sie mit dem *Formulieren der Texte* beginnen. Entscheiden Sie, welche Basisinformation Sie allen Spielteilnehmern geben wollen.

7. Danach legen Sie für jede Rolle im Spiel fest, welche Informationen der Rollenspieler auf jeden Fall weitergeben muss, und welche er nach eigenem Ermessen verwenden kann, und schreiben die dazugehörigen *Rollenvorlagen*.

8. Das Krimispiel ist fertig. Es empfiehlt sich, vor einem echten Seminareinsatz einen *Testlauf* im Freundeskreis durchzuführen.

Ein Thema finden

Der erste Schritt ist im Grunde der einfachste Teil des Krimientwurfs. Optimaler Ausgangspunkt ist eine alltägliche Situation am Arbeitsplatz, wie sie wahrscheinlich jeder schon erlebt hat. Einige Beispiele:

▶ Ein Mitarbeiter fühlt sich vom Vorgesetzten ungerecht behandelt, etwa weil die versprochene Gehaltserhöhung oder der nächste Karriereschritt nicht kommt, oder weil der Mitarbeiter sich als Prügelknabe für Versäumnisse des Chefs fühlt.
▶ Eine Konkurrenzsituation zwischen Kollegen: Einer wird vom anderen als Schuldiger für einen Fehler hingestellt, oder einer

schmückt sich mit Federn, die eigentlich dem anderen zustehen.
- Ein eskalierender Konflikt zwischen Abteilungen. Es geht darum, wer die Federführung für ein enorm wichtiges Projekt hat oder dass die Zusammenarbeit nicht funktioniert.
- Ein unzufriedener Kunde beschwert sich ganz weit oben in der Hierarchie über einen Kundendienstmitarbeiter.
- Firmeneigentum wird entwendet, Wirtschaftsspionage betrieben.
- Private Beziehungen zwischen Mitarbeitern führen zu Problemen im Arbeitsumfeld. Es können Trennungen, Dreiecksbeziehungen oder Beziehungen zwischen verschiedenen Hierarchieebenen sein, die sich mit Sachthemen mischen.
- …

Diese Art der Themenwahl hat den Vorteil, dass sich mit der Ausgangssituation fast jeder sofort vertraut fühlt, denn das oder Ähnliches hat man schon erlebt.

Ich finde Berichte über solche Situationen regelmäßig in den Erzählungen von Seminarteilnehmern, wenn sie über ihre Ziele für ein Training sprechen, im Reflecting Team oder im persönlichen Gespräch am Abend. Manches habe ich auch tatsächlich selbst erlebt.

Wenn Sie sich für ein Thema entschieden haben, müssen Sie es für sich gedanklich über die üblichen Konfliktverhaltensweisen hinaus ins „Kriminelle" eskalieren. Nur so wird es als Krimispiel faszinierend. Nehmen wir das erste Beispiel „Ein Mitarbeiter fühlt sich vom Vorgesetzten ungerecht behandelt, weil die versprochene Gehaltserhöhung nicht kommt". Die Eskalation ins Kriminelle könnte darin bestehen, dass der Vorgesetzte ermordet in seinem Büro aufgefunden wird. Sie könnten natürlich auch „überraschend" eskalieren: Nicht der Vorgesetzte, sondern der Mitarbeiter wird am Ende der Mittagspause im Parkhaus der Firma erschlagen vor seinem Wagen gefunden. Wir spielen den Konstruktionsprozess für einen Mitspielkrimi nun an folgendem Beispiel durch:

Ein Mitarbeiter hatte Streit mit seinem Vorgesetzten, der ihm die versprochene Gehaltserhöhung nicht bewilligte. Am Ende der Mittagspause, nach dem Streit, wird der Mitarbeiter im Parkhaus der

Firma erschlagen vor seinem Wagen gefunden. Das reicht fürs Erste, gehen Sie nun zum zweiten Schritt.

Die handelnden Personen

Legen Sie zuerst fest, wie viele Rollen in dem Spiel besetzt werden sollen. Gut ist ein Start mit sechs Rollen. Weniger sollten es nicht sein, sonst entfaltet das Spiel nicht genug Dynamik. Mehr Rollen erfordern mehr Konstruktionsaufwand. Einfacher ist es, wenn Sie dann am Ende Zusatzrollen definieren, die keine neuen relevanten Informationen beisteuern und deswegen unbesetzt bleiben können.

Halten wir also fest, dass sechs Rollen definiert werden sollen. Legen Sie nun die sechs Personen fest, die mit dem „Mord am Mitarbeiter" zu tun haben. Mein Vorschlag:

- Der Vorgesetzte (V)
- Der Vorgesetzte des Vorgesetzten (VV)
- Ein Kollege, gleichzeitig Mitglied des Betriebsrats (BR)
- Kollege 1 (K1)
- Kollege 2 (K2)
- Kollege 3 (K3)

Eigenarten und Beziehungen der Personen

Ich beginne diesen Teil immer damit, dass ich eine „Beziehungs-Tabelle" mit N = Rollenzahl + Opfer + 1 für Bezeichnung der Zeilen/Spalten erstelle. Bei sechs Spielrollen ist das also eine 8x8-Tabelle. Die Tabelle enthält in der ersten Zeile und ersten Spalte die Namen aller Rollen und den des Opfers. Es ist eine gute Übung, hier dann gleich frei erfundene echte Namen einzutragen.

In den Zellen der Tabelle werden zeilenweise die Beziehungen zwischen den Personen charakterisiert. Es gilt immer „Beziehung aus Sicht von (Zeile) zu (Spalte)". Da Beziehungen nicht unbedingt symmetrisch sind, kann die Beziehung von (V) zu (VV) ganz anders sein als umgekehrt von (VV) zu (V). Sie können die Beziehungen durch Zeichen (z.B. plus/minus) charakterisieren oder besser mit Begriffen.

Spätestens jetzt sollten Sie sich entscheiden, wer aus dem Personenkreis der wahre Täter sein soll, denn dies hat wahrscheinlich Auswirkungen auf die Beziehungen zwischen den Personen.

Denken Sie daran, im weiteren Verlauf der Konstruktion des Krimispiels diese Beziehungsmatrix immer griffbereit zu halten und gegebenenfalls zu korrigieren beziehungsweise zu ergänzen. Vor allen Dingen im übernächsten Abschnitt, in dem sie die Fakten definieren, wird dies nötig sein.

Beispiel für eine „Beziehungsmatrix", zur besseren Übersicht nur teilweise ausgefüllt:

	(V)	(VV)	(BR)	(K1)	(K2)	(K3)	Opfer
(V)		Chef ist unpersönlich, distanziert	Neutral				MA hat sich negativ entwickelt
(VV)	Hat Führungsschwächen						
(BR)							
(K1)					Guter Freund	Kann ihn nicht leiden	Neutral distanziert
(K2)				Guter Freund		Neutral	Neutral distanziert
(K3)				Guter Kollege	Guter Kollege		Guter Kollege
Opfer	Opportunist					Guter Kollege	

Aus diesen kurzen beispielhaften Einträgen wird Folgendes deutlich:
- ▶ Der Vorgesetzte (V) des Opfers hält seinen eigenen Chef (VV) für unpersönlich und distanziert, hat eine neutrale Beziehung zum Betriebsrat und denkt über das Opfer, dass der Mitarbeiter sich negativ entwickelt hat.
- ▶ Der „Chefchef" (VV) denkt über die ihm nachgeordnete Führungskraft, dass sie Führungsschwächen habe.
- ▶ Das Opfer hielt seinen Chef (V) für einen Opportunisten, der den einfachsten Weg geht.
- ▶ K1 und K2 sind gute Freunde, sie sehen K3 neutral (K2) bis negativ (K1), zum Opfer waren sie neutral, distanziert.
- ▶ K3 hält alle für gute Kollegen.

Wenn Sie in mehreren Zeilen, das heißt bei mehreren Personen, tendenziell eher negative Beziehungen zum Opfer aufbauen, haben Sie es später leichter, Tatmotive nicht nur für den Täter, sondern auch für andere Beteiligte zu konstruieren. Das bringt bei der Durchführung des Mitspielkrimis Dynamik ins Spiel, weil sich auch die zu Unrecht Verdächtigten unter Druck sehen, umso eher den Täter entlarven zu wollen. Das hebt das Niveau der Ermittlung, weil der Fall schwieriger zu lösen ist. Überraschender und für alle Beteiligten spannender wird die Krimistory, wenn der wahre Täter zunächst eine neutrale oder positive Beziehung zum Opfer hatte.

Der Zeitraum, in dem sich das Verbrechen entwickelt

Es spricht nichts dagegen, dass einzelne Ereignisse, die zu dem Verbrechen führten, weit in der Vergangenheit liegen. So kann es zum Beispiel zwischen dem Opfer und einer der anderen Personen einen alten ungelösten Konflikt geben, den sie vor den anderen zu verbergen versuchten. Aber mindestens eine andere Person sollte in ihren Unterlagen Hinweise auf Beobachtungen haben, die für sie einen Verdacht in diese Richtung auslösen. Sonst besteht die Gefahr, dass der Fall den Rollenspielern unlösbar erscheint und sich Frustration breitmacht. Interessant wird es, wenn diese Beobachtung vom wahren Täter gemacht wurde, weil er dies wahrscheinlich benutzen wird, um den Verdacht von sich abzulenken.

Ein anderes Beispiel für weiter zurückliegende Ereignisse: Der Vorgesetzte des Opfers hat in der Vergangenheit mehrfach Kritikgespräche mit ihm geführt, in denen seine nachlassende Leistung und sein reduziertes Engagement angesprochen wurden.

Spannen Sie also den Zeitraum für Ereignisse so weit auf, dass sie genügend belastende und entlastende „Fakten" konstruieren können.

Besonderes Augenmerk sollten Sie auf den Zeitraum unmittelbar vor der Tat verwenden, da die Ereignisse und Beobachtungen in diesem Zeitraum für die Alibis der Beteiligten bzw. den Nachweis der Gelegenheit zur Tat von besonderer Bedeutung sind. In unserem Beispiel wurde der Mord am Ende der Mittagspause entdeckt. Es macht also Sinn, die gesamte Mittagspause (z.B. circa 45 Minuten) detailliert zu betrachten, am besten in Fünf-Minuten-Schritten.

Erstellen Sie dazu wieder eine Tabelle, in der die Beteiligten einschließlich des Opfers in den Spalten und die zu betrachtenden Zeitintervalle in Zeilen angeordnet sind. In der ersten Zeile stehen die Namen der Beteiligten. Dann kommt eine Zeile für den weiter in der Vergangenheit liegenden Zeitraum – in unserem Beispiel könnte dies „der letzte Monat" sein. In der nächsten Zeile steht „Gestern", gefolgt von der Zeile „Heute Vormittag". Dann folgen zehn Zeilen, die mit der Echtzeit beschriftet sind, z.B. 12:00 Uhr, 12:05 Uhr, 12:10 Uhr, bis 12:45 Uhr.

Beispiel für eine „Spurenmatrix":

	(V)	(VV)	(BR)	(K1)	(K2)	(K3)	Opfer
Letzter Monat							
Gestern							
Heute Vormittag							
12:00							
12:05							
...							
12.45							

Die Fakten: Heiße Spuren und falsche Fährten

Ich beginne die Krimikonstruktion damit, dass ich die heiße Spur lege, die zu den Tätern führt. In diesem Beispiel habe ich entschieden, dass K1 und K2 die Tat gemeinsam begangen haben. Ihr Motiv: Sie betreiben einen schwunghaften Handel mit elektronischen Komponenten, die sie im Firmengelände entwendet haben. Dabei wurden sie vom Opfer beobachtet und zur Rede gestellt.

Sobald dies festgelegt ist, tragen Sie die entsprechenden Fakten in die „Spurenmatrix" ein. Beispielsweise wird hier in der Zeile „Letzter Monat" bei K1 und K2 eingetragen: „Entwendet Firmeneigentum." Beim Opfer steht dementsprechend „Beobachtet K1 und K2 beim Diebstahl". In der Zeile „Heute Vormittag" könnte beim Opfer der Eintrag stehen „Stellt K1 und K2 zur Rede".

Wenn diese Spuren gelegt sind, müssen Sie für Beobachtungen anderer Rollenspieler sorgen, die einen Verdacht in die richtige Richtung erzeugen. Beispielsweise könnte K3 beobachtet haben, wie K1 und K2 um 12:20 Uhr gemeinsam mit dem Opfer die Kantine verlassen haben. Das Opfer selbst könnte gestern dem VV berichtet haben, dass er einer Diebes- und Hehlerbande im Kreis der Mitarbeiter auf der Spur sei und dabei vor allem K1 und K2 im Verdacht habe.

Achten Sie darauf, dass die Verdachtsmomente gegen die wahren Täter nicht zu massiv und durchschlagend sind, damit auch noch Alternativen in Betracht gezogen werden. Es ist nicht notwendig, den Täter am Ende absolut unwiderlegbar zu überführen.

Wenn dieser Teil der Fallkonstruktion in sich schlüssig erscheint, wird es Zeit, einige falsche Fährten zu legen. Diesen Teil möchte ich inhaltlich nicht weiter ausführen, sondern Ihrer Fantasie und Kreativität überlassen.

Ein Beispiel der „Spurenmatrix" mit der heißen Spur und einigen zusätzlichen Informationen sehen Sie auf der Folgeseite.

Übrigens: Für die Darstellung der Spurenmatrix bei den vier Mitspielkrimis in diesem Buch wurden die Spalten mit den Fakten der verschiedenen Personen zur einfacheren Darstellung zusammengefasst.

Wenn Sie die Spurenmatrix so weit fertiggestellt haben, sollten Sie noch einmal einen Konsistenz-Check durchführen. Stellen Sie dabei vor allen Dingen sicher, dass keine Person zur gleichen Zeit an verschiedenen Orten anwesend ist oder gesehen wurde. Prüfen Sie auch, ob die von Ihnen gelegten falschen Spuren wirklich nur Hypothesencharakter haben und nicht irrtümlich als unumstößliche Fakten dargestellt sind.

Lockt Sie das Verbrechen? Dann los!

	(V)	(VV)	(BR)	(K1)	(K2)	(K3)	Opfer
Letzter Monat	Kritikgespräche mit Opfer			Entwendet Firmeneigentum	Entwendet Firmeneigentum		Beobachtet K1 und K2 beim Diebstahl
Gestern		Erfährt vom Verdacht gegen K1 und K2					Erzählt VV vom Verdacht gegen K1 und K2
Heute Vormittag	Streit mit Opfer		Gespräch mit Opfer				Stellt K1 und K2 zur Rede; Streit mit V; Danach sofort Gespräch mit BR
12:00							
...							
12:20						Sieht, wie K1, K2 und Opfer die Kantine verlassen	
12.45							Wird im Parkhaus gefunden

Text mit Basisinformation für alle Rollenspieler

Nun können Sie an das Schreiben der Texte gehen. Ich kann Ihnen wirklich nur empfehlen, nicht vorschnell mit den Textvorlagen zu beginnen, da Sie sonst mit Sicherheit gezwungen sein werden, die Texte mehrfach zu überarbeiten. Dabei verliert man schnell den

Überblick oder erzeugt unfreiwillige Widersprüche in den Informationen.

Beginnen Sie mit der Basisinformation. Das ist der Text, der für alle Teilnehmer am Krimispiel die gleiche Information enthält und bei den Rollenspielern vor allem die Spannung für die Story, die handelnden Personen und die Lösung des Falls erzeugen soll.

In der Basisinformation sollten auf jeden Fall einige Fakten zum Umfeld beziehungsweise der Organisation stehen, in der das Verbrechen geschehen ist. Sie können ohne Probleme gleich mit dem „Knaller" des Verbrechens beginnen und so für Aufmerksamkeit sorgen: „Hans Ohm, Einrichter in der Endmontage eines bekannten Herstellers von Mobiltelefonen, wurde um 12:45 Uhr erstochen im Parkhaus der Firma vor seinem Wagen aufgefunden – durch seinen Kollegen, das Betriebsratsmitglied Klaus Sorge."

Bringen Sie in diesem Basistext all die Detail-Informationen unter, die geeignet sind, in der Vorstellung der Rollenspieler ein realistisches und klares Bild des Umfelds entstehen zu lassen. Es ist ebenfalls notwendig, alle im Krimispiel beteiligten Personen einzuführen und Hinweise darauf zu geben, in welcher formalen Beziehung sie zu dem Opfer stehen.

Sie werden meistens nicht umhinkommen, einige vage Verdachtsmomente in diese Schilderung einzubauen. So könnte im Text ein Hinweis darauf stehen, dass sich Hans Ohm in letzter Zeit zunehmend als schwieriger Mitarbeiter gezeigt hat. Außerdem wäre es sinnvoll, einen Hinweis auf die in letzter Zeit verschwundenen elektronischen Komponenten zu geben, da die Information über solche Ereignisse im Unternehmen sicher verbreitet ist.

Achten Sie aber darauf, dass möglichst keine konkreten Verdächtigungen oder Hinweise auf bestimmte Personen gegeben werden. Als Abschluss der Basisinformation geben Sie bitte einen Hinweis, wer mit welcher Begründung die Teilnehmer zur Bearbeitung des Falles zusammengerufen hat und wer die Gesprächsführung übernimmt. Für unseren Musterfall könnte dies zum Beispiel so formuliert werden: „Herr VV, Leiter der Endmontage und Vorgesetzter des Betriebsingenieurs V, hat diesen und die ihm unterstellten Mitarbeiter und Kollegen des Opfers zusammengerufen, um vor dem Eintreffen der Polizei schon möglichst viel zur Klärung des Falles beizutragen."

Die Rollenvorlagen

Für das Schreiben der einzelnen Rollenvorlagen gilt ähnlich wie bei der Basisinformation der Grundsatz, erst zu beginnen, wenn die Beziehungsmatrix und die Spurenmatrix fertiggestellt und in sich konsistent sind.

Die wichtigste Entscheidung für das Schreiben einer Rollenvorlage ist die, welche Informationen der Rollenspieler auf jeden Fall weitergeben muss, und welche er nach Belieben verwenden kann. Die Trennung in diese beiden Informationsqualitäten können Sie nutzen, um zusätzliche Irritationen und Konfliktpotenziale zu schaffen. Zum Beispiel können Sie einen Rollenspieler verpflichten, seine Beziehung zum Opfer öffentlich als „ganz o.k., kollegial" zu beschreiben, während andere Teilnehmer über Informationen verfügen, die eher das Gegenteil aussagen. Wenn Sie das machen, sollten Sie dem betroffenen Mitspieler aber ebenfalls diese Beobachtungen in seiner Rollenvorlage in dem nach Belieben zu verwendenden Teil zur Verfügung stellen, etwa in folgender Form: „Vorhin in der Runde zu Beginn haben Sie Ihr Verhältnis zum Kollegen als kollegial bezeichnet, in Wirklichkeit waren Sie aber in letzter Zeit immer mehr genervt. Erst neulich haben Sie ihn in einer Teambesprechung massiv kritisiert, weil er sich immer häufiger zu Lasten seiner Kollegen vor unangenehmen Aufgaben drückt."

Wenn Sie eine Rollenvorlage fertig geschrieben haben, prüfen Sie noch einmal, ob sie mit der Spurenmatrix übereinstimmt.

Der Testlauf

Wenn alle Unterlagen fertiggestellt sind, laden Sie Freunde zum Mitspielkrimi ein. Sie selbst spielen nicht mit, Sie sind nur Beobachter. Wichtig: Sie sind stiller Beobachter, das heißt, Sie greifen nicht ein, Sie kommentieren nicht. Sollte es passieren, dass das Spiel aus Sicht der Teilnehmer nicht vernünftig zu Ende gespielt werden kann, dann versuchen Sie nicht, zu retten, was nicht gerettet werden kann, sondern analysieren Sie gemeinsam mit Ihren Freunden die Ursachen des Problems.

Übrigens: Vernünftig zu Ende gespielt heißt nicht, dass der Täter absolut zweifelsfrei überführt wurde. Es bedeutet nur, dass jeder Mitspieler einen in der Runde benennen kann, der aus seiner Sicht mit höchster Wahrscheinlichkeit der Täter ist.

Wird das Spiel in diesem Sinne vernünftig zu Ende gespielt, dann holen Sie sich von Ihren Freunden Feedback ein. Stellen Sie dazu am besten einige gezielte Fragen und lassen jeden einzelnen seine eigene Antwort geben. Beim Feedback gibt es keinen Zwang zum Konsens.

Sie könnten folgende Fragen stellen:
- Wie spannend war das Thema/der Fall?
- Wie unterhaltsam war das Spiel?
- Dauer: zu lang – richtig – zu kurz?
- Wie war die „kriminalistische Logik"?
- Wie war der Informationsgehalt der Basisinformation?
- Wie ist jeder mit seiner Rollenvorlage zurechtgekommen? Bezüglich: Verständlichkeit? Informationsmenge? Pflichtinformation? Freiwillige Information?

Protokollieren Sie die Antworten und verwenden Sie die Informationen zur Verbesserung Ihres Spiels.

Ich wünsche Ihnen viel Spaß und Erfolg beim Schreiben Ihres eigenen Krimispiels und würde mich freuen, wenn Sie mich über Ihre eigenen Schöpfungen informieren.

VIER
Fragebögen und Beobachtungsbögen

Schnellfinder

Beobachtungsbogen „Kommunikationsblocker" 278
Beobachtungsbogen „Kommunikationsförderer" 279
Beispiele für häufige Frageformen 280
Beobachtungsbogen „Frageformen" 281
Beobachtungsbogen „Allgemeine Moderationstechniken" 282
Beobachtungsbogen „Umgang mit Profilierung und
Selbstdarstellung" 285
Beobachtungsbogen „Konfliktmoderation in Besprechungen" 286
Beobachtungsbogen „Konfliktbearbeitung als Beteiligter" 287
Selbsteinschätzungsbogen „Konfliktstile" 288
Beobachtungsbogen „Konfliktstile" 291
Beobachtungsbogen „Aktives Zuhören" 294
Fragebogen „Abfrage von Erfahrungen" 297

Alle Vorlagen stehen Ihnen auch als Downloads zum Online-Abruf zur Verfügung.

Formularvorlagen

Kommunikation

Die Beobachtungsbögen „Kommunikationsblocker" und „Kommunikationsförderer" können zur Selbstreflexion und zur Beobachtung und zum Feedback im Training eingesetzt werden. Die beiden Beobachtungsbögen beruhen auf einer Bearbeitung des Themas von Gerlinde Kurz, PE Personalentwicklung, Speyer.

Die Bögen werden, abhängig davon, ob man eigenes Verhalten reflektiert oder andere Personen beobachtet, unterschiedlich ausgefüllt.
- **Selbstreflexion:** Unter „Beobachtungen" wird eingetragen, a) wie intensiv man selbst diese Kommunikationsart verwendet und b) wie man sich fühlt, wenn Gesprächspartner diesen Stil nutzen.
- **Beobachtungsbogen:** Unter „Beobachtungen" kann man eine Strichliste führen, wie oft eine beobachtete Person diesen Stil eingesetzt hat oder (bzw. zusätzlich) konkrete, beobachtete Beispiele notieren oder (bzw. zusätzlich) notieren, wie die Gesprächspartner reagiert haben, als sie so „behandelt" wurden.

Kommunikationsblocker

Kommunikationsblocker mit Beispielen	Beobachtungen
Befehlen, anordnen, auffordern: *Sie müssen das tun! Sie können das nicht tun! Hören Sie auf damit!*	
Warnen, mahnen, drohen: *Sie hätten besser dies oder das getan ... Ich warne Sie, wenn Sie das tun ...*	
Beraten, Vorschläge machen, Lösungen liefern: *Nach meiner Auffassung sollten Sie jetzt so handeln. Es gibt nur die eine Lösung.*	
Vorträge halten, Gründe anführen: *Die Erfahrung sagt uns .../Die Tatsachen sprechen doch eine klare Sprache.*	
Urteilen, kritisieren, widersprechen: *Sie handeln unklug. So kann man das nicht sehen. Wie dumm von Ihnen, so etwas zu sagen.*	
Übertrieben loben, schmeicheln: *Sie sind ein intelligenter Mensch. Bisher haben Sie es doch immer geschafft.*	
Beschimpfen, lächerlich machen, beschämen: *Sie können keinen klaren Gedanken fassen. Sie reden, als hörten Sie das erste Mal davon.*	
Interpretieren, diagnostizieren: *Das sagen Sie nur, weil Sie sich darüber ärgern. Sie haben doch Autoritätsprobleme. Ich weiß genau, warum Sie das tun.*	
Forschen, verhören: *Warum haben Sie das getan?/Wer hat Sie beeinflusst?/Haben Sie das früher schon einmal erlebt?*	
Ablenken, ausweichen, aufziehen: *Lassen Sie uns das vergessen. Sie haben vielleicht Probleme.*	

Formularvorlagen

Kommunikationsförderer

Kommunikationsförderer mit Beispielen	Beobachtungen
Umschreiben, mit eigenen Worten wiederholen: *Wenn ich Sie richtig verstanden habe, meinen Sie ... Ihnen ist also wichtig, dass ... Ihrer Meinung nach sollten wir also ...*	
Zusammenfassen, kürzen: *Ihnen ist besonders wichtig, dass ... Ihnen geht es also vor allem darum, dass ... Ihre Aussage zusammenfassend kann man also sagen ...*	
Klären, auf den Punkt bringen: *Der Kern Ihrer Aussage bedeutet ... Ihr wesentliches Anliegen ist ... Ihr Grundgedanke ist also ...*	
In Beziehung setzen, nach einem Schema ordnen: *Einerseits geht es hier um ..., andererseits ... Sie sehen sowohl diese Möglichkeit als auch ... Weder die eine Lösung noch die andere ...*	
Nachfragen, Verständnis abklären: *Können Sie mir dafür ein Beispiel geben? Was meinen Sie damit? Ich weiß noch nicht, was Sie meinen.*	
Weiterführen, Denkanstoß geben: *Was wäre wenn ... Welche Konsequenzen hätte das? Was bräuchten Sie dafür, um ...*	
Wünsche herausarbeiten, Absichten bewusst machen: *Was wäre denn die optimale Lösung? Woran erkennen Sie, dass das Problem gelöst ist? Welche Vorstellungen haben Sie von der künftigen Situation?*	

© managerSeminare

Fragetechniken

Beispiele für häufige Frageformen

geschlossene Fragen	
Ja-/Nein-Fragen	*Machst Du mit? Siehst Du das Haus da oben? Hast Du schon gegessen?*
Fragen mit Alternativen (Multiple Choice)	*Steigst Du in Stuttgart, Ulm oder Augsburg aus? Arbeitest Du lieber im Team, oder allein, oder beides gleich gern? Möchtest Du lieber Pizza, oder Nudeln oder Salat?*
Rhetorische Fragen	*Warum sollten wir das machen? Was lernen wir daraus?* (Rhetorische Fragen sind oft der Form nach offen, aber dem Sinn nach geschlossen, denn es wird keine Antwort erwartet.)
Suggestiv-Fragen	*Siehst Du das nicht ein? Willst Du wirklich nicht mitkommen? Willst Du das etwa abstreiten?*
offene Fragen	
Fragen nach Informationen/Fakten	*Was hat er geantwortet? Welche Informationen haben wir dazu? Was spricht dafür/dagegen?*
Fragen nach Meinungen/Bewertungen	*Wie siehst Du das? Was meinst Du dazu? Welche Gefühle löst das bei Dir aus?*
Fragen nach Vorschlägen/Ideen	*Was schlägst Du vor? Wie sollen wir weitermachen? Wie geht es nun weiter?*
Fragen nach Ursachen/ Begründung/ Rechtfertigung	*Warum sollen wir das tun? Warum hast Du nichts dazu gesagt? Was hat dazu geführt, dass ...?*
Fragen nach Ziel/Zweck	Worum geht es Dir dabei? Was sind die Ziele hinter diesem Vorschlag? Wozu ist das gut?
Gegenfrage	Wird häufig als „Antwort" auf Suggestiv-Fragen gebracht: „Siehst Du das nicht ein?" Gegenfrage: „Warum sollte ich?"
Frage als Statement verkleidet	Beispielsweise kann das Statement „Ich verstehe das nicht" die Frage beinhalten: „Würdest Du mir das bitte erklären?" Oder „Das kann ich nicht nachvollziehen" steht für: „Was spricht dafür?"
Wortlose Frage	Mimik und Gestik, mit Pausen nach einem Statement stehen häufig für eine (oft auch geschlossene) Frage. Eine Person erklärt etwas, die andere schweigt darauf, zieht die Augenbrauen hoch, blickt „skeptisch" -> „Meinst Du das wirklich so?"

Beobachtungsbogen Frageformen

Bitte führen Sie eine Strichliste und notieren einige Beispiele.

geschlossene Fragen	
Ja-/Nein-Fragen	
Fragen mit Alternativen (Multiple Choice)	
Rhetorische Fragen	
Suggestiv-Fragen	
offene Fragen	
Fragen nach Informationen/Fakten	
Fragen nach Meinungen/Bewertungen	
Fragen nach Vorschlägen/Ideen	
Fragen nach Ursachen/Begründung/Rechtfertigung	
Fragen nach Ziel/Zweck	
Gegenfrage	
Frage als Statement verkleidet	
Wortlose Frage	

Moderationstechniken

Allgemeine Moderationstechniken

Tragen Sie bitte während der Besprechung Ihre Bemerkungen ein und markieren Sie nach dem Ende der Besprechung Ihre Bewertung.

Begrüßung der Teilnehmer				
fehlt	zu kurz	o.k.	zu lang	nicht notwendig
Bemerkungen:				

Ziel der Besprechung vorgestellt				
fehlt	zu kurz	o.k.	zu lang	nicht notwendig
Bemerkungen:				

Vorläufige Agenda vorgestellt				
fehlt	zu kurz	o.k.	zu lang	nicht notwendig
Bemerkungen:				

Agenda mit den Teilnehmern abgestimmt und gemeinsam verabschiedet				
fehlt	zu kurz	o.k.	zu lang	nicht notwendig
Bemerkungen:				

Vorstellungsrunde				
fehlt	zu kurz	o.k.	zu lang	nicht notwendig
Bemerkungen:				

Notwendigkeit der Protokollführung geklärt/Protokollführer festgelegt				
fehlt	zu kurz	o.k.	zu lang	nicht notwendig
Bemerkungen:				

Erwartungsabfrage				
fehlt	zu kurz	o.k.	zu lang	nicht notwendig
Bemerkungen:				

Spielregeln vereinbart/visualisiert				
fehlt	zu kurz	o.k.	zu lang	nicht notwendig
Bemerkungen:				

Sprache des Moderators				
fehlt	zu kurz	o.k.	zu lang	nicht notwendig
Bemerkungen:				

Inhaltliche Beteiligung des Moderators an den Besprechungsthemen				
fehlt	zu kurz	o.k.	zu lang	nicht notwendig
Bemerkungen:				

Führung/Steuerung der Besprechung				
fehlt	zu kurz	o.k.	zu lang	nicht notwendig
Bemerkungen:				

Fragebögen und Beobachtungsbögen

Umgang mit fachlichen Meinungsverschiedenheiten		
hilflos	sorgt für konstruktive Diskussion, führt Entscheidungen herbei	dominant
Bemerkungen:		

Umgang mit Konflikten		
hilflos	spricht Konflikte an, bemüht sich um Lösungen	dominant
Bemerkungen:		

Zeitmanagement				
fehlt	zu wenig	o.k.	übertrieben	nicht notwendig
Bemerkungen:				

Sichern/Festhalten von (Teil-)Ergebnissen				
fehlt	zu wenig	o.k.	zu viel	nicht notwendig
Bemerkungen:				

Formularvorlagen

Umgang mit Profilierung und Selbstdarstellung

Bitte führen Sie eine Strichliste und notieren einige Beispiele.

Vielredner bremsen	
Kurze Antworten fördern durch Anerkennung	
Beispiel geben durch Lieferung knapper Zusammenfassungen	
Unterbrechen	
Direktes Feedback	
Schweigsame ermuntern	
Einsatz teilnehmeraktivierender Methoden	
Nachfragen, um Konkretisierung bitten	
Ermutigen durch Zeigen von Interesse	
Nachhaken und gezielt auffordern	
Fragendes Schweigen mit Blickkontakt	

Konfliktbearbeitung

Die folgenden beiden Beobachtungsbögen wurden konzipiert in Anlehnung an „Das Harvard-Konzept" von Roger Fisher und William Ury, Campus Verlag 1986, 5. Auflage.

Beobachtungsbogen „Konfliktmoderation in Besprechungen"

Cool Down (Reaktion auf Konfliktsignale, Feedback)				
extrem sachlich	sehr sachlich	ausgewogen	eher emotional	sehr emotional
Bemerkungen:				

Erwartungen und Ziele klären (Fragen stellen, Widersprüche aufdecken)				
fehlt ganz	wenig	ausreichend	oft	zu viel
Bemerkungen:				

Spielregeln definieren				
fehlt ganz	durch Moderator	sowohl als auch	durch Teilnehmer	zu viel
Bemerkungen:				

Spielregeln kontrollieren				
fehlt ganz	durch Moderator	sowohl als auch	durch Teilnehmer	zu viel
Bemerkungen:				

Formularvorlagen

Beobachtungsbogen „Konfliktbearbeitung als Beteiligter"

Bitte führen Sie eine Strichliste und notieren einige Beispiele.

Cool Down durch aktives Zuhören	
z.B. durch: - *nicht unterbrechen* - *nachfragen* - *Interpretationen* - *abklären* - *Blickkontakt* - *...*	
Erwartungen und Ziele klären	
z.B. durch: - *Gemeinsamkeiten feststellen* - *Verständnis klären* - *eigene Interessen offenlegen* - *Erwartungen der Gegenseite erfragen* - *...*	
Spielregeln entwickeln und kontrollieren	
z.B. durch: - *Vorschläge für Spielregeln erfragen* - *regelkonformes Feedback geben* - *Meta-Kommunikation* - *...*	

Fragebögen und Beobachtungsbögen

Konfliktstile

Selbsteinschätzung „Konfliktstile"

Bitte lesen Sie die Beschreibungen der folgenden fünf Verhaltensstile bei Konflikten durch und überlegen Sie dabei, wie häufig Sie das jeweilige Verhalten zeigen. Denken Sie auch darüber nach, was aus Ihrer Sicht die Vor- und Nachteile des jeweiligen Verhaltens sind bzw. welchen Nutzen oder Schaden Ihnen dieses Verhalten verursacht. Notieren Sie diese Vor- und Nachteile in kurzen Stichworten.

Vermeidung – Rückzug

Man geht den meist als belastend oder bedrohlich erlebten Konfliktsituationen von vorneherein aus dem Weg oder es erfolgt ein schneller Rückzug bei ersten Anzeichen eines sich entwickelnden Konflikts. Eine Variante ist das „Übersehen" oder „Ignorieren" eines Konflikts, der für Außenstehende oft schon längst sichtbar geworden ist.
Dieses Verhalten zeige ich (bitte ankreuzen):

sehr oft	gelegentlich	selten	so gut wie nie
Meine Vorteile/mein Nutzen:		Meine Nachteile/mein Schaden:	

Formularvorlagen

Durchsetzung – Kampf

Das Ziel ist die Durchsetzung der eigenen Vorstellungen oder Interessen ohne Berücksichtigung der Interessen der Gegenpartei. Die gewählten Mittel variieren: Fachkompetenz, Macht, Manipulation, Drohung, Anwendung von Sanktionen etc. Die Alternative ist Sieg oder Niederlage.
Dieses Verhalten zeige ich (bitte ankreuzen):

sehr oft	gelegentlich	selten	so gut wie nie
Meine Vorteile/mein Nutzen:		Meine Nachteile/mein Schaden:	

Nachgeben

Auf die Durchsetzung der eigenen Vorstellungen und Interessen wird verzichtet. Häufige Begründungen: „Ich will mich nicht streiten" oder „Ich will übergreifende Ziele nicht gefährden" oder „Der Aufwand lohnt sich nicht, der Klügere gibt nach".
Dieses Verhalten zeige ich (bitte ankreuzen):

sehr oft	gelegentlich	selten	so gut wie nie
Meine Vorteile/mein Nutzen:		Meine Nachteile/mein Schaden:	

Schneller Kompromiss

Die Bereitschaft, der anderen Seite entgegenzukommen, wenn die eigenen Vorstellungen und Interessen in der Lösung zumindest teilweise zu finden sind. Dabei werden zugunsten der schnellen Lösung eines aktuellen Problems tiefer liegende Konfliktursachen ausgeklammert.
Dieses Verhalten zeige ich (bitte ankreuzen):

sehr oft	gelegentlich	selten	so gut wie nie
Meine Vorteile/mein Nutzen:		Meine Nachteile/mein Schaden:	

Kooperative Problemlösung

Es wird versucht, gemeinsam die echten Konfliktursachen aufzuklären und zu beseitigen. Auf dieser Basis wird dann eine Lösung gesucht, die von beiden Parteien getragen werden kann.
Dieses Verhalten zeige ich (bitte ankreuzen):

sehr oft	gelegentlich	selten	so gut wie nie
Meine Vorteile/mein Nutzen:		Meine Nachteile/mein Schaden:	

Formularvorlagen

Beobachtungsbogen „Konfliktstile"

Bitte beobachten Sie Ihren Partner im Gespräch und halten fest, wie häufig er die folgenden fünf Verhaltensstile in Konfliktsituationen zeigt. Notieren Sie bitte auch stichwortartig einige konkrete Beispiele.

Vermeidung – Rückzug

Man geht den meist als belastend oder bedrohlich erlebten Konfliktsituationen von vorneherein aus dem Weg oder es erfolgt ein schneller Rückzug bei ersten Anzeichen eines sich entwickelnden Konflikts. Eine Variante ist das „Übersehen" oder „Ignorieren" eines Konflikts, der für Außenstehende oft schon längst sichtbar geworden ist.
Dieses Verhalten wurde gezeigt (bitte ankreuzen):

sehr oft	gelegentlich	selten	so gut wie nie
Beispiele:			

Durchsetzung – Kampf

Das Ziel ist die Durchsetzung der eigenen Vorstellungen oder Interessen ohne Berücksichtigung der Interessen der Gegenpartei. Die gewählten Mittel variieren: Fachkompetenz, Macht, Manipulation, Drohung, Anwendung von Sanktionen etc. Die Alternative ist Sieg oder Niederlage.
Dieses Verhalten wurde gezeigt (bitte ankreuzen):

sehr oft	gelegentlich	selten	so gut wie nie
Beispiele:			

Nachgeben

Auf die Durchsetzung der eigenen Vorstellungen und Interessen wird verzichtet. Häufige Begründungen: „Ich will mich nicht streiten" oder „Ich will übergreifende Ziele nicht gefährden" oder „Der Aufwand lohnt sich nicht, der Klügere gibt nach".
Dieses Verhalten wurde gezeigt (bitte ankreuzen):

sehr oft	gelegentlich	selten	so gut wie nie
Beispiele:			

Schneller Kompromiss

Die Bereitschaft, der anderen Seite entgegenzukommen, wenn die eigenen Vorstellungen und Interessen in der Lösung zumindest teilweise zu finden sind. Dabei werden zugunsten der schnellen Lösung eines aktuellen Problems tiefer liegende Konfliktursachen ausgeklammert.
Dieses Verhalten wurde gezeigt (bitte ankreuzen):

sehr oft	gelegentlich	selten	so gut wie nie
Beispiele:			

Formularvorlagen

Kooperative Problemlösung

Es wird versucht, gemeinsam die echten Konfliktursachen aufzuklären und zu beseitigen. Auf dieser Basis wird dann eine Lösung gesucht, die von beiden Parteien getragen werden kann.
Dieses Verhalten wurde gezeigt (bitte ankreuzen):

sehr oft	gelegentlich	selten	so gut wie nie

Beispiele:

Aktives Zuhören

Beobachtungsbogen „Aktives Zuhören"

Bitte notieren Sie während des Gesprächs Ihre Beobachtungen und markieren Sie am Ende des Gesprächs Ihre Bewertung.

Offene, zugewandte Körperhaltung		
nicht erkennbar	angemessen	stark übertrieben
Bemerkungen:		

Eigene Meinung		
nicht erkennbar	angemessen	zu dominant
Bemerkungen:		

Nachfragen, Verständnis klären		
überhaupt nicht	angemessen	zu viel
Bemerkungen:		

Zusammenfassen des Gesagten		
überhaupt nicht	angemessen	zu viel
Bemerkungen:		

Vermutete Gefühle der Partnerin/des Partners erkennen und ansprechen		
überhaupt nicht	angemessen	zu viel
Bemerkungen:		

Pausen zulassen und aushalten		
zu kurz	angemessen	zu lang
Bemerkungen:		

Bestätigende nonverbale und verbale Signale		
nicht erkennbar	angemessen	stark übertrieben
Bemerkungen:		

Blickkontakt		
überhaupt nicht	angemessen	stark übertrieben
Bemerkungen:		

Unterbrechen		
sehr viel	gelegentlich	überhaupt nicht
Bemerkungen:		

Kritik aushalten		
gar nicht	angemessen	zu zurückhaltend
Bemerkungen:		

Paraphrasieren (mit eigenen Worten wiederholen)		
gar nicht	angemessen	zu viel
Bemerkungen:		

Formularvorlagen

Erfahrungsabfrage

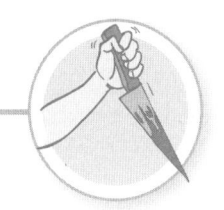

Erfahrungen am Beispiel Besprechungen
Bitte bewerten Sie, wie oft Sie die in der Tabelle genannten „Schwierigkeiten" in Besprechungen erleben. Verwenden Sie dazu bitte folgende Skala:
- 1 = sehr selten bis gar nicht
- 2 = selten
- 3 = gelegentlich
- 4 = öfter
- 5 = sehr oft bis immer

Bitte geben Sie auch an, wie störend Sie die jeweilige Schwierigkeit empfinden, wenn sie auftritt, unabhängig von der Häufigkeit. Verwenden Sie dazu bitte folgende Skala:
- A = stört empfindlich, wird meistens nicht rechtzeitig oder ausreichend gelöst.
- B = stört, es geling aber meistens, wenn auch spät, das Problem einigermaßen in den Griff zu bekommen.
- C = stört kaum, wird in der Regel sofort behoben.

Fragebogen „Abfrage von Erfahrungen"

	Häufigkeit (1-5)	Störungsmaß (A,B,C)
Arbeitsmethoden		
Agenda wird nicht bzw. nicht richtig verabschiedet		
Beschlüsse/Entscheidungen kommen nicht bzw. nicht richtig zustande		
Problemlösungstechniken werden nicht bzw. nicht angemessen genutzt		
Visualisierung des Verlaufs und der Ergebnisse ist schlecht bzw. fehlt		
Zeitplan wird nicht eingehalten		
Einzelne Teilnehmer		
Passive Teilnehmer		
Überaktive Teilnehmer		
Hierarchieeffekte (Einzelne Führungskräfte bestimmen zu stark)		
Moderator wird durch Teilnehmer behindert, gebremst		
Abschweifen vom Thema		
Team		
Konflikte zwischen Teilnehmern		
Es gelingt nicht, Konsens herzustellen		
Es kommen keine neuen Ideen, Kreativität fehlt		
Persönliche Angriffe		
Spielregeln werden nicht vereinbart		
Spielregeln werden nicht eingehalten		
Andere Störungen (bitte eintragen)		

Stichwortverzeichnis

A

Achim Oswald 131,148,154
Aktives Zuhören 294
Alexander Lehmbach 94,105,109
Allgemeine Moderationstechniken 282
Ändern des Geschlechts 73,107,153,200,246
Anne Russland 130,147,153
Attila Wechsler 223,240,246

B

Basisinformation für alle Spieler 271
Beate Schneider 225,241,247
Beobachtungsbögen 275
Beobachtungsbogen Aktives Zuhören 294
Beobachtungsbogen Frageformen 281
Beobachtungsbogen Konfliktmoderation 286
Beobachtungsbogen Konfliktstile 291
Bernadette Schuhmacher 132,148,154
Bettina Kurat 235,244,248
Beziehungsmatrix 266

C

Carla Steinert 92,105,109
Clarissa Penta 181,197,201

D

Der Zeitraum des Verbrechens 267
Die Fakten 269

E

Eigenarten und Beziehungen
der Personen bestimmen 265
Erfahrungsabfrage 297
Evi Schubert 96,106,109

F

Falsche Fährten legen 269
Fragebögen 275
Fragebogen Abfrage von Erfahrungen 298
Frageformen 280
Freddy Lepidus 233,244,247
Fritz Siebert 189,199,202

G

Georg Brigg 177,195,200
Geschichte anpassen 74
Geschichte Assassinment Center 123
Geschichte Du sollst nicht NEIN sagen ... 219
Geschichte Ein tödliches Projekt 169
Geschichte Mord im Seminar 81

H

Hanna Mangel 127,147,153
Hans Brück 142,151,155
Holger Heinz 136,149,154
Hussam Akhtar 91,104,108

I

Informationskarten 113,159,207,253
Irreführungen 75

J

John Demand 182,197,201
Jo Meyer 178,196,201

K

Karel Findig 234,244,248
Kevin Preuss 134,149,154
Klaus Kiffler 85,103,107
Klaus Lenka 183,198,202
Knut Vierssen 89,104,108
Kommunikationsblocker 278
Kommunikationsförderer 279
Konfliktbearbeitung 286
Konfliktbearbeitung als Beteiligter 287
Konfliktmoderation in Besprechungen ...286
Konfliktstile 288
Konrad Roth 174,195,200
Kurzbeschreibung 79,121,167,217

L

Lageplan 84,125,173,222
Lösung 102,163,194,212,240,257

M

Maik Hoppe 87,103,108
Margot Grau 231,243,247
Markus Behrend 137,150,155
Michael Wilson 97,106,109
Mitspielkrimis selbst schreiben 259

P

Paul Klahr 138,150,155
Personen festlegen 265
Petra Maus 227,247
Petra Seller 141,151,155
Problemlösungsaufgabe 110,156,203,249

R

Richard Koch 228, 242, 247
Richard Ostertag 97, 106, 109
Rollenübersicht 79, 121, 167, 217
Rollenübersicht anpassen 74
Rollenvorlagen 127, 223, 273
Rollenvorlage ändern 74

S

Schutzbehauptungen 75
Selbsteinschätzung Konfliktstile 288
Simone Frans 188, 199, 202
Spielregeln 75
Spurenmatrix 269

T

Täter 102, 146, 194, 240
Testlauf 274
Thema finden 263
Thomas Erler 180, 196, 201
Thomas Winkler 185, 198, 202
Trainerübersicht 99, 143, 191, 237

U

Umgang mit Profilierung 285
Umgang mit Selbstdarstellung 285

Z

Zeitlicher Ablauf der
Ereignisse 100, 144, 192, 238

Downloadverzeichnis

Allgemein gehaltene Einladung 15
Erweiterte Einladung 16

Mord im Seminar
Die Geschichte... 81
Der Lageplan... 84
Rollenvorlagen 85
Problemlösungsaufgabe: Informationskarten 113

Das Assassinment Center
Die Geschichte... 123
Lagepläne.. 125
Rollenvorlagen 127
Problemlösungsaufgabe: Informationskarten 159

Ein tödliches Projekt
Die Geschichte... 169
Der Lageplan... 173
Rollenvorlagen 174
Problemlösungsaufgabe: Informationskarten 207

Du sollst nicht NEIN sagen
Die Geschichte 219
Der Lageplan 222
Rollenvorlagen 223
Problemlösungsaufgabe: Informationskarten 253

Fragebögen und Beobachtungsbögen
Beobachtungsbogen „Kommunikationsblocker" 278
Beobachtungsbogen „Kommunikationsförderer" 279
Beispiele für häufige Frageformen 280
Beobachtungsbogen „Frageformen" 281
Beobachtungsbogen „Allgemeine Moderationstechniken" 282
Beobachtungsbogen „Umgang mit Profilierung und
Selbstdarstellung" 285
Beobachtungsbogen „Konfliktmoderation in Besprechungen" 286
Beobachtungsbogen „Konfliktbearbeitung als Beteiligter" 287
Selbsteinschätzungsbogen „Konfliktstile" 288
Beobachtungsbogen „Konfliktstile" 291
Beobachtungsbogen „Aktives Zuhören" 294
Fragebogen „Abfrage von Erfahrungen" 297

Praxis-Know-how,
wie es im Buche steht

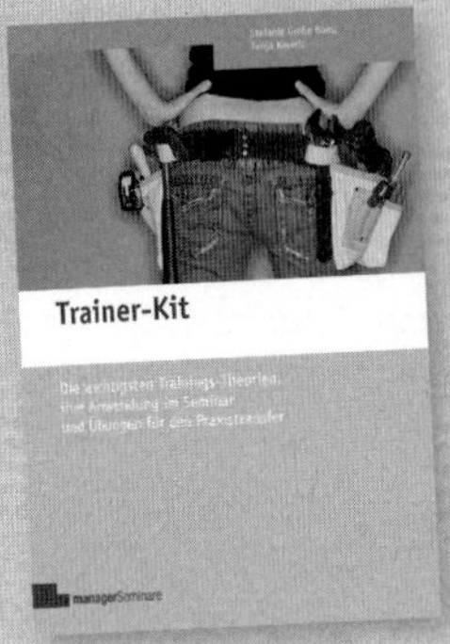

Stefanie Große Boes, Tanja Kaseric
Trainer-Kit
Die wichtigsten Trainings-Theorien, ihre Anwendung im Seminar und Übungen

5. Aufl. 2011, 304 Seiten
ISBN 978-3-936075-45-8
49,90 Euro

Petra Nitschke
Trainings planen und gestalten

2011, 288 Seiten
ISBN 978-3-941965-16-4
49,90 Euro

durchgehend vierfarbig!

Jörg Wendorff
Das LEHRbuch
Trainerwissen auf den Punkt gebracht

2009, 336 Seiten
ISBN 978-3-936075-89-2
49,90 Euro

Jörg Friebe
Reflexion im Training
Aspekte und Methoden der modernen Reflexionsarbeit

2010, 312 Seiten
ISBN 978-3-941965-08-9
49,90 Euro

1. Publikationspreis der intern. Fachtagung „Erleben und Lernen 2010"